Tendances des impôts sur la consommation 2018

TVA/TPS ET DROITS D'ACCISE: TAUX, TENDANCES ET QUESTIONS STRATÉGIQUES

OCDE
DES POLITIQUES MEILLEURES POUR UNE VIE MEILLEURE

Cet ouvrage est publié sous la responsabilité du Secrétaire général de l'OCDE. Les opinions et les interprétations exprimées ne reflètent pas nécessairement les vues officielles des pays membres de l'OCDE.

Ce document, ainsi que les données et cartes qu'il peut comprendre, sont sans préjudice du statut de tout territoire, de la souveraineté s'exerçant sur ce dernier, du tracé des frontières et limites internationales, et du nom de tout territoire, ville ou région.

Merci de citer cet ouvrage comme suit :
OCDE (2019), *Tendances des impôts sur la consommation 2018 : TVA/TPS et droits d'accise: taux, tendances et questions stratégiques*, Éditions OCDE, Paris.
https://doi.org/10.1787/g2g9fa9e-fr

ISBN 978-92-64-30928-9 (imprimé)
ISBN 978-92-64-30929-6 (pdf)

Tendances des impôts sur la consommation
ISSN 1028-8171 (imprimé)
ISSN 1999-0987 (en ligne)

Les données statistiques concernant Israël sont fournies par et sous la responsabilité des autorités israéliennes compétentes. L'utilisation de ces données par l'OCDE est sans préjudice du statut des hauteurs du Golan, de Jérusalem-Est et des colonies de peuplement israéliennes en Cisjordanie aux termes du droit international.

Les corrigenda des publications de l'OCDE sont disponibles sur : *www.oecd.org/about/publishing/corrigenda.htm.*

Avant-propos

Cette publication est la douzième de la série *Tendances des impôts sur la consommation*, publiée tous les deux ans par l'OCDE. Elle présente des données comparatives internationales relatives aux impôts sur la consommation dans les pays membres de l'OCDE au 1er janvier 2018. Les tableaux contenant des données provenant des *Comptes nationaux* et des chiffres relatifs aux recettes fiscales issus des *Statistiques des recettes publiques 2018* sont actualisés jusqu'à l'année 2016 comprise. Les niveaux des prix des carburants sont actualisés au 4e trimestre 2017 et proviennent des *Statistiques trimestrielles - Energy Prices and Taxes* (en anglais seulement) publiées par l'Agence internationale de l'énergie. Les données sur les différents pays ont, pour l'essentiel, été communiquées par les délégués auprès du Groupe de travail n° 9 du Comité des affaires fiscales. Les taux de change utilisés pour convertir les monnaies nationales en dollar des États-Unis (USD) sont les taux moyens du marché pour 2017 extraits des *Statistiques monétaires et financières* de l'OCDE, sauf pour les tableaux 3.A.5, où les taux de marché pour 2016 sont utilisés dans la mesure où les prix et les données fiscales se réfèrent à l'année 2016 et 2.A.5 et 2.A.8 où les taux à parité de pouvoir d'achat (PPA) pour le PIB sont utilisés car ils permettent une meilleure comparaison de la valeur des seuils d'exonération de la TVA (les taux PPA pour le PIB 2017 sont extraits de la base de données des Statistiques de l'OCDE).

Cette publication illustre l'évolution des impôts sur la consommation en tant qu'instruments servant à mobiliser des recettes fiscales et, parfois, à influencer le comportement des consommateurs. Elle recense et documente les nombreuses différences qui existent en matière d'assiette, de taux et de règles d'application, tout en soulignant les caractéristiques qui sous-tendent leur évolution. Elle examine en particulier les tendances en matière de recettes et de politiques publiques, ainsi que les évolutions survenues dans le domaine de la taxe sur la valeur ajoutée/taxe sur les biens et services (TVA/TPS) (appelée « TVA » dans cette publication). Elle présente notamment une estimation actualisée du ratio des recettes de TVA (RRT) pour les pays de l'OCDE, qui donne une indication de l'ampleur des recettes de TVA non perçues sous l'effet d'exemptions, de taux réduits, de la fraude et de la planification fiscale. Elle fait le point sur la mise en œuvre des Principes directeurs internationaux de l'OCDE pour la TVA/TPS qui sont universellement acceptés comme la nouvelle norme mondiale pour l'application de la TVA aux échanges internationaux de services et de biens incorporels, et notamment sur l'application des règles et mécanismes recommandés pour assurer un recouvrement efficace et efficient de la TVA sur les ventes numériques.

Le chapitre 1 résume les tendances en matière d'impôts sur la consommation et leurs principales caractéristiques. Il montre l'évolution des recettes tirées des impôts sur la consommation entre 1965 et 2016 et examine plus en détail les difficultés d'appliquer la TVA aux échanges internationaux, ainsi que les réponses élaborées par les pouvoirs publics pour taxer les ventes internationales en ligne. Le chapitre 2 décrit les principales caractéristiques des régimes de TVA en vigueur dans les pays de l'OCDE, à savoir les taux, exemptions, restrictions spécifiques au droit à déduction de la TVA acquittée sur les intrants, seuils d'assujettissement et de recouvrement, et méthodes spéciales de recouvrement de la taxe. Il s'intéresse également aux évolutions récentes en matière de lutte contre la fraude à la TVA. Enfin, il décrit pourquoi le ratio des recettes de TVA (RRT) donne une indication de l'effet des exemptions, taux réduits et infractions sur les recettes publiques, et explique comment il est calculé et doit être interprété. Le chapitre 3 décrit les principales caractéristiques des droits d'accise et leur incidence sur les recettes, le comportement des consommateurs et les marchés. Il fait une présentation détaillée des taux des droits d'accise applicables à la bière, au vin, aux boissons alcoolisées, au tabac et aux huiles minérales dans les pays de l'OCDE. Il procède également au chiffrage de la charge fiscale totale qui grève un paquet de cigarettes dans les pays de l'OCDE. Le chapitre 4 décrit les principales caractéristiques de la fiscalité des véhicules et l'usage qu'il en est fait pour influencer le comportement des consommateurs. Il donne des informations détaillées sur les impôts liés à la vente et à l'immatriculation des véhicules ainsi que sur les impôts périodiques.

Cet ouvrage a été préparé sous l'égide du Groupe de travail n° 9 sur les impôts sur la consommation du Comité des affaires fiscales. Stéphane Buydens, du Centre de politique et d'administration fiscales (CTPA) de l'OCDE, en est l'auteur.

Remerciements

Nous tenons à remercier : David Bradbury (Chef de la Division de la politique et des statistiques fiscales) ; Piet Battiau (Chef de l'Unité des impôts sur la consommation), Kurt Van Dender (Chef de l'Unité des impôts et de l'environnement) ; Michelle Harding (Chef de l'Unité des statistiques) ; Florens Flues (Économiste de la fiscalité), Michel Lahittete (Statisticien), Emmanuelle Modica (Statisticienne/Analyste), Michael Sharratt (Développeur de site web et de base de données), Marie-Aurélie Elkurd (Assistante), Karena Garnier (Assistante) et Alexandra Le Cam (Assistante), CTPA ; Mariano Berkenwald, Agence internationale de l'énergie ; Professeur Walter Hellerstein (Distinguished Research Professor et Francis Shackelford Distinguished Professor in Taxation Law, University of Georgia).

Le Centre de politique et d'administration fiscales de l'OCDE tient à rendre hommage aux contributions inestimables apportées par Michel Lahittete qui nous a quittés en juillet 2018.

Table des matières

Tableaux

Graphiques

Résumé

Les impôts sur la consommation se composent généralement des *impôts généraux sur les biens et services* (« impôts généraux sur la consommation »), qui englobent la taxe sur la valeur ajoutée (TVA) et son équivalent dans plusieurs pays (la taxe sur les biens et services, ou TPS), les taxes sur les ventes et d'autres impôts généraux sur les biens et services ; et les *impôts sur les biens et services déterminés*, qui recouvrent essentiellement les droits d'accise, les droits de douane et à l'importation, ainsi que les taxes sur certains services (comme sur les assurances ou les opérations financières).

En 2016, les impôts sur la consommation ont représenté 30.6 % du total des recettes fiscales dans les pays de l'OCDE en moyenne. Si la part du total des impôts sur la consommation (impôts généraux sur la consommation plus impôts sur les biens et services déterminés) en pourcentage des recettes fiscales totales est restée relativement stable depuis 1975, leur composition a radicalement changé. Au fil du temps, les pays de l'OCDE ont développé l'usage des impôts généraux sur la consommation. Depuis 1975, la part de ces impôts en pourcentage du PIB dans les pays de l'OCDE a considérablement augmenté, passant de 4.1 % à 7.0 %. Ils génèrent désormais 20.8 % des recettes fiscales totales en moyenne, contre 13.4 % en 1975. La TVA est devenue la principale source d'impôts généraux sur la consommation, représentant en moyenne 6.8 % du PIB et 20.2 % du total des recettes fiscales dans les pays de l'OCDE en 2016. Bien que les recettes tirées des impôts généraux sur la consommation aient baissé entre 2005 et 2009, sous l'effet de la crise économique mondiale, elles ont désormais renoué avec leurs niveaux d'avant la crise, essentiellement grâce au relèvement du taux normal de la TVA dans de nombreux pays. À l'inverse, les recettes générées par les impôts sur les biens et services déterminés, majoritairement composés de droits d'accise, ont diminué en pourcentage du PIB (de 4.6 % en 1975 à 3.3 % en 2016) et en pourcentage de l'ensemble des recettes fiscales (de 17.7 % en 1975 à 9.8 % en 2016).

Principales tendances

- Les recettes provenant de la TVA se stabilisent à un niveau élevé dans les pays de l'OCDE, puisqu'elles représentent 6.8 % du PIB et 20.2 % du total des recettes fiscales en moyenne (à l'exclusion des États-Unis qui n'ont pas de régime de TVA).
- Les taux normaux de la TVA dans la zone OCDE ont culminé à 19.3 % en moyenne en 2015 et sont restés stables depuis lors. 10 pays de l'OCDE appliquent désormais un taux normal de TVA supérieur à 22 %, contre seulement 4 en 2008. Le taux normal moyen dans les 23 pays de l'OCDE qui sont membres de l'Union européenne (21.8 %) est bien supérieur à la moyenne de l'OCDE.
- Les pays misent de plus en plus sur des mesures d'élargissement de l'assiette pour mobiliser des recettes de TVA supplémentaires, notamment en relevant les taux réduits et/ou en restreignant leur champ d'application, conformément aux recommandations de l'OCDE, bien qu'on observe aussi des initiatives allant dans la direction opposée.

- La plupart des pays de l'OCDE ont pris ou annoncé des mesures visant à collecter la TVA sur le volume sans cesse croissant de ventes en ligne réalisées auprès de consommateurs privés par des vendeurs étrangers, conformément aux Principes directeurs internationaux pour la TVA/TPS et au Rapport sur l'Action 1 du projet BEPS. Ces initiatives englobent également de plus en plus souvent des réformes destinées à garantir la collecte effective de la TVA sur l'importation de biens de faible valeur à partir de ventes en ligne, qui continuent de croître à un rythme particulièrement soutenu, générant des effets significatifs sur les recettes et la compétitivité. En juillet 2018, l'Australie est le premier pays de l'OCDE à avoir lancé une réforme visant à collecter la TPS sur les importations de biens de faible valeur, conformément aux orientations contenues dans le Rapport sur l'Action 1 du BEPS, tandis que la Nouvelle-Zélande et l'Union Européenne ont annoncé la mise en œuvre d'une réforme analogue, respectivement en octobre 2019 et en 2021.
- De nombreux pays envisagent ou ont déjà annoncé et/ou déployé des réformes destinées à faire entrer les places de marché en ligne et autres plateformes numériques dans le champ du recouvrement de la TVA sur le cybercommerce. Il peut s'agir d'obliger ces plateformes à collecter et à verser la TVA pour le compte des vendeurs en ligne, et/ou de renforcer les obligations de communication et de partage de renseignements. L'OCDE s'emploie par ses travaux à soutenir ces réformes.
- Les pays sont de plus en plus nombreux à agir pour assurer le respect des règles de TVA et réduire leur vulnérabilité à la fraude. Ces mesures comprennent des mécanismes de collecte alternatifs de la TVA tels que le mécanisme d'autoliquidation ou de paiement scindé dans les secteurs particulièrement exposés à la fraude ; des obligations de déclaration en temps réel des factures et la transmission électronique des données ; ainsi que le renforcement de la coopération administrative internationale dans le domaine de la TVA.
- Les pays ont de plus en plus fréquemment recours aux droits d'accise pour influencer le comportement des consommateurs. Par exemple, la charge fiscale totale sur les cigarettes dépasse désormais 50% du prix à la consommation dans pratiquement tous les pays de l'OCDE, et atteint 80%, voire plus, dans 8 pays.

Principaux résultats

De nombreux pays de l'OCDE continuent d'appliquer des taux réduits à une large gamme de produits, comme les biens et services de première nécessité, les produits pharmaceutiques et les services de santé, les manifestations sportives et culturelles, etc. destinés à atteindre soit des objectifs d'équité, soit d'autres objectifs tels que le soutien à la culture, la promotion d'activités locales à fort coefficient de main-d'œuvre ou la correction d'externalités environnementales ou autres. Ils le font malgré des éléments qui montrent que l'utilisation des taux réduits n'est pas un moyen efficace pour atteindre les objectifs de redistribution ou les autres objectifs mentionnés ci-dessus. Ils continuent également de recourir massivement aux exemptions à des fins de redistribution (exemptions en faveur des services de santé de base, des œuvres de bienfaisance et de l'éducation, par exemple) et pour les activités considérées comme difficiles à imposer (les services financiers, par exemple).

Le ratio des recettes de TVA (RRT) pour les pays de l'OCDE révèle qu'il existe une marge de manœuvre pour accroître l'efficacité du régime de TVA. Le RRT fournit une mesure comparative de l'effet des exemptions et des taux réduits sur les recettes fiscales et sur la capacité des pays à mobiliser l'assiette potentielle de la TVA. Ce ratio correspond au rapport entre les recettes de la TVA effectivement collectées et celles qui auraient théoriquement été obtenues si la TVA avait été appliquée au taux normal à la totalité de l'assiette dans un régime de TVA sans aucune exonération. À l'échelle de l'OCDE, le RRT moyen non pondéré est resté relativement stable à 0.56 en 2016, contre 0.55 en 2015, ce qui signifie que 44 % des recettes potentielles de TVA ne sont pas collectées. Bien qu'il faille interpréter le RRT avec prudence et que l'érosion de l'assiette puisse être causée par divers facteurs, cette estimation du RRT donne à penser qu'il existe une marge considérable d'augmentation des recettes en améliorant l'efficacité du système de TVA.

La part des droits d'accise dans le total des recettes fiscales subit une longue érosion depuis 1975, lorsqu'ils représentaient 10.5% en moyenne, contre 7.8% en 2016. Les droits d'accise sont de plus en plus utilisés pour influencer le comportement des consommateurs, notamment pour lutter contre la pollution au moyen de taxes sur les carburants automobiles et pour améliorer la situation sanitaire en alourdissant la fiscalité des produits du tabac.

La fiscalité des véhicules est elle aussi de plus en plus employée pour influencer le comportement des consommateurs et encourager l'utilisation de véhicules peu polluants. En 2018, plus des trois quarts des pays membres de l'OCDE tenaient compte de critères environnementaux ou de consommation de carburant pour déterminer le niveau d'imposition applicable à l'acquisition ou à l'utilisation de véhicules.

Chapitre 1. Principales tendances et données relatives aux impôts sur la consommation

Ce chapitre fait état de l'importance relative des impôts sur la consommation en tant que source de recettes fiscales et décrit leurs principales caractéristiques. Il montre l'évolution des recettes issues des impôts sur la consommation entre 1965 et 2016. Il décrit le fonctionnement des taxes sur la valeur ajoutée (TVA) et des taxes sur les ventes (aux États-Unis), de même que les principales caractéristiques des impôts sur la consommation de biens et services déterminés. Il examine plus en détail l'application de la TVA au commerce international, et tout particulièrement les problèmes que soulève le recouvrement de la TVA dans le contexte des échanges transfrontières, ainsi que les Principes directeurs internationaux pour la TVA/TPS conçus par l'OCDE en tant que norme mondiale pour remédier à ces problèmes.

1.1. Introduction

Les impôts sur la consommation correspondent à environ un tiers du total des impôts collectés dans les pays membres de l'OCDE. Ils se présentent sous deux formes communes : les impôts généraux sur la consommation (les taxes sur la valeur ajoutée et les taxes sur les ventes au détail) et les impôts sur des biens et services déterminés (essentiellement les droits d'accise).

Depuis le milieu des années 80, la TVA[1] (également appelée taxe sur les biens et services : TPS) est devenue le principal impôt sur la consommation en termes de recettes et de couverture géographique. Elle est conçue comme un impôt sur la consommation finale qui est globalement neutre à l'égard du processus de production et des échanges internationaux. De manière générale, elle passe pour un impôt relativement favorable à la croissance. Bon nombre de pays ont donc cherché à obtenir des recettes supplémentaires au moyen de la TVA (plutôt que par d'autres impôts) dans le cadre de leurs stratégies d'assainissement budgétaire suite à la crise économique et financière mondiale. Beaucoup de pays en développement se sont dotés, au cours des deux dernières décennies, d'un régime de TVA destiné à compenser la perte de recettes issues des taxes sur les échanges du fait de la libéralisation du commerce. Quelque 168 pays disposent aujourd'hui d'un système de TVA (voir annexe A) ; parmi eux figurent 35 des 36 pays membres de l'OCDE, les États-Unis constituant l'unique exception, bien que la plupart des États de l'Union disposent d'une taxe sur les ventes au détail sous une forme ou sous une autre. La TVA génère environ un cinquième du total des recettes fiscales au sein de la zone OCDE et dans le reste du monde.

Sous l'effet conjugué de la diffusion de la TVA dans le monde, de la rapide mondialisation des activités économiques, de l'essor de l'économie numérique, elle-même à l'origine d'une multiplication des interactions entre les divers systèmes de TVA, la taxe sur la valeur ajoutée devient une problématique de plus en plus prégnante pour les pouvoirs publics dans un nombre croissant de pays. L'application de la TVA aux échanges internationaux, notamment aux échanges de services et de biens numériques, est depuis quelques années considérée comme un enjeu crucial nécessitant une réponse internationale urgente de la part des autorités fiscales du monde entier. Contrairement aux normes internationales existantes applicables aux impôts sur les revenus, telles que le Modèle de Convention fiscale et les Principes applicables en matière de prix de transfert de l'OCDE, aucun cadre international ne régissait jusqu'à tout récemment l'application de la TVA aux échanges internationaux, ce qui avait pour effet d'accroître les incertitudes et de rendre les choses plus complexes pour les administrations fiscales et les entreprises, tout en augmentant les risques de double imposition et de double no-imposition involontaire. Cette situation était tout particulièrement préoccupante en ce qui concerne les échanges internationaux de services et de biens incorporels qui ont considérablement augmenté au cours des dernières décennies, notamment sous l'effet de l'essor de l'économie numérique. Le Comité des affaires fiscales de l'OCDE (CAF) a élaboré les *Principes directeurs internationaux pour la TVA/TPS* en réponse à l'appel international lancé en faveur d'une norme mondiale régissant la conception et le fonctionnement de la TVA. Ces Principes contiennent une série de normes convenues à l'échelon international et d'approches recommandées en faveur d'une application cohérente de la TVA aux échanges internationaux, surtout de services et de biens incorporels. Ils visent essentiellement à réduire les incertitudes et à diminuer les risques de double imposition et de non-imposition involontaire dus à certaines incohérences qui caractérisent l'application de la TVA dans le contexte du commerce international. Les *Principes directeurs internationaux pour la TVA/TPS* ont été élaborés à la faveur d'un processus inclusif, avec la participation active d'organisations internationales et de juridictions qui ne se limitent pas aux membres actuels de l'OCDE, et en menant des consultations approfondies avec les milieux d'affaires. Ils ont été approuvés au titre de norme mondiale par plus d'une centaine de pays, juridictions et organisations internationales lors du Forum mondial de l'OCDE sur la TVA de novembre 2015. Ils ont été adoptés en tant que Recommandation du Conseil de l'OCDE en septembre 2016. Cette Recommandation est le premier instrument juridique dont se dote l'OCDE dans le domaine de la TVA. L'OCDE s'attache désormais à compléter ces Principes directeurs par des orientations de mise en œuvre, et à élaborer des mesures permettant de s'assurer que la TVA sur les ventes numériques est collectée de façon efficace, efficiente et cohérente au niveau international.

Alors que la TVA existe depuis une soixantaine d'années, les droits d'accise remontent, eux, à l'aube de la civilisation. Prélevées sur une gamme de produits bien précis, les accises sont calculées par référence à diverses caractéristiques comme le poids, le volume, le degré ou la quantité, à quoi s'ajoute parfois une imposition en fonction de la valeur du produit. Bien que dans l'intégralité des pays de l'OCDE et ailleurs, les droits d'accises s'appliquent communément aux alcools, tabacs et carburants, leurs assiette, méthode de calcul et taux varient considérablement d'un pays à l'autre, en fonction de la culture locale et des pratiques historiques. Les autorités recourent de plus en plus souvent aux droits d'accise afin d'influencer le comportement des consommateurs et d'atteindre des objectifs environnementaux et de santé publique.

Ce chapitre présente tout d'abord la classification statistique des impôts sur la consommation (section 1.2) et décrit l'évolution des recettes issues de ces impôts entre 1965 et 2016 (section 1.3). Il examine ensuite l'expansion géographique de la TVA (section 1.4) et expose les principales caractéristiques conceptuelles de cette taxe (section 1.5), avant de décrire en détail les principales caractéristiques conceptuelles des taxes sur les ventes (section 1.6) et celles des impôts sur la consommation de biens et services déterminés (section 1.7). Il étudie alors plus en détail les problèmes d'application de la TVA aux échanges internationaux de services et de biens incorporels, ainsi que les *Principes directeurs internationaux pour la TVA/TPS* élaborés par l'OCDE en tant que norme mondiale pour remédier à ces problèmes. Il examine enfin les options possibles pour prélever la TVA sur les échanges internationaux de biens de faible valeur (section 1.8).

1.2. Classification des impôts sur la consommation

Selon la classification de l'OCDE, le terme « impôts » désigne uniquement les versements obligatoires effectués sans contrepartie au profit des administrations publiques. Dans la nomenclature de l'OCDE, les impôts se divisent en cinq grandes catégories : impôts sur le revenu, les bénéfices et les gains en capital (1000) ; cotisations de sécurité sociale (2000) ; impôts sur les salaires et la main-d'œuvre (3000) ; impôts sur le patrimoine (4000) ; et impôts sur les biens et services (5000) (OCDE, 2018[1]).

Les impôts sur la consommation (catégorie 5100 « Impôts sur la production, la vente, le transfert, la location et la livraison des biens et la prestation de services ») se répartissent essentiellement en deux sous-catégories :

- *Les impôts généraux sur les biens et les services* (« impôts généraux sur la consommation », 5110), parmi lesquels figurent les taxes sur la valeur ajoutée

(5111), les impôts sur les ventes (5112) et d'autres impôts généraux sur les biens et services (5113).

- *Les impôts sur des biens et des services déterminés* (5120) qui recouvrent essentiellement les accises (5121), les droits de douane et droits à l'importation (5123) et les impôts sur des services spécifiques (5126, par exemple les taxes sur les primes d'assurance et les services financiers).

Les impôts sur la consommation comme la TVA, les impôts sur les ventes et les accises sont souvent appelés *impôts indirects* en ce sens qu'ils ne grèvent pas directement la personne censée supporter la charge de l'impôt. Ils sont plutôt appliqués à des transactions, des produits ou des événements déterminés (*OECD Glossary of Tax Terms*). Ils portent non pas sur le revenu ou le patrimoine, mais plutôt sur les dépenses que financent le revenu et le patrimoine. Les pouvoirs publics collectent généralement l'impôt auprès des producteurs et des distributeurs à divers points de la chaîne de valeur, mais l'impôt est en principe à la charge des consommateurs, en supposant qu'il sera répercuté sur eux dans les prix facturés par les fournisseurs.

1.3. Évolution des recettes issues des impôts sur la consommation

En moyenne, les impôts sur la consommation généraient 30.6 % du total des recettes fiscales et représentaient 10.3 % du PIB dans les pays membres de l'OCDE en 2016 (moyenne non pondérée, voir Tableau annexe 1.A.1). Environ deux tiers des recettes provenant de ces impôts étaient imputables aux impôts généraux sur la consommation et un tiers aux impôts sur des biens et des services déterminés (voir Tableau annexe 1.A.2 et Tableau annexe 1.A.3).

Graphique 1.1. Recettes fiscales moyennes par catégories d'impôts en pourcentage du total des recettes fiscales en 2016

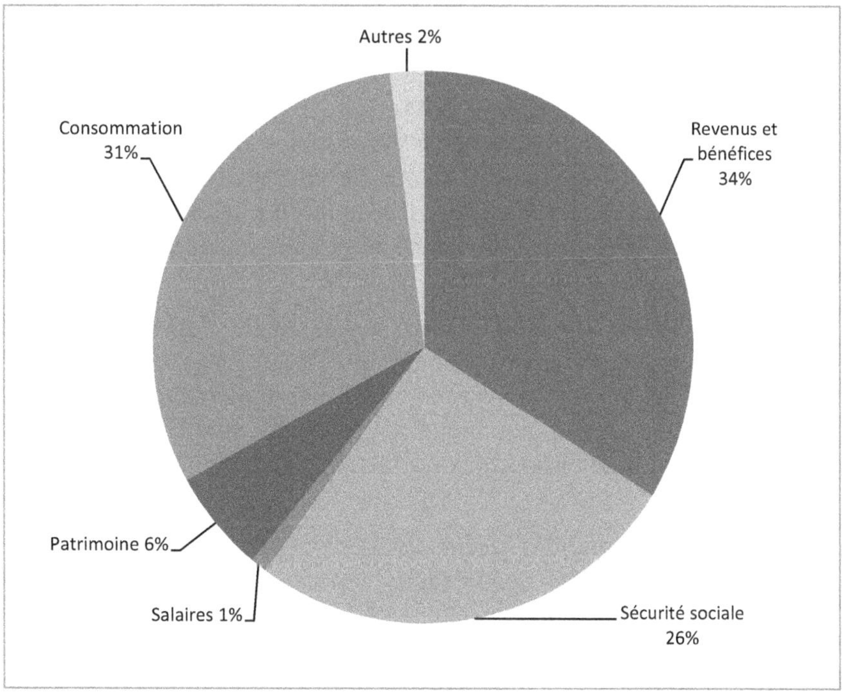

Source : Adapté de (OCDE, 2018[1]) *Statistiques des recettes publiques 2018*, Éditions OCDE, Paris.

StatLink https://doi.org/10.1787/888933889989

Le Tableau annexe 1.A.2 présente les recettes issues des impôts généraux sur la consommation respectivement en pourcentage du produit intérieur brut (PIB) et en pourcentage du total des recettes fiscales en 2016. Ces impôts englobent la TVA, les impôts sur les ventes et d'autres impôts généraux sur les biens et services. Ces pourcentages, tant du PIB que du total des recettes fiscales, varient considérablement d'un pays à l'autre. En Australie, aux États-Unis, au Mexique et en Suisse, les impôts généraux sur la consommation représentent moins de 4% du PIB, mais plus de 9% au Danemark, en Estonie, en Finlande, en Hongrie, en Israël, en Nouvelle-Zélande et en Suède. Les recettes provenant de ces impôts sont inférieures à 15% du total des recettes fiscales en Australie, au Canada, aux États-Unis, en Italie, au Japon et en Suisse et supérieures à 29% au Chili, en Hongrie, en Israël et en Nouvelle-Zélande. Les impôts généraux sur la consommation s'élèvent à plus de 20% du total des recettes fiscales dans 20 des 36pays de l'OCDE, la moyenne non pondérée pour l'OCDE étant de 20.8 %.

L'évolution dans la durée montre que les pays membres de l'OCDE recourent de plus en plus aux impôts généraux sur la consommation. Depuis 1965, la part de ces impôts en pourcentage du PIB dans les pays de l'OCDE a plus que doublé, passant de 3.2% à 7.0% en 2016. Alors que ces impôts ne représentaient que 11.9% du total des recettes fiscales dans les pays de l'OCDE en 1965, leur part a atteint 20.8% en 2016.

La TVA est à présent la principale source d'impôts généraux sur la consommation dans les pays de l'OCDE en moyenne (voir Tableau annexe 1.A.4). Les recettes issues de la TVA en pourcentage du PIB ont légèrement augmenté, passant de 6.6% en 2005 à 6.8%

en 2016 en moyenne, tandis qu'elles sont restées stables à 20.2% du total des recettes fiscales au cours de la même période.

La TVA est appliquée dans 35 des 36 pays de l'OCDE, les États-Unis étant le seul pays de l'OCDE à ne pas l'avoir adoptée. En 1975, treize des pays membres actuels de l'OCDE étaient dotés d'un régime de TVA (voir le tableau 2.A.1 au chapitre 2). L'Espagne, la Grèce, l'Islande, le Japon, le Mexique, la Nouvelle-Zélande, le Portugal et la Turquie ont mis en place un système de TVA dans les années 80, et la Suisse a suivi peu après. Les économies d'Europe centrale ont introduit un système de TVA à la fin des années 80 et au début des années 90, souvent inspiré du modèle de l'Union européenne (UE) et dans la perspective de leur future adhésion à l'UE. L'Australie a mis en place une TVA (« taxe sur les biens et services, TPS ») en 2000.

Même si les recettes issues des impôts sur la consommation se sont contractées entre 2005 et 2009 sous l'effet de la crise économique et financière mondiale, elles ont dans l'ensemble retrouvé leurs niveaux d'avant la crise, essentiellement grâce à la hausse des taux normaux de la TVA dans de nombreux pays pendant et après la crise (21 des pays membres de l'OCDE ont relevé leurs taux normaux entre 2009 et 2014 – voir le chapitre 2).

La part de la TVA dans le total des recettes fiscales au sein des 35 pays de l'OCDE qui appliquent une TVA s'inscrit dans une très large fourchette, allant de 12-13 % (Australie, Canada, Japon, Suisse) à 26-27 % (Estonie, Lettonie, Lituanie), voire même 29.8 % en Nouvelle-Zélande et 41.2 % au Chili (voir Graphique 1.2 et Tableau annexe 1.A.4). La TVA génère au moins 15 % du total des recettes fiscales dans 30 des 35 pays de l'OCDE dotés d'une TVA et représente plus de 20% du total des recettes fiscales dans 20 de ces pays.

Graphique 1.2. Part des taxes sur la valeur ajoutée (5111) en pourcentage du total des recettes fiscales en 2016

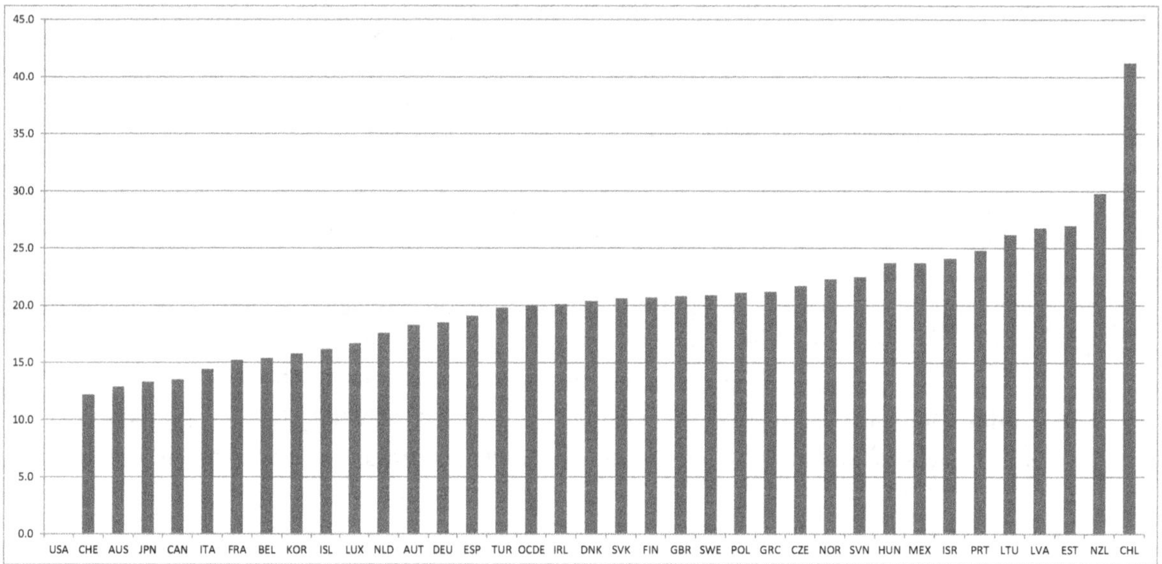

Source : Adapté de (OCDE, 2018[1]) *Statistiques des recettes publiques 2018*, Éditions OCDE, Paris.

StatLink https://doi.org/10.1787/888933890008

Le Tableau annexe 1.A.3 montre que les recettes provenant des impôts sur des biens et des services déterminés, majoritairement des droits d'accise, ont régulièrement diminué en pourcentage du PIB de 1975 à 2010 (4.6 % en 1975 et 3.3 % en 2010) et sont restées stables en moyenne depuis lors. La part des impôts sur des biens et des services déterminés dans le total des recettes fiscales a suivi la même évolution et a continué de décroître de 1975 à 2016 (17.7 % en 1975 à 9.8 % en 2016 en moyenne). La part de ces impôts dans le total des recettes fiscales s'est contractée dans 25 pays de l'OCDE et a progressé dans 7 d'entre eux. Les droits d'accise sont examinés plus en détail dans le chapitre 3.

En conséquence, la composition des impôts sur la consommation s'est radicalement transformée au fil du temps. La montée en puissance de la TVA est venue compenser le recul de la part des impôts sur des biens et des services déterminés (voir Graphique 1.3). Seule la Turquie continue de faire largement appel aux impôts sur des biens et services déterminés, qui représentent 22.2% de l'ensemble de ses recettes fiscales, contre une moyenne de 9.8% au sein de l'OCDE.

Graphique 1.3. Part des impôts sur la consommation en pourcentage du total des recettes fiscales, 1968-2016

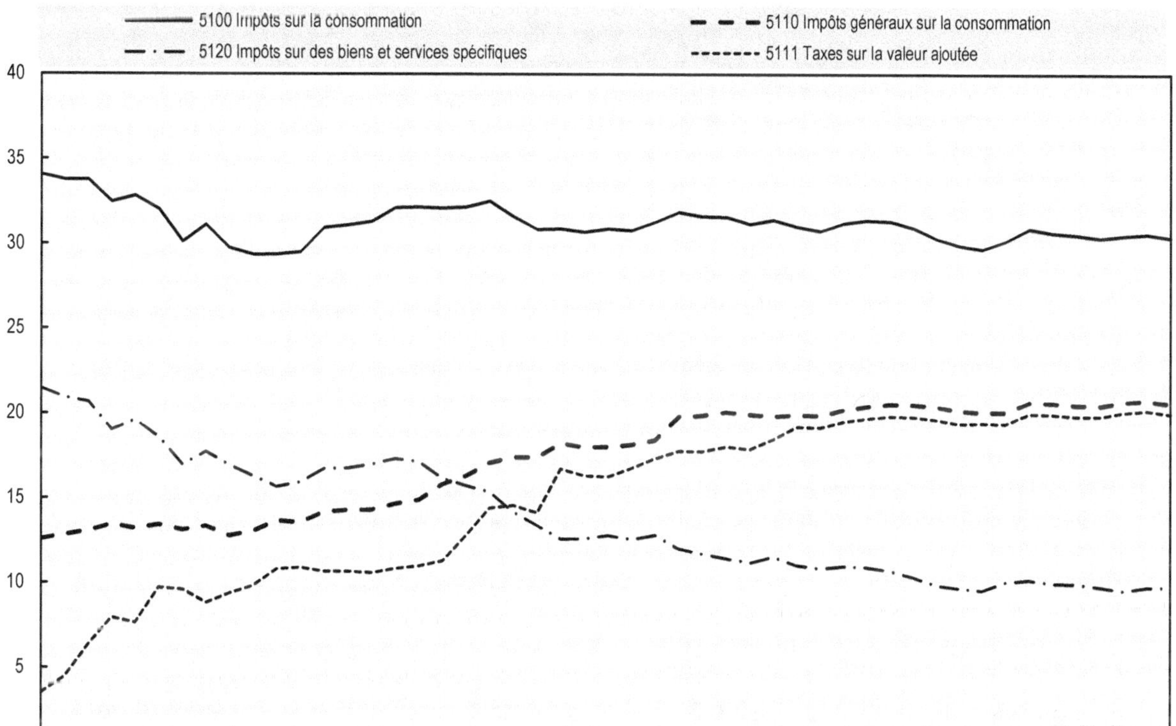

Source : Adapté de (OCDE, 2018[1]) *Statistiques des recettes publiques 2018*, Éditions OCDE, Paris.

StatLink https://doi.org/10.1787/888933890027

Le Graphique 1.3 et le Graphique 1.4 montrent l'évolution de la structure fiscale ou de la composition des recettes fiscales dans les pays de l'OCDE de 1965 à 2016. Les structures fiscales sont mesurées par la part des principaux impôts rapportée au total des recettes fiscales. En moyenne, les impôts sur le revenu des personnes physiques (impôts sur le revenu des particuliers et cotisations de sécurité sociale) ont légèrement augmenté au cours de cette période, générant la moitié des recettes fiscales totales en 2016. Avec plus de 20 % du total des recettes fiscales, la TVA est la troisième source de recettes fiscales pour les pays de l'OCDE en moyenne, devant les impôts sur les bénéfices des sociétés, les impôts sur les salaires et les impôts sur le patrimoine. La part des impôts sur les bénéfices des sociétés est restée relativement stable, atteignant 9 % du total des recettes fiscales en 2016.

Graphique 1.4. Évolution de la structure fiscale

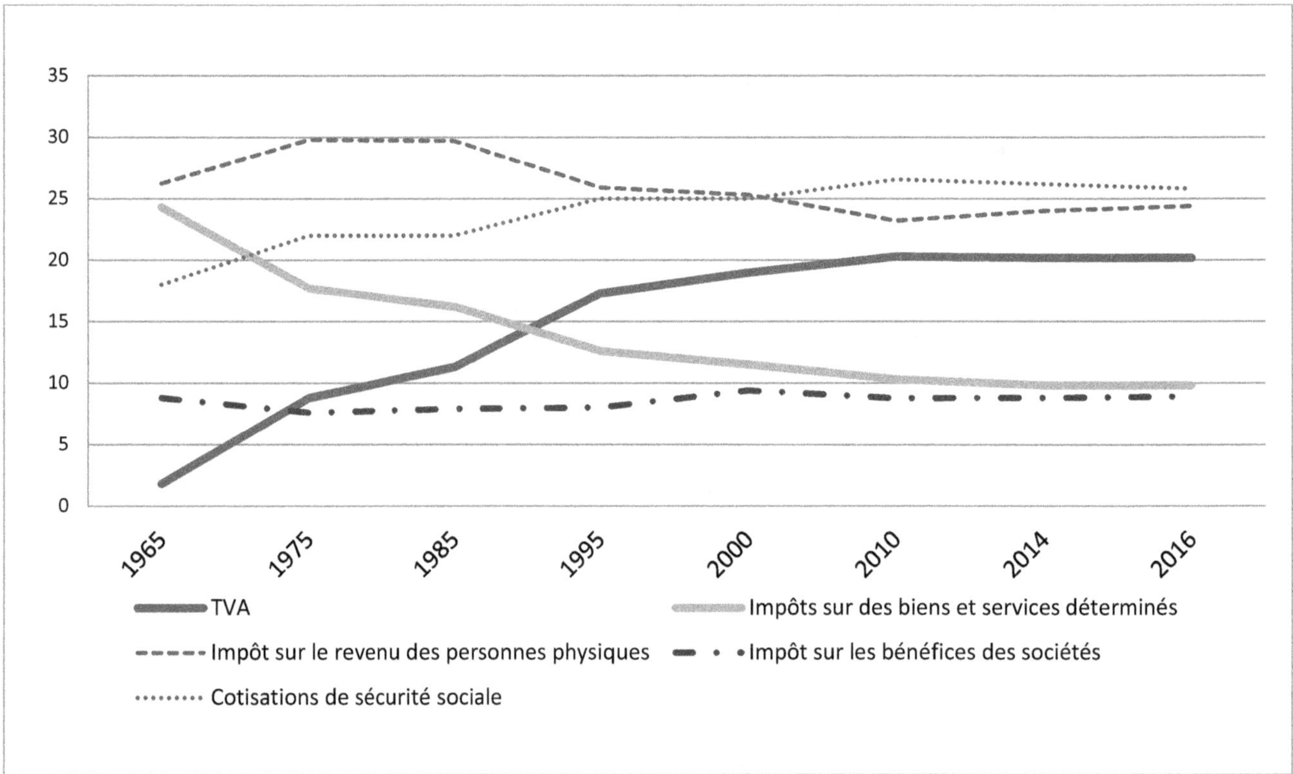

Source : Adapté de (OCDE, 2018[1]) *Statistiques des recettes publiques 2018*, Éditions OCDE, Paris.

StatLink https://doi.org/10.1787/888933890046

1.4. Expansion de la TVA

L'expansion de la TVA a constitué l'une des principales évolutions en matière fiscale intervenue au cours du dernier demi-siècle. Circonscrite à moins de 10 pays à la fin des années 60, la TVA représente actuellement une source majeure de recettes dans plus de 168 pays (voir Graphique 1.5 et Annexe 1.A).

Le caractère de neutralité de la TVA dans le contexte des échanges nationaux et internationaux a encouragé sa propagation partout dans le monde. De nombreux pays en développement ont mis en place un système de TVA au cours des vingt dernières années pour compenser la perte de recettes issues des taxes sur les échanges suite à une libéralisation du commerce. Dans l'UE, la TVA est directement associée au développement de son marché intérieur. L'adoption d'un système commun de TVA au sein de l'UE avait pour but de supprimer les distorsions commerciales associées aux impôts indirects en cascade que ce système remplaçait et de faciliter la création d'un marché commun dans lequel les États membres ne peuvent pas utiliser les impôts sur la production et la consommation pour protéger leur marché national ou pour obtenir un avantage compétitif par rapport aux autres États membres. Une TVA est appliquée dans 35 des 36 pays de l'OCDE, la seule exception étant les États-Unis.

Graphique 1.5. Pays dotés d'une TVA, 1960 - 2018

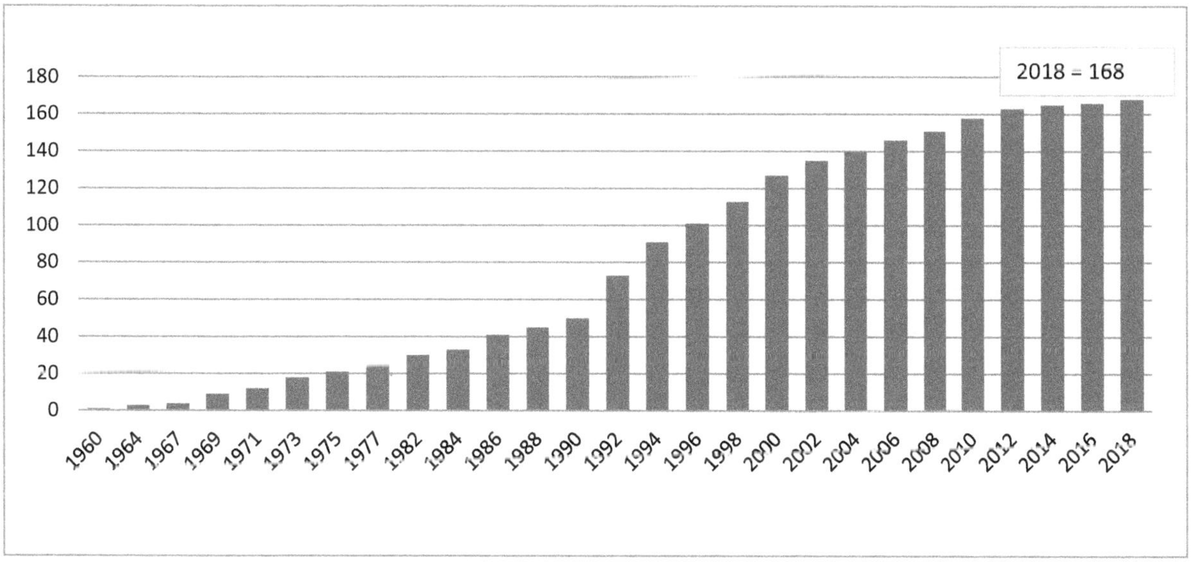

Source : F. Annacondia, Overview of General Turnover Taxes and Tax Rates – International VAT Monitor, janvier 2018.

StatLink https://doi.org/10.1787/888933890065

1.5. Principales caractéristiques conceptuelles de la TVA

Bien que la manière dont les systèmes de TVA ont été mis en œuvre varie considérablement, la TVA peut se définir par son objectif et son mécanisme spécifique de collecte de la taxe. Les *Principes directeurs internationaux pour la TVA/TPS* (OCDE, 2017[2]) donnent une vue d'ensemble des caractéristiques essentielles de la TVA, qui sont résumées ci-après.

1.5.1. Un impôt sur la consommation finale

La TVA est un impôt à large assiette qui s'applique à la consommation des ménages car, en principe, seules les personnes physiques, à la différence des entreprises, sont des consommateurs visés par la TVA. En d'autres termes, « *les entreprises achètent et utilisent des biens d'investissement, des fournitures de bureau et autres – mais elles ne les consomment pas au sens propre du terme* » (Hellerstein, 2010[3]) Néanmoins, en pratique, nombreux sont les systèmes de TVA qui grèvent non seulement la consommation des personnes physiques, mais aussi celle de diverses entités exerçant des activités non commerciales.

D'un point de vue juridique et pratique, la TVA est essentiellement un impôt sur les transactions. Dans la « vie réelle », la consommation peut prendre plusieurs formes. Certaines choses peuvent être consommées intégralement et immédiatement (comme un trajet en taxi) ; d'autres peuvent être achetées et intégralement consommées plus tard (comme un sandwich) ; d'autres encore peuvent être consommées sur une plus longue durée (comme une chaise de bureau ou un abonnement à une base de données en ligne). Fondamentalement toutefois, la TVA ne grève pas cette consommation matérielle. Elle a pour finalité de taxer la vente au consommateur final par un processus de paiement fractionné tout au long de la chaîne de transactions.

La TVA est collectée par les entreprises selon un processus fractionné mais, s'agissant d'un impôt sur la consommation finale des ménages, la charge de la TVA ne doit pas reposer sur les entreprises elles-mêmes, sauf lorsqu'elles acquièrent des produits, services ou biens incorporels qui sont destinés à une consommation privée par leurs propriétaires ou par leurs salariés.

On pourrait cependant faire valoir que la charge économique de la TVA peut reposer selon des proportions variables sur les entreprises et sur les particuliers. De fait, l'incidence effective de la TVA, comme celle de tout autre impôt, est déterminée non seulement par sa nature formelle mais aussi par les circonstances du marché, y compris l'élasticité de la demande et la nature de la concurrence entre fournisseurs (Ebrill et al., 2001[4]).

1.5.2. Le mécanisme du paiement fractionné

La caractéristique centrale de la conception de la TVA, dont elle tire son nom, est la collecte fractionnée de la taxe sur la valeur ajoutée créée à chaque stade du processus de production et de distribution. Chaque entreprise dans la chaîne de transactions participe au processus de contrôle et de recouvrement de la taxe, et paie la proportion de taxe correspondant à sa marge, c'est-à-dire la différence entre la TVA imposée sur ses intrants assujettis et la TVA imposée à ses ventes assujetties. Les entreprises collectent auprès de leurs clients la TVA sur la valeur de leurs ventes et sont autorisées à déduire la taxe payée sur leurs achats ; elles doivent alors calculer et verser la différence à l'administration fiscale (ou peuvent bénéficier d'un remboursement). À cet égard, la TVA se distingue d'une taxe sur les ventes au détail, qui impose la consommation en une seule étape, en principe au niveau du point de vente final.

Cette caractéristique centrale de la TVA, associée au principe fondamental selon lequel la charge de la taxe ne devrait pas reposer sur les entreprises mais sur les consommateurs finals, nécessitent un mécanisme qui permet aux entreprises de déduire la taxe qu'elles ont payée sur leurs propres achats de produits, de services ou de biens incorporels.

Il existe deux méthodes principales pour mettre en œuvre le mécanisme du paiement fractionné :

- Selon la ***méthode soustractive indirecte*** (qui est une « méthode fondée sur les transactions »), chaque opérateur applique la TVA au taux prescrit à chacune de ses ventes de biens ou de services et remet à l'acheteur une facture indiquant le montant de la taxe facturée. L'acheteur est alors en mesure de déduire la taxe acquittée en amont de la taxe facturée sur ses ventes. Il paiera le solde à l'administration fiscale ou percevra un remboursement le cas échéant. Cette méthode sur fonde sur des factures qui peuvent, en principe, faire l'objet d'une vérification croisée pour détecter toute surestimation du montant déductible. En établissant un lien entre la déduction de la taxe sur les intrants de l'acheteur et la taxe payée par l'acheteur, la méthode soustractive indirecte vise à décourager la fraude.

- Selon la ***méthode soustractive directe*** (qui est une « méthode fondée sur les entités »), la taxe est appliquée directement à une mesure comptable de la valeur ajoutée, déterminée pour chaque entreprise en déduisant la TVA calculée sur les achats admissibles de celle calculée sur les prestations imposables.

Presque toutes les juridictions dotées d'une TVA ont opté pour la méthode soustractive indirecte. Parmi les pays membres de l'OCDE, seul le Japon utilise la méthode soustractive directe, dans laquelle la TVA sur les ventes imposables (taxe d'aval) est calculée en multipliant le montant total des ventes imposables par le taux de TVA ; pour sa part, le montant de la taxe d'amont déductible est calculé en soustrayant la TVA du montant total des achats TVA comprise tel qu'il ressort de la comptabilité des achats de l'entreprise (y compris les achats auprès de fournisseurs exemptés, tels que les petites entreprises non immatriculées, afin de ne pas créer d'incitations à acheter à des entreprises imposables), mais en excluant les ventes exonérées telles que les services financiers. La TVA due est calculée sur une base annuelle, sauf pour certaines entreprises qui peuvent opter pour une périodicité trimestrielle (les exportateurs qui peuvent prétendre aux remboursements de TVA, par exemple). L'émission de factures mentionnant la TVA n'est pas obligatoire ; les entreprises sont tenues de documenter leur application de la TVA et cette documentation peut contenir des factures.

1.5.3. Neutralité

Le mécanisme de paiement fractionné, selon lequel la taxe est en principe collectée auprès des entreprises uniquement sur la valeur ajoutée à chaque stade de la production et de distribution, confère à la TVA sa principale caractéristique dans les échanges nationaux : sa neutralité économique. Le droit à déduction intégral de la taxe d'amont tout au long de la chaîne de transactions, à l'exception du consommateur final, garantit la neutralité de la taxe quels que soient la nature du produit, la structure de la chaîne de distribution et les moyens mis en œuvre pour sa fourniture (par exemple, les magasins de détail, la livraison à domicile, les téléchargements sur Internet). En application du mécanisme du paiement fractionné, la TVA « transite par les entreprises » pour grever uniquement les ventes au consommateur final.

Lorsque, sur une période donnée, la TVA déductible sur les intrants est supérieure à la TVA collectée sur les ventes, le paiement excédentaire de TVA qui est ainsi généré devrait être en principe remboursé. C'est notamment le cas pour les exportateurs, dont les ventes sont en principe exonérées de TVA (exemption avec droit à déduction la taxe d'amont correspondante) en vertu du principe de destination, et pour les entreprises dont les achats dépassent les ventes au cours de la même période (entreprise nouvelle ou en développement ou entreprise saisonnière, par exemple). Compte tenu du rôle important joué par ces catégories d'entreprise dans l'expansion économique, il est essentiel que les systèmes de TVA traitent efficacement ces soldes excédentaires pour éviter que ces entreprises ne subissent des distorsions majeures et coûteuses. Parallèlement, cependant, le paiement de remboursements peut de toute évidence ouvrir d'importantes possibilités de fraude et de corruption. Aussi, tout système de remboursement efficace doit être correctement administré, et étayé par une stratégie de conformité bien conçue et fondée sur les risques, et par une stratégie globale de vérification (Ebrill et al., 2001[4]). Walczak

Lorsque le droit à déduction couvre tous les intrants de l'entreprise, ce n'est pas sur les entreprises, mais sur les consommateurs que repose en définitive le paiement de la taxe. Ce n'est pas toujours le cas dans la pratique, car le droit de déduire la taxe d'amont peut faire l'objet de restrictions de plusieurs manières. Certaines sont délibérées et d'autres le résultat d'une administration imparfaite (voir chapitre 2).

Les restrictions délibérées à la déduction de la TVA en amont viennent, en particulier, de l'application d'exonérations de TVA. Quand une vente est exonérée de TVA, aucune TVA n'est facturée sur cette vente et le fournisseur n'a pas le droit de déduire la TVA acquittée en amont. De nombreux systèmes de TVA prévoient de telles exonérations pour des raisons sociales (santé, éducation et œuvres de bienfaisance), pratiques (services financiers, assurance) ou historiques (biens immobiliers, terres).

D'autres restrictions au droit de déduire la TVA d'amont concernent les achats utilisés, ou réputés utilisés, pour une consommation privée par les propriétaires d'une entreprise, par ses salariés ou ses clients (par exemple des voitures et des divertissements).

Le chapitre 2 des *Principes directeurs internationaux pour la TVA/TPS* de l'OCDE présente les principes fondamentaux de neutralité de la TVA et un ensemble de normes internationalement acceptées à l'appui de la neutralité de la TVA dans le contexte des échanges internationaux.

1.6. Principales caractéristiques conceptuelles des taxes sur les ventes au détail

Une taxe sur les ventes au détail est un impôt général sur la consommation à la charge de l'utilisateur final et appliqué une seule fois sur les produits au point de vente ultime. En principe, seuls les consommateurs doivent la payer ; les revendeurs en sont exonérés s'ils ne sont pas les utilisateurs finals des produits. Pour mettre en œuvre ce principe, les entreprises acheteuses sont généralement tenues de remettre au vendeur un « certificat de revente », qui précise qu'elles achètent un article pour le revendre, ou une attestation équivalente qui prouve que l'entreprise se conformera à ses éventuelles obligations fiscales (un certificat de paiement direct, par exemple, qui est analogue au concept de l'autoliquidation). La taxe est facturée sur chaque article vendu aux acheteurs qui ne produisent pas un tel certificat ou une attestation équivalente. La taxe sur les ventes au détail concerne non seulement les détaillants, mais aussi toutes les entreprises qui traitent avec des acheteurs qui ne fournissent pas de certificat de revente ou un autre document précisant qu'aucune taxe n'est due (par exemple, un organisme public ou une œuvre de bienfaisance, sauf si une exonération spécifique s'applique).

L'assiette d'imposition est le prix de vente. Comme la TVA, et contrairement aux taxes en cascade, ce système permet un calcul précis de la charge fiscale et ne fait en principe aucune discrimination entre différents types de circuits de production ou de distribution. Dans la pratique, cependant, du moins aux États-Unis, bon nombre de services ne peuvent être assujettis à la taxe sur les ventes au détail et l'exonération en cas de revente se limite aux produits qui sont revendus sous une forme identique à celle qu'ils avaient quand ils ont été achetés, ou qui sont matériellement intégrés aux produits qui sont revendus, ce qui entraîne une lourde imposition des intrants des entreprises.

En théorie, la TVA et la taxe sur les ventes au détail devraient aboutir aux mêmes résultats finaux : en définitive, ces deux impôts visent chacun à imposer la consommation finale d'un large éventail de produits sur le lieu de consommation. Elles s'appliquent aussi l'une comme l'autre aux dépenses de consommation, à savoir à la transaction entre le vendeur et l'acheteur plutôt qu'à la consommation à proprement parler. Dans la pratique, cependant, le résultat final peut être différent, dans la mesure où le mode de collecte de l'impôt est lui-meme différent. Contrairement à la TVA, qui est une taxe collectée à chaque étape de la chaîne de valeur selon un système de paiement fractionné (voir la section 1.5 ci-avant), les taxes sur les ventes ne sont prélevées qu'au tout dernier stade, autrement dit au moment de la vente par le détaillant au consommateur final. Cette dernière méthode présente de grands inconvénients. En effet, plus le taux est élevé, plus la pression exercée sur le maillon le plus faible de la chaîne –le détaillant- est forte, en particulier pour les nombreux petits détaillants. Toutes les recettes sont menacées si le détaillant ne paie pas la taxe et la piste qui pourrait permettre de procéder à des vérifications et de retracer les factures est moins bonne que dans le système de TVA, surtout en ce qui concerne les services. Il existe inévitablement des « exonérations applicables à l'utilisation finale » qui posent des problèmes ; et les recettes ne sont pas sécurisées à l'étape la plus simple, autrement dit au moment de l'importation, ce qui peut poser un problème crucial à de nombreux pays en développement. En conséquence, une telle taxe est efficace à des taux relativement bas, mais elle est de plus en plus difficile à administrer à mesure que les taux augmentent (Smith and Tait, 1990[5]).

Les États-Unis sont le seul pays de l'OCDE ayant opté pour une taxe sur les ventes au détail comme principal impôt sur la consommation. Cela étant, cette taxe n'est pas un impôt national. Elle est en fait un impôt infranational prélevé à l'échelon des différents États et des collectivités. Actuellement, 45 des 50 États, ainsi que des milliers de juridictions fiscales locales, lèvent des taxes générales sur les ventes au détail. Dans la plupart des cas, la couverture des taxes locales est pratiquement identique à celles des États, elles sont administrées au niveau des États et correspondent en substance à une simple majoration du taux de la taxe de l'État, les recettes supplémentaires étant transférées aux collectivités locales. Les taxes sur les ventes au détail sont complétées dans chaque État par des taxes d'« utilisation » fonctionnellement identiques, appliquées aux biens achetés auprès de vendeurs situés à l'extérieur de l'État, car les États n'ont pas le pouvoir de taxer des « ventes » qui n'ont pas lieu sur leur sol et appliquent donc une taxe complémentaire au titre de « l'utilisation » sur leur territoire (Hellerstein et al., 2014[6])

Aux États-Unis, les taux combinés des taxes sur les ventes des États et des collectivités locales varient considérablement, de 1.76 % (Alaska), 4.35 % (Hawaï) et 5.42 % (Wisconsin) à 10.02 % (Louisiane), 9.46 % (Tennessee) et 9.41 % (Arkansas). Cinq États n'ont pas de taxe sur les ventes à l'échelle de l'État entier (Alaska, Delaware, Montana, New Hampshire et Oregon), et parmi ces États, seul l'Alaska autorise les collectivités locales à appliquer des taxes sur les ventes locales et le Montana autorise le prélèvement de taxes spéciales dans des lieux de villégiature (Walczak Jared and Drenkard Scott, 2018[7]). Ces taux sont nettement inférieurs aux taux de TVA applicables dans les pays de l'OCDE (sauf au Canada, au Japon et en Suisse). Cela s'explique par deux principaux facteurs : les risques d'indiscipline fiscale associés à la méthode de collecte de l'impôt sur les ventes (voir ci-avant) et la concurrence entre juridictions (voir ci-après).

Les taxes sur les ventes au détail et les taxes d'utilisation en vigueur aux États-Unis sont soumises à de fortes pressions concurrentielles, surtout dans le contexte des échanges entre États et internationaux. Avant la décision de la Cour suprême dans l'affaire *South Dakota v. Wayfair, Inc.* (juin 2018), les décisions de la Cour suprême interdisaient aux États d'exiger des vendeurs qu'ils collectent la taxe sur les ventes réalisées à l'occasion d'échanges entre États quand ils n'étaient pas physiquement présents dans l'État de l'acheteur. Les États n'étaient donc pas en mesure de recouvrer efficacement les taxes d'utilisation sur les ventes entre États dans les cas de ventes à distance, un problème qui a pris de l'ampleur avec l'avènement de l'Internet et des ventes en ligne. Dans l'affaire *Wayfair*, la Cour a annulé le critère de présence physique pour l'application des obligations de collecte de la taxe auprès des vendeurs à distance, le jugeant « peu judicieux et incorrect », et a confirmé une législation du Dakota du Sud qui impose ces obligations aux vendeurs à distance qui réalisent un chiffre d'affaires annuel dans l'État supérieur à 100 000 USD ou qui accomplissent au moins 200 transactions distinctes dans l'État. En remplacement de l'exigence de présence physique des vendeurs à distance dans l'État où sont situés leurs clients, la Cour a adopté une règle du lien avec l'État (« nexus ») qui cherche à déterminer si l'entité qui doit collecter l'impôt « peut se prévaloir du privilège essentiel de mener des activités » dans l'État sur la base de ses « contacts économiques et virtuels » avec cet État.

Bien que les principes généraux décrits par la Cour dans l'affaire *Wayfair* ne donnent guère d'indications aux administrations fiscales et au conseillers fiscaux des États quant à la nature et au degré des contacts « économiques et virtuels » qui satisfont à la règle du lien applicable aux vendeurs à distance, la Cour a mis en évidence plusieurs caractéristiques de la législation du Dakota du Sud qui, selon elle, visaient à alléger les contraintes pesant sur les échanges entre États et qui peuvent ainsi aider les États à concevoir leur régime fiscal à l'avenir. Premièrement, la règle de lien prévoit une clause de protection en faveur des vendeurs qui réalisent un faible volume de transactions dans l'État. Deuxièmement, la législation ne s'applique pas de façon rétroactive. Troisièmement, le Dakota du Sud est l'un des États (plus d'une vingtaine au total) à avoir adopté l'Accord de rationalisation de la taxe sur les ventes et de la taxe d'utilisation (SSUTA – qui peut être consulté sur www.streamlinedsalestax.org), qui « harmonise les taxes de manière à réduire les coûts administratifs et de conformité ». Comme la Cour l'explique : « Cet Accord exige l'existence d'une administration fiscale unique au niveau de l'État, une définition uniforme des produits et des services, un barème de taux d'imposition simplifié et d'autres règles harmonisées. Il donne aussi aux vendeurs accès gratuitement au logiciel d'administration de la taxe fourni par l'État. Les vendeurs qui choisissent d'utiliser ce logiciel échappent à l'obligation d'audit ». On ne sait pas encore comment cette règle générale sera appliquée à l'avenir, mais en décembre 2018, 32 États avaient déjà adopté une législation ou des dispositions administratives imposant des obligations de collecte de la taxe aux vendeurs à distance en fonction de seuils analogues à ceux défendus par la Cour dans l'affaire *Wayfair*, et plus de la moitié de ces États sont déjà membres du SSUTA, un chiffre appelé à croître à l'avenir. On notera également que le Congrès des États-Unis a en dernier ressort le pouvoir (indépendamment de règles de lien éventuelles préexistantes établies par la justice) de définir les conditions auxquelles les vendeurs à distance doivent collecter la taxe sur les ventes entre États, et pourrait approuver une proposition de loi qui autoriserait les États à exiger cette collecte s'ils ont adopté le SSUTA ou des mesures semblables pour permettre aux vendeurs de se conformer plus facilement à leurs obligations fiscales.

1.7. Principales caractéristiques des impôts sur la consommation de biens et de services déterminés

Dans la nomenclature de l'OCDE, les impôts sur des biens et des services déterminés (5120) englobent différents types de taxes comme les accises, les droits de douane et les taxes à l'importation, les taxes à l'exportation et les taxes sur des services déterminés. Les *Tendances des impôts sur la consommation* s'intéressent uniquement aux droits d'accise.

Un certain nombre de caractéristiques générales différencient les droits d'accise des taxes sur la valeur ajoutée :

- Ils sont perçus sur un nombre limité de produits.
- Ils ne sont normalement dus qu'au moment où les marchandises sont mises à la consommation, souvent au dernier stade dans la chaîne des transactions.
- Les accises sont généralement calculées sur la base du poids, du volume, de la teneur ou de la quantité du produit, combinés dans certains cas avec des taxes *ad valorem.*
- À la différence de la TVA, le système des accises est donc caractérisé par un petit nombre d'assujettis au stade de production ou du commerce de gros (même si, dans certains cas, les accises peuvent aussi être perçues au stade de la revente).

Comme la TVA, les accises se veulent neutres pour les échanges internationaux. La taxe étant normalement collectée quand les biens sont mis à la consommation, la neutralité est souvent assurée en soumettant les exportations à des régimes de contrôle (comme les entrepôts sous douane) et au moyen d'une certification de l'exportation finale (là encore dans des conditions contrôlées) délivrée par les services douaniers. De même, pour les marchandises importées soumises à accises, le prélèvement se fait au moment de l'importation, même si les marchandises sont fréquemment couvertes par des régimes contrôlés de franchise d'impôt jusqu'à leur mise à la consommation.

Les accises peuvent couvrir une grande diversité de produits comme le sel, le sucre, les allumettes, les jus de fruits ou les chocolats. Cependant, la gamme des produits soumis à accises a diminué avec l'expansion des impôts généraux sur la consommation. Par contre, les accises sur l'alcool, le tabac et les hydrocarbures continuent de générer des recettes considérables pour les États (voir le chapitre 3).

Ces dernières décennies, une tendance a émergé qui a consisté à attribuer à ces taxes d'autres fonctions que la simple collecte de recettes. Certains droits d'accise ont été adaptés pour décourager des comportements jugés dangereux, notamment dans le domaine de la santé. Cela vaut en particulier pour les droits d'accise sur le tabac et l'alcool, dont les taux ont été progressivement relevés afin de freiner la consommation de ces produits. La structure de certains droits d'accise a aussi progressivement changé pour favoriser un comportement plus responsable en faveur du bien-être collectif, notamment de l'environnement. C'est le cas pour les taxes sur les huiles minérales, les voitures et d'autres produits qui génèrent des émissions préjudiciables à l'environnement.

Une telle tendance peut être considérée comme un changement de politique fiscale de la part des pouvoirs publics. Les pouvoirs publics sont conscients depuis longtemps de l'influence que peut exercer le régime fiscal sur les décisions des entreprises et des particuliers. Ils connaissent l'impact du régime fiscal sur l'emploi, la création et le développement d'entreprises et les schémas de consommation, mais n'ont généralement pas souhaité agir sur le comportement des contribuables. Dans d'autres cas, la modification des comportements, par exemple pour réduire la pollution ou décourager la consommation de produits considérés nocifs pour la santé, peut être un objectif de l'action publique, parallèlement à la collecte des recettes. Même si, souvent, les taxes liées à l'environnement ne sont pas uniquement motivées par des raisons écologiques, ce sont des instruments efficaces pour atteindre des objectifs environnementaux (voir le chapitre 3).

1.8. TVA et échanges internationaux – le principe de destination

L'objectif essentiel de la TVA, qui grève la consommation finale, conjugué à sa caractéristique de taxe à paiement fractionné, qui est le pilier de la conception de cette taxe, posent les bases des principes de la TVA appliquée aux échanges internationaux. L'enjeu central de politique économique au regard de l'application de la TVA au niveau international est de déterminer si la taxe doit être perçue par la juridiction d'origine ou par celle de destination. Selon le principe de destination, l'impôt est perçu entièrement sur la consommation finale qui a lieu dans la juridiction d'imposition. Selon le principe d'origine, l'impôt est perçu dans les différentes juridictions où de la valeur ajoutée est créée. La principale différence économique entre ces deux principes est que, avec le principe de destination, toutes les entreprises d'une juridiction donnée se livrent concurrence sur un pied d'égalité, tandis qu'avec le principe d'origine, ce sont les consommateurs des différentes juridictions qui se trouvent sur un pied d'égalité.

L'application du principe de destination en matière de TVA assure la neutralité des échanges internationaux. Selon le principe de destination, les exportations sont exonérées puisque la taxe sur les intrants est déductible (elles se font donc en franchise de TVA) et les importations sont taxées sur la même base et aux mêmes taux que les transactions intérieures. Dès lors, le total de la taxe payée pour une transaction est déterminé par les règles en vigueur dans la juridiction de consommation, et par conséquent toutes les recettes reviennent à la juridiction où a lieu la fourniture au consommateur final.

Pour toutes ces raisons, un large consensus se dégage en faveur du principe de destination, qui est de fait la norme internationale sanctionnée par les règles de l'Organisation mondiale du commerce et il compte parmi les principes essentiels sur lesquels se fondent les *Principes directeurs internationaux pour la TVA/TPS* de l'OCDE.

Les systèmes de taxes sur les ventes au détail (voir Section 1.6 ci-avant), même s'ils fonctionnent différemment dans la pratique, ont aussi pour but d'imposer la consommation de biens et, dans une certaine mesure, de services, dans la juridiction de consommation. Les produits exportés sont généralement exonérés de la taxe sur les ventes afin d'assurer une certaine neutralité pour les échanges transfrontières. Cela étant, dans la plupart des systèmes de taxes sur les ventes, les entreprises supportent dans une certaine mesure une taxe non récupérable sur leurs intrants et, si elles exportent des marchandises par la suite, leur prix intègrera en partie cette taxe.

L'application du principe de destination présente toutefois certaines difficultés particulières. Premièrement, comme on l'a vu, la méthode habituelle de mise en œuvre de ce principe pour la TVA consiste à exonérer les exportations, ce qui signifie que les biens et les services qui font l'objet d'échanges internationaux circulent en franchise d'impôt. Les possibilités de fraude sont évidentes. Deuxièmement, bien que la plupart des règles actuellement en vigueur soient généralement destinées à imposer les ventes de biens et de services dans la juridiction où a lieu la consommation, en application du principe de destination, les moyens de concrétiser cet objectif varient d'un pays à l'autre. Cela peut, dans certains cas, entraîner une double imposition ou une non-imposition involontaire et créer des incertitudes à la fois pour les entreprises et les administrations fiscales. L'adoption des *Principes directeurs internationaux pour la TVA/TPS* de l'OCDE répond à ces difficultés (voir ci-après).

1.8.1. Mise en œuvre du principe de destination

Si le principe de destination est largement accepté en tant que base d'application de la TVA aux échanges commerciaux internationaux, sa mise en œuvre varie néanmoins selon les juridictions. Ce principe peut entraîner une double imposition ou une non-imposition involontaire, et être source de complexité et d'incertitude pour les entreprises et les administrations fiscales.

L'application du principe de destination suppose que le système de TVA permette d'identifier la destination des fournitures. La TVA étant généralement appliquée transaction par transaction, les systèmes de TVA comprennent des règles relatives au « lieu d'imposition » couvrant toutes les transactions, grâce à des « critères présomptifs » qui précisent le lieu où le bien ou le service fourni est supposé être utilisé par une entreprise dans son processus de production et de distribution (si l'acheteur est une entreprise) ou être consommé (si l'acheteur est un consommateur final).

Les paragraphes suivants offrent un bref aperçu des mécanismes permettant d'identifier la destination d'une fourniture, d'abord dans le cas des biens, puis dans celui des services.

1.8.2. Application du principe de destination aux échanges transfrontières de biens

Aux fins de la TVA, le terme de « biens » désigne le plus souvent des « biens corporels ». L'application de la TVA aux fournitures de biens dépend normalement du lieu où se trouvent les biens au moment de la transaction et/ou de celui où ils se trouvent à l'issue de celle-ci. La fourniture d'un bien est en principe assujettie à la TVA dans le pays où se trouve le bien lorsque la transaction a lieu. Lorsqu'une transaction implique le déplacement de biens d'une juridiction vers une autre, les biens exportés sont généralement exonérés de la TVA dans la juridiction du vendeur (ils sont expurgés de toute TVA supportée en amont grâce aux déductions successives de la taxe d'amont effectuées par les entreprises), tandis que les importations sont assujetties à la même TVA que les biens intérieurs équivalents dans la juridiction de l'acheteur. La TVA sur les importations est généralement perçue auprès de l'importateur en même temps que les droits de douane, quand les biens sont encore sous contrôle douanier, bien que certaines juridictions reportent son recouvrement jusqu'à la déclaration de TVA de l'importateur. La déduction de la TVA acquittée sur les importations, au même titre que la déduction de la taxe d'amont dans le cas d'une transaction intérieure, garantit la neutralité et limite les distorsions des échanges internationaux.

À l'intérieur de l'Union européenne, au sein de laquelle les barrières douanières et les frontières fiscales ont été abolies en 1993, c'est le système de livraison intracommunautaire (exonération de la TVA dans l'État membre d'origine) et d'acquisition intracommunautaire (taxe appliquée dans l'État membre de destination) pour les fournitures interentreprises qui permet l'application du principe de destination même en l'absence de procédures douanières.

De nombreux systèmes de TVA prévoient une exonération des importations de biens de valeur relativement faible. Ces exonérations découlent le plus souvent du constat que les coûts administratifs supportés par les services des douanes au titre de ces biens de faible valeur dépasseraient probablement les recettes obtenues. La plupart des pays membres de l'OCDE disposent de tels mécanismes d'exonération de la TVA, dont les seuils varient considérablement d'un pays à l'autre, de 11 USD au Danemark à 300 USD au Mexique. A compter du 1er juillet 2018, l'Australie perçoit la TPS sur la vente de biens importés dont la valeur est inférieure à 1000 AUD au moyen d'un système de collecte par le vendeur tandis que la TPS relative aux biens d'une valeur supérieure à 1000 AUD est perçue par l'administration douanière (voir le tableau annexe 2.A.10). Cependant, 20 de ces pays appartiennent à l'UE, où la législation (Directive 2006/112/CE) prévoit que les États membres doivent exonérer de la TVA l'importation de biens dont la valeur ne dépasse pas 10 EUR, et sont autorisés à accorder une exonération pour les biens importés d'une valeur supérieure à 10 EUR mais inférieure à 22 EUR. Tous les États membres de l'UE qui sont membres de l'OCDE ont opté pour le seuil supérieur de 22 EUR, sauf le Danemark qui applique le seuil inférieur de 10 EUR, ainsi que la France et la Pologne qui n'appliquent pas de seuil pour les biens importés dans le cadre d'une vente par correspondance. Cette exonération au sein de l'UE ne s'applique pas au tabac ou aux produits du tabac et aux produits alcoolisés. En dehors de l'UE, deux pays de l'OCDE (le Chili et la Turquie) n'appliquent pas de seuil et imposent toutes les importations de biens indépendamment de leur valeur.

Les exonérations appliquées aux importations de biens de faible valeur sont de plus en plus controversées dans le contexte de l'essor de l'économie numérique. Telle est l'une des conclusions du rapport sur l'Action 1 du Projet OCDE/G20 sur l'érosion de la base d'imposition et le transfert de bénéfices (*Base Erosion and Profit Shifting*, ou BEPS) : *Relever les défis fiscaux posés par l'économie numérique* (OCDE, 2014[8]). Lorsque la plupart des exonérations relatives aux biens de faible valeur ont été mises en place, le commerce électronique n'existait pas, et le volume d'importations bénéficiant de cette exonération était relativement limité. Ces dernières années, cependant, de nombreux pays ont observé une croissance considérable et rapide du volume des importations de faible valeur de biens vendus en ligne non soumises à la TVA. Cela se traduit par des pressions concurrentielles potentiellement inéquitables sur les détaillants nationaux, qui sont, eux, tenus de facturer la TVA sur leurs ventes auprès des clients locaux, et par une baisse des recettes de TVA pour les gouvernements. Cela incite également les entreprises nationales à se délocaliser à l'étranger afin de bénéficier de l'exonération de la vente de biens de faible valeur. Le rapport intitulé *Relever les défis fiscaux posés par l'économie numérique* reconnaît que la difficulté consiste à trouver un point d'équilibre entre deux exigences : d'une part, la nécessité de protéger les recettes fiscales en évitant les distorsions de la concurrence, qui plaide pour un abaissement des seuils d'exonération, et, d'autre part, celle de maintenir les coûts de recouvrement proportionnés aux montants relativement faibles de TVA collectée, qui plaide pour un relèvement de ces mêmes seuils. Le rapport souligne que les autorités fiscales pourraient être en position d'éliminer ou de réduire les seuils d'exonération pour les importations de biens de faible valeur, si elles parviennent à améliorer l'efficacité du traitement de ces importations et de la collecte de la TVA correspondante. Il explore les approches possibles du recouvrement de la TVA sur les importations de biens de faible valeur, qui pourraient permettre aux pouvoirs publics de réduire ou d'éliminer les seuils d'exonération de TVA, pour autant qu'ils le décident. Le rapport examine les modèles de prélèvement de la TVA sur les importations qui limiteraient ou supprimeraient la nécessité d'une intervention des autorités douanières dans le recouvrement de la TVA pour les importations qui ne sont pas soumises à des droits de douane (notant que la plupart des pays appliquent également pour les droits de douane un seuil d'exonération, souvent supérieur au seuil d'exonération de la TVA). Cela devrait réduire considérablement le coût de la collecte de la TVA sur les importations de biens de faible valeur.

L'Australie a engagé une réforme en vue de prélever la TPS sur les importations de biens de faible valeur à compter du 1er juillet 2018. L'exonération de TPS sur les importations de biens d'une valeur inférieure ou égale à 1 000 AUD vendus par des opérateurs étrangers à des clients finals australiens a été remplacée par un nouveau mécanisme de collecte par le vendeur à partir de cette date. Les vendeurs étrangers qui fournissent pour plus de 75 000 AUD de biens imposables aux consommateurs en Australie chaque année ainsi que les ventes de produits numériques et les services rendus aux consommateurs australiens sont désormais tenus de s'enregistrer à la TPS en Australie et de facturer la taxe sur leurs ventes aux clients finals en Australie. La TPS sur l'importation de ces biens est prélevée auprès de ces vendeurs étrangers via un régime de collecte simplifié, fondé sur l'identification des vendeurs, conformément aux orientations de l'OCDE. Le seuil de 75 000 AUD est identique au seuil local d'enregistrement, au-dessous duquel les entreprises australiennes sont exonérées de la collecte de la TPS. Il vise à soulager les petits vendeurs étrangers de l'obligation de s'enregistrer et de verser la TPS sur leurs ventes de biens aux consommateurs australiens, qui représente pour eux une importante charge administrative. Les biens achetés à l'étranger via une place de marché en ligne sont considérés comme vendus par cette place de marché en ligne, qui est dès lors tenue de collecter et de verser la TPS.

La Nouvelle-Zélande a annoncé la mise en place d'un mécanisme analogue d'identification des vendeurs étrangers visant à collecter la TPS sur les biens importés de faible valeur à compter du 1er octobre 2019.

On observe une tendance similaire dans l'UE. En décembre 2017, les États membres de l'UE ont adopté le paquet TVA sur le commerce électronique, dans le but d'améliorer et de simplifier le respect des règles en matière de TVA pour les entreprises qui effectuent des ventes en ligne. L'une des principales mesures prévues par le paquet est la suppression de l'exonération actuelle de la TVA sur les importations de biens de faible valeur (valeur maximale de 22 EUR) provenant de l'extérieur de l'UE à compter de 2021 (Commission européenne, 2017[9]). À partir de cette date, les vendeurs de pays tiers auront la possibilité de facturer et de collecter la TVA sur les ventes à distance de biens importés aux consommateurs de l'UE, auprès de leurs clients de l'UE au point de vente, et de déclarer et de payer cette TVA via le portail numérique en ligne de l'UE (Guichet unique, OSS). Ces biens seront alors exonérés de TVA à l'importation, accélérant les procédures de dédouanement. Si les vendeurs de pays tiers n'optent pas pour ce régime du guichet unique pour l'importation, la TVA sur l'importation sera collectée auprès des consommateurs par le déclarant en douane (par exemple, opérateur postal, société de courrier, commissionnaires en douane), qui la versera aux autorités douanières au moyen d'un paiement mensuel. Ces nouvelles règles s'appliqueront aux ventes à distance de biens importés de pays tiers à des clients situés dans l'UE à concurrence d'un montant de 150 EUR. Les importations de biens d'une valeur supérieure à 150 EUR (valeur douanière) devront toujours faire l'objet d'une déclaration en douane en bonne et due forme. Lorsque ces ventes à distance sont facilitées par des places de marché électroniques, c'est l'opérateur de ces places de marché qui sera redevable de la TVA sur ces ventes. Cette obligation englobera les ventes de biens qui sont déjà stockés par des vendeurs de pays tiers dans des entrepôts (appelés « centres logistiques ») situés sur le territoire de l'UE, qui sont de plus en plus utilisés pour vendre des biens frauduleusement hors TVA à des consommateurs situés dans l'UE.

Le paquet TVA sur le commerce électronique de l'UE contient en outre une série de mesures destinées à simplifier le commerce électronique de biens et de services au sein de l'UE (Commission européenne, 2017[9]).

La Suisse met également en œuvre une réforme de la TVA destinée à créer des règles du jeu équitables entre entreprises nationales et étrangères. De nouvelles règles ont été adoptées en 2018 pour déterminer l'assujettissement des entreprises à la TVA suisse, désormais basées sur le chiffre d'affaires mondial et non plus sur le chiffre d'affaires réalisé seulement en Suisse. Les fournisseurs étrangers de biens et de certains services sont désormais tenus de s'immatriculer à la TVA en Suisse et de collecter la taxe sur les ventes à des clients suisses lorsque leur chiffre d'affaires mondial imposable dépasse 100 000 CHF. La deuxième grande réforme cible les vendeurs étrangers (en ligne) qui livrent des biens de faible valeur à des clients suisses. À l'heure actuelle, la TVA sur les importations est prélevée uniquement si le montant de la TVA dépasse 5 CHF. En raison des faibles taux de TVA de 2.5 % et 7.7 %, les biens dont la valeur ne dépasse pas 200 CHF (imposables à 2.5 %) et 65 CHF (imposables à 7.7 %) peuvent être importés hors TVA. Pour supprimer cette situation de désavantage concurrentiel dont pâtissent les vendeurs nationaux, les vendeurs étrangers qui livrent des biens à des consommateurs en Suisse pour un montant total d'au moins 100 000 CHF devront s'identifier et verser la TVA sur ces ventes en Suisse, et ce à compter du 1er janvier 2019.

1.8.3. Application du principe de destination aux échanges transfrontières de services et de biens incorporels

Dans nombre de pays, la législation relative à la TVA tend à définir la notion de « service » par la négative, comme « tout ce qui n'a pas été défini par ailleurs » ou à définir une « prestation de services » comme tout ce qui diffère d'une « livraison de biens ». Si cette approche recouvre le plus souvent les biens incorporels, certains pays placent ces derniers dans une catégorie distincte. Aux fins de cette section, et sauf mention contraire, le terme « services » inclut les « biens incorporels ».

Les systèmes de TVA s'appuient sur un large éventail de critères présomptifs pour déterminer le lieu d'imposition des services, comme le lieu d'exécution du service, le lieu où est situé l'établissement du fournisseur ou le lieu où celui-ci se trouve réellement, le lieu de résidence du consommateur ou le lieu où celui-ci se trouve réellement et le lieu où se trouve le bien corporel (pour les services liés à un bien corporel, tels que les services de réparation). De nombreux systèmes utilisent plusieurs critères avant de déterminer le lieu d'imposition et peuvent recourir à différentes règles pour les prestations entrantes, sortantes, totalement réalisées à l'étranger ou totalement réalisées sur le territoire national.

Dans l'Union européenne, la détermination du « lieu de livraison » (autrement dit le lieu d'imposition) dépend du statut du client recevant le service et de la nature du service fourni. Les prestations de services entre entreprises (prestations *business-to-business* ou B2B) sont en principe taxées au lieu où le client est établi (ou là où se trouve l'établissement stable du client auquel la prestation est fournie), en appliquant le principe de destination à la fois aux prestations intracommunautaires et à celles destinées à des clients de pays tiers. En revanche, les prestations de services aux consommateurs finals (prestations entre entreprises et consommateurs, *business-to-consumer* ou B2C) restent en principe taxées à l'endroit où le fournisseur est établi. Cette règle ne reflète pas une volonté d'appliquer le « principe d'origine » aux prestations B2C, mais plutôt une réalité historique : la plupart des services étaient consommés là où ils étaient fournis et l'offre de services à distance aux consommateurs finals soulevait des difficultés techniques. Il existe cependant de nombreuses exceptions, qui visent à aligner le lieu d'imposition sur le lieu de consommation probable. Parmi ces exceptions figurent notamment les services en rapport avec des biens immobiliers (taxés là où ils sont situés) ; les services liés à des activités culturelles, artistiques, sportives, scientifiques, éducatives, de divertissement, etc. (taxés à l'endroit où les prestations sont matériellement exécutées) et les services B2C délivrés par voie électronique, qui sont taxés au lieu de résidence du client (cela concerne, depuis 2003, les services rendus par des prestataires de pays tiers et, depuis 2015, également les prestataires intracommunautaires).

Pour aider les fournisseurs de pays tiers à respecter leurs obligations fiscales, un portail numérique en ligne (« mini-guichet unique ») a été créé pour leur permettre de s'enregistrer à distance dans un seul État membre et de déclarer dans cet État membre la TVA due dans tous les États membres de l'UE où leurs clients sont situés.

Bien que le modèle de l'UE pour déterminer le lieu de livraison s'applique aux 28 États membres de l'Union et à un certain nombre d'autres pays comme la Norvège, la Suisse et la Russie, il ne constitue pas la norme internationale. Plusieurs pays (comme l'Afrique du Sud, l'Australie, le Canada, la Nouvelle-Zélande et Singapour) ont adopté des modèles différents. Le modèle de l'UE se fonde sur une approche par catégorie, dans le cadre de laquelle « un lieu de livraison » (qui est aussi le lieu d'imposition) est déterminé pour chaque catégorie de prestations, selon leur nature et le statut (entreprise ou consommateur) du client, mais d'autres modèles appliquent systématiquement à toutes sortes de services une série de critères présomptifs pour déterminer le lieu de consommation ou d'utilisation. Ces systèmes procèdent par étapes : premièrement, un lien est fait avec le pays (par exemple, le fournisseur ou le client y sonts établis ; le service y est rendu ou peut y être acheté). Ensuite, un certain nombre de critères sont appliqués pour déterminer le lieu effectif d'imposition, par exemple un lien avec un bien corporel ; l'emplacement et/ou le lieu de résidence du client ; l'emplacement de la personne à qui les services sont fournis ou qui utilise le service.

Par exemple, en Nouvelle-Zélande (où la TPS a été adoptée en 1986), le lieu d'imposition des prestations effectuées par des non-résidents est généralement supposé se situer à l'extérieur de Nouvelle-Zélande, sauf quand le service est rendu en Nouvelle-Zélande ou fourni à un client qui est résident en Nouvelle-Zélande et que le destinataire est soit un consommateur final, soit une entreprise enregistrée qui a accepté que la transaction soit traitée comme si elle avait lieu en Nouvelle-Zélande. Par contre, le lieu d'imposition des prestations effectuées par des résidents est supposé être la Nouvelle-Zélande, sauf dans le cas d'une exportation de services soumise à un taux zéro. Ces services englobent les services de transport international et connexes ; les services rendus physiquement à l'extérieur de la Nouvelle-Zélande ; les services fournis à un non-résident qui se trouve à l'extérieur de la Nouvelle-Zélande au moment où ces services sont rendus ; les services en rapport direct avec des terres ou des biens situés à l'extérieur de la Nouvelle-Zélande et les prestations liées aux droits de propriété intellectuelle destinées à un usage à l'extérieur de la Nouvelle-Zélande. Depuis le 1er octobre 2016, la Nouvelle-Zélande applique la TPS aux ventes de services et de biens incorporels réalisées par des fournisseurs non résidents à des clients finals ayant leur résidence habituelle en Nouvelle-Zélande (voir la section ci-dessous).

En Australie (où la TPS a été adoptée en 2000), les prestations sont imposables (sauf si elles sont exonérées) en Australie et la TPS est prélevée par le fournisseur lorsqu'elles ont « *un rapport avec l'Australie* ». Selon cet indicateur, les fournitures de services effectuées par une entreprise australienne ou réalisées en Australie pour le compte d'un client final sont considérées comme étant potentiellement taxables en Australie. Pour éviter que la TPS ne s'applique aux services non consommés ou non utilisés en Australie, la législation australienne sur la TPS prévoit des taux zéro étendus, fondés sur certains critères

(« exonérations de la TPS ») semblables à ceux utilisés en Nouvelle-Zélande. Les règles concernant la TPS australienne ont été révisées à compter du 1er juillet 2017 pour que les fournitures de services et de biens incorporels effectuées par des non-résidents à des consommateurs finals ayant leur résidence habituelle en Australie soient imposables en Australie, sauf si les conditions d'exonération de la TPS s'appliquent.

Les différents moyens utilisés par les systèmes de TVA pour tenter d'englober la consommation dans le champ d'application de la taxe pendant la seconde moitié du vingtième siècle et les nouvelles interactions entre les systèmes de TVA nationaux ont soulevé de plus en plus de problèmes à mesure que les volumes des échanges transfrontières de services et de biens incorporels augmentaient. Les systèmes de TVA se heurtent à des obstacles considérables pour déterminer le lieu de consommation présumé des services, pour le contrôler et assurer le recouvrement de l'impôt, notamment lorsque les entreprises vendent des services dans des pays où elles ne sont pas physiquement présentes. En l'absence d'ajustement il existe, du point de vue des pouvoirs publics, un risque de sous-imposition et de perte de recettes, ou de distorsion des échanges du fait d'une double imposition ; et du point de vue des entreprises, des risques importants en termes de charge administrative et de faibles revenus.

L'OCDE a élaboré les *Principes directeurs internationaux pour la TVA/TPS* en tant que norme internationale pour l'application de la TVA aux échanges transfrontières de services et de biens incorporels, en vue de minimiser les risques de double imposition et d'absence involontaire d'imposition résultant des disparités entre les systèmes de TVA nationaux.

1.8.4. Les Principes directeurs internationaux pour la TVA/TPS

L'OCDE a publié ses *Principes directeurs internationaux pour la TVA/TPS* en novembre 2015, à l'occasion de la troisième réunion de son Forum mondial sur la TVA, où ces Principes directeurs ont été adoptés comme norme internationale régissant l'application de la TVA aux échanges internationaux de services et de biens incorporels par plus de 100 pays, juridictions et organisations internationales. Ces Principes directeurs ont été par la suite adoptés en tant que Recommandation par le Conseil de l'OCDE en septembre 2016 (OCDE, 2017[2]), et sont ainsi devenus le premier instrument juridique de l'OCDE dans le domaine de la TVA.

Les *Principes directeurs* présentent un ensemble de normes mondiales et d'approches recommandées pour le traitement cohérent de la TVA dans le contexte des transactions internationales, en mettant l'accent sur les échanges de services et de biens incorporels. Ils contiennent des chapitres consacrés au principe de neutralité de la TVA et à sa mise en œuvre pratique, ainsi qu'à l'application du principe de destination pour l'attribution des droits d'imposition des ventes transfrontières de services et de biens incorporels. S'agissant des prestations entre entreprises (B2B), les Principes directeurs prévoient que les droits d'imposition des ventes transfrontières de services et de biens incorporels doivent être attribués à la juridiction dans laquelle le destinataire a établi sa présence commerciale permanente. Pour les fournitures entre entreprises et consommateurs (B2C), les Principes directeurs recommandent que les droits d'imposition de fournitures de services ou de biens incorporels « utilisés sur le lieu même » soient attribués à la juridiction dans laquelle ils sont physiquement livrés ; et que les droits d'imposition sur toutes les autres fournitures et tous les autres services (y compris les fournitures numériques) soient attribués à la juridiction dans laquelle le client a sa résidence habituelle. Cela englobe les fournitures à distance de services et de produits numériques via Internet (applications, diffusion de musique et de films, jeux en ligne, par exemple) par des fournisseurs étrangers. Les Principes directeurs recommandent que ces fournisseurs étrangers soient tenus de s'identifier et de payer la TVA dans la juridiction d'imposition et que les pays mettent en place un régime administratif et d'identification simplifié afin de faciliter le respect des obligations fiscales par les fournisseurs non résidents. Enfin, ils recommandent que les droits d'imposition soient attribués à la juridiction dans laquelle le bien immobilier se situe lorsque ces droits sont étroitement liés à un tel bien.

Les Principes directeurs ne visent pas à imposer des prescriptions détaillées pour les législations nationales. Les pays sont souverains en ce qui concerne la conception et l'application de leur législation. Les Principes directeurs cherchent plutôt à servir de référence pour aider les responsables de l'action publique à mettre au point une législation nationale dans le but de faciliter une application cohérente des systèmes nationaux de TVA aux échanges internationaux, en prenant en compte leurs spécificités économiques, juridiques, institutionnelles, culturelles et sociales et leurs pratiques en la matière.

Ces Principes directeurs sont désormais complétés par des orientations et des normes techniques destinées à faciliter leur mise en œuvre cohérente (guides de mise en œuvre). Un premier rapport sur les « mécanismes pour la collecte effective de la TVA/TPS » a été diffusé en 2017 (OECD, 2017[10]). Ce rapport contient des orientations détaillées supplémentaires à l'appui de la mise en œuvre des règles et mécanismes permettant une collecte effective et efficiente de la TVA sur les fournitures transfrontières de services numériques, comme recommandé par les Principes directeurs internationaux pour la TVA/TPS et par le rapport final de 2015 établi au titre de l'Action 1 « Relever les défis fiscaux posés par l'économie numérique » du Projet BEPS. L'OCDE travaille à présent sur les méthodes possibles pour intégrer les places de marché en ligne et autres plateformes numériques dans le champ d'application de la TVA sur le commerce électronique, afin d'aider et de coordonner les efforts de réforme menés par les pays dans ce domaine.

Le tableau annexe 2.A.8 donne un large aperçu des approches adoptées par les pays de l'OCDE pour collecter auprès des fournisseurs étrangers la TVA sur les fournitures internationales de services et de biens incorporels (autrement dit, sur les biens et services « importés »). Cet aperçu montre que le cadre de l'UE détermine le lieu d'imposition des fournitures transfrontières de services et de biens incorporels (autrement dit, les transactions avec des États non membres de l'UE) en principe en se référant à l'emplacement du client (B2B) ou à la résidence habituelle du client (B2C). La TVA sur les fournitures importées est collectée au moyen d'un mécanisme d'autoliquidation en ce qui concerne les prestations B2B, et d'un régime administratif et d'identification simplifié pour les vendeurs (« mini-guichet unique ») en ce qui concerne les prestations B2C de services électroniques, de télécommunication, de radiodiffusion et de télévision. Ce régime est exploité par les 23 pays membres de l'OCDE qui appartiennent à l'UE (Allemagne, Autriche, Belgique, Danemark, Espagne, Estonie, Finlande, France, Grèce, Hongrie, Irlande, Italie, Lettonie, Lituanie, Luxembourg, Pays-Bas, Pologne, Portugal, République slovaque, République tchèque, Royaume-Uni, Slovénie et Suède). Dix autres pays de l'OCDE utilisent une variante de l'emplacement du client (résidence habituelle, siège, etc.) comme principal critère présomptif pour déterminer le lieu d'imposition des fournitures transfrontières de services et de biens incorporels (Australie, Canada, Corée, Islande, Israël, Japon, Norvège, Nouvelle-Zélande, Suisse et Turquie). La plupart des pays de l'OCDE opèrent une distinction entre les prestations B2B et B2C pour déterminer le lieu d'imposition ainsi que le mécanisme de recouvrement de la TVA sur les fournitures importées. Dans ce contexte, le statut fiscal des clients est généralement déterminé en fonction de l'existence d'un numéro d'enregistrement à la TVA ou du numéro d'identification fiscale de leur entreprise. Deux pays (Japon et Corée) font la distinction entre les prestations B2B et B2C sur la base de la nature des services rendus. Dans ces pays, les services considérés comme étant généralement utilisés par les consommateurs finals, comme les livres électroniques, les journaux numériques, la musique, les vidéos, les jeux, etc. sont assimilés à des services B2C, alors que les autres sont considérés comme des prestations B2B. Certains pays n'opèrent pas de distinction systématique entre prestations B2B et B2C (Canada, Chili, Mexique).

La plupart des pays de l'OCDE appliquent un mécanisme d'autoliquidation pour collecter la TVA sur les fournitures de services et de biens incorporels B2B importés. En Australie, au Canada et en Nouvelle-Zélande, ce mécanisme ne s'applique que lorsque le client dispose d'un droit à déduction limité de la taxe sur les intrants, et aucune taxe n'est due quand le client dispose d'un droit à déduction intégral. En Suisse, l'application du mécanisme d'autoliquidation se cantonne aux situations où le lieu d'imposition est déterminé en fonction du critère présomptif de la résidence du client. Quand la prestation est taxée en Suisse en fonction d'autres critères présomptifs (par exemple l'emplacement des biens immobiliers auxquelles la prestation est liée), le mécanisme d'autoliquidation ne s'applique pas et le fournisseur doit s'enregistrer et déclarer la TVA. En outre, les fournisseurs étrangers qui sont enregistrés en Suisse pour déclarer la TVA sur leurs importations B2C doivent aussi déclarer la taxe sur leurs fournitures B2B dans le cadre de leur enregistrement local, et l'autoliquidation ne s'applique pas. En Corée, les fournitures B2B importées sont considérées comme étant hors du champ d'application et ne sont pas assujetties à la TVA. En Islande, les fournitures de services importées sont exonérées de TVA si le client dispose d'un droit à déduction intégral ; dans le cas contraire, le fournisseur doit s'enregistrer pour déclarer la TVA dans ce pays.

Pour les prestations B2C, bon nombre de pays de l'OCDE (31 pays sur 35, à savoir les 23 États membres de l'UE et l'Australie, la Corée, l'Islande, le Japon, la Norvège, la Nouvelle-Zélande, la Suisse et la Turquie) exigent du fournisseur étranger qu'il s'enregistre et déclare la TVA. Un régime d'enregistrement et de collecte simplifié (sans droit de déduire la taxe sur les intrants dans la juridiction d'imposition – un « enregistrement pour paiement uniquement ») s'applique dans la grande majorité de ces pays (l'option d'un enregistrement standard est aussi disponible dans la plupart d'entre eux). Seuls deux pays (la Suisse et l'Islande) exigent du fournisseur qu'il s'enregistre dans le régime standard (avec le droit de déduire la taxe d'amont supportée dans le pays). Le Japon et la Suisse demandent au fournisseur de désigner dans le pays un représentant fiscal pour déclarer la TVA. Quatre pays (Canada, Chili, Israël, Mexique) ont un régime d'autoévaluation qui requiert du client particulier qu'il paie la TVA sur les services et les biens incorporels acquis auprès de fournisseurs étrangers.

Parmi les pays qui demandent aux fournisseurs étrangers de s'enregistrer afin de déclarer la TVA sur leurs prestations B2C, quatre (Islande, Japon, Norvège et Nouvelle-Zélande) n'imposent pas cette exigence lorsque les fournisseurs réalisent dans le pays un chiffre d'affaires inférieur à un certain seuil. Dans ces pays, le même seuil s'applique aux fournisseurs nationaux et aux fournisseurs étrangers.

Notes

[1] Pour plus de commodité, toutes les taxes sur la valeur ajoutée seront appelées TVA dans le présent chapitre.

Références

Commission européenne (2017), *Modernising VAT for cross-border B2C e-commerce Proposal for a Council Directive*, http://www.consilium.europa.eu/en/press/press-releases/2016/05/25-conclusions-vat-action-plan/. [9]

Ebrill, L. et al. (2001), *The Modern VAT*, http://www.imf.org. [4]

Hellerstein, W. (2010), *Interjurisdictional Issues in the Design of a VAT*, https://www.researchgate.net/publication/228153719. [3]

Hellerstein, W. et al. (2014), *Hellerstein, Stark, Swain, and Youngman's State and Local Taxation, Cases and Materials, 10th*, http://store.westacademic.com/Hellerstein_Stark_Swain_and_Youngmans_State_and_Local_Taxation_Cases_and_Materials_10_9780314286987.html. [6]

OCDE (2018), *Statistiques des recettes publiques 2018*, Éditions OCDE, Paris, https://dx.doi.org/10.1787/rev_stats-2018-fr. [1]

OCDE (2017), *Principes directeurs internationaux pour la TVA/TPS*, Éditions OCDE, Paris, https://dx.doi.org/10.1787/9789264272958-fr. [2]

OCDE (2014), *Relever les défis fiscaux posés par l'économie numérique*, Projet OCDE/G20 sur l'érosion de la base d'imposition et le transfert de bénéfices, Éditions OCDE, Paris, https://dx.doi.org/10.1787/9789264225183-fr. [8]

OECD (2017), *Mechanisms for the Effective Collection of VAT/GST where the supplier is not located in the jurisdiction of taxation*, OECD, Paris, http://www.oecd.org/tax/consumption/mechanisms-for-the-effective-collection-of-vat-gst.htm. [10]

Smith, S. and A. Tait (1990), "Value Added Tax: International Practice and Problems.", *The Economic Journal*, Vol. 100/399, p. 269, http://dx.doi.org/10.2307/2233622. [5]

Walczak Jared and Drenkard Scott (2018), *State and Local Sales Tax Rates 2018 Key Findings*, Tax Foundation, https://taxfoundation.org/. [7]

Annexe 1.A. Données sur la taxation de la consommation

Tableau annexe 1.A.1. Impôts sur la consommation (5100) en pourcentage du PIB et du total des recettes fiscales

	Recettes fiscales en pourcentage du PIB					Recettes fiscales en pourcentage du total des recettes fiscales				
	1975	2005	2010	2015	2016	1975	2005	2010	2015	2016
Allemagne	8.7	9.5	10.0	9.7	9.5	25.4	27.9	28.4	26.1	25.5
Australie	6.6	7.6	6.5	6.6	6.4	25.8	25.4	25.7	23.8	23.2
Autriche	12.3	11.0	10.7	10.8	10.9	33.9	26.8	26.2	25.1	25.9
Belgique	10.1	10.1	10.1	10.1	10.2	26.0	23.3	23.8	22.5	23.2
Canada	8.1	7.8	7.0	7.0	7.1	26.0	23.7	22.5	21.5	21.8
Chili	..	10.1	9.4	10.3	10.3	..	48.7	48.2	50.8	51.1
Corée	8.9	7.5	7.6	6.6	6.9	60.0	33.3	32.6	26.2	26.4
Danemark	12.0	15.1	13.8	13.3	13.6	32.6	31.4	30.8	28.8	29.5
Espagne	4.3	9.1	7.7	9.2	9.0	24.0	25.8	24.7	27.3	27.2
Estonie	..	12.0	13.0	13.5	13.9	..	40.0	39.1	40.6	41.3
États-Unis	4.2	3.8	3.6	3.8	3.7	17.1	14.8	15.4	14.4	14.4
Finlande	11.4	12.9	12.6	13.7	13.9	31.6	30.6	30.8	31.2	31.5
France	11.3	10.6	10.2	10.7	10.8	32.4	24.8	24.1	23.5	23.7
Grèce	7.9	9.9	11.2	12.1	13.3	42.2	31.9	34.9	33.0	34.2
Hongrie	..	14.2	15.6	16.6	16.2	..	38.8	41.8	42.9	41.3
Irlande	12.4	10.6	9.0	6.8	6.9	44.4	36.2	33.3	29.4	29.7
Islande	18.6	15.0	11.0	11.2	11.3	62.2	37.8	33.1	30.8	21.9
Israël[2]	..	11.1	11.2	11.0	11.0	..	32.8	36.5	35.2	35.2
Italie	6.9	9.3	9.9	10.4	10.5	28.3	23.8	23.6	24.2	24.7
Japon	3.0	4.5	4.4	6.0	5.8	15.1	17.2	16.7	19.5	18.9
Lettonie	..	11.2	10.6	11.5	12.1	..	39.9	37.7	39.2	39.7
Lituanie	..	10.7	11.2	11.2	11.3	..	36.5	39.7	38.6	37.8
Luxembourg	6.5	10.7	10.0	9.3	9.4	20.6	28.4	26.8	25.2	24.8
Mexique	..	4.2	4.7	6.0	6.3	..	37.1	36.7	37.9	38.1
Norvège	14.2	11.1	11.0	11.0	11.5	36.6	26.1	26.2	28.6	29.7
Nouvelle-Zélande	6.8	10.8	11.2	11.5	11.3	22.8	30.0	37.1	36.3	35.7
Pays-Bas	8.5	10.0	9.8	9.7	10.1	22.5	28.6	27.4	26.3	26.3
Pologne	..	12.1	12.1	11.2	11.7	..	36.8	38.6	34.6	35.1
Portugal	7.6	13.2	11.8	12.7	12.9	40.1	42.7	38.8	36.9	37.7
République slovaque	..	11.4	9.3	9.9	9.8	..	36.5	33.0	30.9	30.3
République tchèque	..	10.0	10.1	10.6	10.8	..	29.0	31.2	31.8	31.4
Royaume-Uni	8.1	9.4	9.5	10.2	10.2	23.7	28.8	29.4	31.8	31.1
Slovénie	..	12.5	13.2	13.6	13.4	..	33.1	35.7	37.4	36.8
Suède	8.8	11.8	12.2	11.7	11.9	22.7	25.3	28.2	27.1	27.0
Suisse	4.6	5.4	5.3	5.1	5.1	20.6	20.3	19.9	18.7	18.4
Turquie	4.8	11.1	11.4	10.7	10.6	40.9	47.4	45.8	42.7	42.1
Moyenne OCDE non pondérée[1]	8.7	10.2	9.9	10.1	10.3	31.1	31.2	31.2	30.6	30.6

Notes :

1. La moyenne OCDE 2016 ne tient pas compte des recettes exceptionnelles générées par les contributions à la stabilité en Islande.

2. Israël : Les données statistiques concernant Israël sont fournies par et sous la responsabilité des autorités israéliennes compétentes. L'utilisation de ces données par l'OCDE est sans préjudice du statut des hauteurs du Golan, de Jérusalem Est et des colonies de peuplement israéliennes en Cisjordanie aux termes du droit international.

Source : *Statistiques des recettes publiques 2018, Éditions OCDE, Paris. DOI :* https://dx.doi.org/10.1787/rev_stats-2018-fr.

StatLink http://dx.doi.org/10.1787/888933889894

Tableau annexe 1.A.2. Impôts généraux sur les biens et services (5110) en pourcentage du PIB et du total des recettes fiscales

	Recettes fiscales en pourcentage du PIB					Recettes fiscales en pourcentage du total des recettes fiscales				
Année	1975	2005	2010	2015	2016	1975	2005	2010	2015	2016[1]
Allemagne	5.0	6.1	7.0	7.0	6.9	14.6	18.0	20.0	18.8	18.5
Australie	1.7	4.0	3.5	3.7	3.7	6.7	13.4	13.8	13.3	13.2
Autriche	7.2	7.6	7.7	7.6	7.7	19.8	18.6	18.7	17.7	18.3
Belgique	6.3	7.0	7.0	6.8	6.9	16.2	16.2	16.4	15.1	15.5
Canada	3.9	4.8	4.3	4.5	4.6	12.5	14.8	14.0	13.8	14.0
Chili	..	7.8	7.5	8.3	8.3	..	37.8	38.5	40.8	41.2
Corée	1.9	3.9	4.1	3.8	4.2	12.7	17.4	17.5	15.3	15.8
Danemark	6.4	9.7	9.4	9.1	9.4	17.5	20.2	21.0	19.8	20.4
Espagne	2.7	6.2	5.2	6.4	6.4	15.3	17.7	16.7	18.9	19.2
Estonie	..	8.1	8.6	9.1	9.1	..	26.9	25.8	27.2	27.0
États-Unis	1.7	2.1	2.0	2.0	2.0	7.0	8.1	8.4	7.7	7.7
Finlande	5.6	8.4	8.3	9.1	9.1	15.6	19.9	20.4	20.6	20.7
France	8.2	7.4	7.0	7.1	7.1	23.4	17.3	16.7	15.6	15.6
Grèce	3.4	6.9	7.3	7.5	8.4	18.3	22.2	22.8	20.4	21.6
Hongrie	..	10.2	11.1	11.9	11.6	..	28.0	29.7	30.8	29.6
Irlande	4.1	7.3	6.0	4.6	4.7	14.7	24.7	22.2	19.7	20.1
Islande	8.6	10.8	7.5	8.2	8.4	28.6	27.3	22.7	22.6	16.2
Israël[2]	..	9.3	9.2	9.3	9.2	..	27.5	29.8	29.6	29.6
Italie	3.5	5.7	6.1	6.1	6.1	14.3	14.6	14.5	14.2	14.4
Japon	0.0	2.5	2.5	4.2	4.1	0.0	9.5	9.6	13.7	13.3
Lettonie	..	7.4	6.7	7.8	8.3	..	26.4	23.7	26.8	27.2
Lituanie	..	7.5	7.8	7.8	7.9	..	25.8	27.5	26.9	26.5
Luxembourg	3.8	6.1	6.4	6.5	6.4	12.1	16.1	17.0	17.6	16.7
Mexique	..	3.3	3.8	3.8	3.9	..	29.3	29.4	23.9	23.7
Norvège	8.0	7.7	7.8	8.2	8.7	20.5	18.2	18.6	21.4	22.4
Nouvelle-Zélande	2.7	8.6	9.3	9.5	9.4	9.0	23.8	30.7	30.2	29.8
Pays-Bas	5.4	6.7	6.7	6.5	6.8	14.4	19.2	18.7	17.6	17.6
Pologne	..	7.7	7.6	7.0	7.0	..	23.2	24.2	21.6	21.1
Portugal	2.1	8.2	7.5	8.5	8.5	11.2	26.6	24.7	24.8	24.8
République slovaque	..	7.7	6.2	6.9	6.7	..	24.6	22.0	21.3	20.6
République tchèque	..	6.6	6.6	7.3	7.4	..	19.1	20.5	21.7	21.7
Royaume-Uni	3.0	6.0	6.0	6.8	6.8	8.9	18.4	18.7	21.2	20.8
Slovénie	..	8.4	8.1	8.3	8.2	..	22.2	21.9	22.8	22.5
Suède	4.7	8.6	9.3	9.1	9.3	12.0	18.5	21.5	21.2	21.1
Suisse	2.0	3.6	3.4	3.5	3.4	8.7	13.6	13.0	12.6	12.4
Turquie	0.0	5.1	5.4	5.2	5.0	0.0	21.8	21.7	20.6	19.8
Moyenne OCDE non pondérée[1]	4.1	6.8	6.7	6.9	7.0	13.4	20.7	20.9	20.8	20.8

Notes :

1. La moyenne OCDE 2016 ne tient pas compte des recettes exceptionnelles générées par les contributions à la stabilité en Islande.
2. Israël : Les données statistiques concernant Israël sont fournies par et sous la responsabilité des autorités israéliennes compétentes. L'utilisation de ces données par l'OCDE est sans préjudice du statut des hauteurs du Golan, de Jérusalem Est et des colonies de peuplement israéliennes en Cisjordanie aux termes du droit international.

Source : *Statistiques des recettes publiques 2018, Éditions OCDE, Paris. DOI :* https://dx.doi.org/10.1787/rev_stats-2018-fr.

StatLink http://dx.doi.org/10.1787/888933889913

Tableau annexe 1.A.3. Impôts sur des biens et services déterminés (5120) en pourcentage du PIB et du total des recettes fiscales

	Recettes fiscales en pourcentage du PIB					Recettes fiscales en pourcentage du total des recettes fiscales				
Année	1975	2005	2010	2015	2016	1975	2005	2010	2015	2016
Allemagne	3.7	3.4	2.9	2.7	2.6	10.8	9.9	8.4	7.3	7.0
Australie	4.9	3.6	3.0	2.9	2.8	19.1	12.0	11.9	10.4	10.0
Autriche	5.1	3.3	3.1	3.2	3.2	14.0	8.1	7.5	7.4	7.6
Belgique	3.8	3.1	3.1	3.3	3.4	9.8	7.2	7.4	7.4	7.7
Canada	4.2	2.9	2.6	2.5	2.6	13.6	8.9	8.5	7.7	7.8
Chili	..	2.3	1.9	2.0	2.0	..	10.9	9.8	10.0	9.9
Corée	7.0	3.6	3.5	2.8	2.8	47.3	15.9	15.1	10.9	10.5
Danemark	5.6	5.4	4.4	4.1	4.2	15.2	11.2	9.7	9.0	9.1
Espagne	1.6	2.8	2.5	2.8	2.7	8.7	8.1	8.0	8.4	8.0
Estonie	..	3.9	4.4	4.5	4.8	..	13.1	13.3	13.4	14.3
États-Unis	2.5	1.7	1.7	1.8	1.7	10.0	6.7	7.0	6.7	6.6
Finlande	5.8	4.5	4.3	4.7	4.8	16.0	10.7	10.4	10.6	10.8
France	3.2	3.2	3.1	3.6	3.7	9.0	7.5	7.4	7.9	8.1
Grèce	4.5	3.0	3.8	4.6	4.8	23.9	9.6	11.9	12.4	12.4
Hongrie	..	3.9	4.5	4.7	4.6	..	10.8	12.1	12.0	11.7
Irlande	8.3	3.4	3.0	2.2	2.2	29.7	11.5	11.1	9.7	9.6
Islande	10.1	4.2	3.5	3.0	2.9	33.6	10.6	10.5	8.2	5.7
Israël[2]	..	1.8	2.1	1.8	1.8	..	5.3	6.8	5.6	5.6
Italie	3.4	3.6	3.8	4.3	4.4	14.0	9.2	9.1	10.0	10.3
Japon	3.0	2.0	1.9	1.8	1.7	15.1	7.7	7.2	5.8	5.7
Lettonie	..	3.8	3.9	3.6	3.8	..	13.6	13.9	12.4	12.5
Lituanie	..	3.1	3.4	3.4	3.4	..	10.6	12.2	11.7	11.3
Luxembourg	2.6	4.7	3.7	2.8	3.1	8.4	12.3	9.8	7.6	8.1
Mexique	..	0.9	0.9	2.2	2.4	..	7.8	7.3	14.0	14.4
Norvège	6.3	3.4	3.2	2.8	2.8	16.1	7.9	7.7	7.2	7.4
Nouvelle-Zélande	4.1	2.2	1.9	1.9	1.9	13.8	6.2	6.4	6.1	5.9
Pays-Bas	3.1	3.3	3.1	3.2	3.3	8.1	9.5	8.7	8.7	8.7
Pologne	..	4.5	4.5	4.2	4.7	..	13.6	14.4	13.0	14.0
Portugal	5.5	5.0	4.3	4.2	4.4	28.9	16.1	14.1	12.1	13.0
République slovaque	..	3.7	3.1	3.1	3.1	..	11.9	10.9	9.5	9.6
République tchèque	..	3.4	3.5	3.4	3.3	..	9.8	10.8	10.1	9.7
Royaume-Uni	5.1	3.4	3.5	3.4	3.4	14.8	10.4	10.7	10.5	10.3
Slovénie	..	4.1	5.1	5.3	5.2	..	10.8	13.8	14.5	14.2
Suède	4.2	3.2	2.9	2.6	2.6	10.7	6.8	6.8	6.0	5.9
Suisse	2.7	1.8	1.8	1.7	1.7	11.9	6.7	6.9	6.0	6.0
Turquie	4.8	6.0	6.0	5.5	5.6	40.9	25.5	24.1	22.0	22.2
Moyenne OCDE non pondérée[1]	4.6	3.4	3.3	3.2	3.3	17.7	10.4	10.3	9.8	9.8

Notes :

1. La moyenne OCDE 2016 ne tient pas compte des recettes exceptionnelles générées par les contributions à la stabilité en Islande.

2. Israël : Les données statistiques concernant Israël sont fournies par et sous la responsabilité des autorités israéliennes compétentes. L'utilisation de ces données par l'OCDE est sans préjudice du statut des hauteurs du Golan, de Jérusalem Est et des colonies de peuplement israéliennes en Cisjordanie aux termes du droit international.

Source : *Statistiques des recettes publiques 2018, Éditions OCDE, Paris. DOI :* https://dx.doi.org/10.1787/rev_stats-2018-fr.

StatLink http://dx.doi.org/10.1787/888933889932

Tableau annexe 1.A.4. Taxes sur la valeur ajoutée (5111) en pourcentage du PIB et du total des recettes fiscales

	Recettes fiscales en pourcentage du PIB					Recettes fiscales en pourcentage du total des recettes fiscales				
Année	1975	2005	2010	2015	2016	1975	2005	2010	2015	2016
Allemagne	5.0	6.1	7.0	7.0	6.9	14.6	18.0	20.0	18.8	18.5
Australie	0.0	3.9	3.4	3.6	3.6	0.0	13.1	13.4	13.0	12.9
Autriche	7.2	7.6	7.7	7.6	7.7	19.8	18.6	18.7	17.7	18.3
Belgique	6.3	6.9	6.9	6.7	6.8	16.2	15.9	16.2	15.0	15.4
Canada	0.0	3.2	4.3	4.3	4.4	0.0	9.9	13.7	13.2	13.5
Chili	..	7.8	7.5	8.3	8.3	..	37.8	38.5	40.8	41.2
Corée	0.0	3.9	4.1	3.8	4.2	0.0	17.4	17.5	15.3	15.8
Danemark	6.4	9.7	9.4	9.1	9.4	17.5	20.2	21.0	19.8	20.4
Espagne	0.0	6.2	5.2	6.3	6.3	0.0	17.7	16.6	18.9	19.1
Estonie	..	8.1	8.5	9.1	9.1	..	26.9	25.7	27.2	27.0
États-Unis	0.0	0.0	0.0	0.0	0.0	0.0	0.0	0.0	0.0	0.0
Finlande	5.6	8.4	8.3	9.1	9.1	15.6	19.9	20.4	20.6	20.7
France	8.1	7.2	6.8	6.9	6.9	23.1	16.7	16.1	15.2	15.2
Grèce	0.0	6.7	7.1	7.3	8.2	0.0	21.5	22.0	20.0	21.2
Hongrie	..	8.2	8.5	9.6	9.3	..	22.5	22.9	24.9	23.7
Irlande	4.1	7.3	6.0	4.6	4.7	14.7	24.7	22.2	19.7	20.1
Islande	0.0	10.8	7.5	8.2	8.4	0.0	27.3	22.7	22.6	16.2
Israël[2]	..	7.5	7.5	7.8	7.5	..	22.3	24.4	25.0	24.1
Italie	3.4	5.7	6.1	6.1	6.1	13.7	14.6	14.5	14.2	14.4
Japon	..	2.5	2.5	4.2	4.1	..	9.5	9.6	13.7	13.3
Lettonie	..	7.4	6.7	7.7	8.2	..	26.4	23.7	26.4	26.8
Lituanie	..	7.1	7.8	7.7	7.8	..	24.3	27.5	26.7	26.2
Luxembourg	3.8	6.1	6.4	6.5	6.4	12.1	16.1	17.0	17.6	16.7
Mexique	..	3.3	3.8	3.8	3.9	..	29.3	29.4	23.9	23.7
Norvège	8.0	7.7	7.8	8.2	8.6	20.5	18.1	18.5	21.3	22.3
Nouvelle-Zélande	0.0	8.6	9.3	9.5	9.4	0.0	23.8	30.7	30.2	29.8
Pays-Bas	5.4	6.7	6.7	6.5	6.8	14.4	19.2	18.7	17.6	17.6
Pologne	..	7.7	7.6	7.0	7.0	..	23.2	24.2	21.6	21.1
Portugal	0.0	8.2	7.5	8.5	8.5	0.0	26.6	24.7	24.8	24.8
République slovaque	..	7.7	6.2	6.9	6.7	..	24.6	22.0	21.3	20.6
République tchèque	..	6.6	6.6	7.3	7.4	..	19.1	20.5	21.7	21.7
Royaume-Uni	3.0	6.0	6.0	6.8	6.8	8.9	18.4	18.7	21.2	20.8
Slovénie	..	8.4	8.1	8.3	8.2	..	22.2	21.9	22.8	22.5
Suède	4.7	8.5	9.2	9.0	9.2	12.0	18.3	21.2	20.9	20.9
Suisse	0.0	3.6	3.4	3.4	3.4	0.0	13.4	12.7	12.4	12.2
Turquie	..	5.1	5.4	5.2	5.0	..	21.8	21.7	20.6	19.8
Moyenne OCDE non pondérée[1]	3.1	6.6	6.5	6.7	6.8	8.8	20.0	20.3	20.2	20.2

Notes :

1. La moyenne OCDE 2016 ne tient pas compte des recettes exceptionnelles générées par les contributions à la stabilité en Islande.

2. Israël : Les données statistiques concernant Israël sont fournies par et sous la responsabilité des autorités israéliennes compétentes. L'utilisation de ces données par l'OCDE est sans préjudice du statut des hauteurs du Golan, de Jérusalem Est et des colonies de peuplement israéliennes en Cisjordanie aux termes du droit international.

Source : *Statistiques des recettes publiques 2018*, *Éditions OCDE, Paris. DOI* : https://dx.doi.org/10.1787/rev_stats-2018-fr.

StatLink http://dx.doi.org/10.1787/888933889951

Tableau annexe 1.A.5. Structure de la fiscalité dans la zone OCDE

	1965	1975	1985	1995	2000	2005	2010	2014	2015	2016
Impôts sur le revenu, les bénéfices et les gains en capital	35	37	37	34	35	34	33	33	34	34
Impôt sur le revenu des personnes physiques	26	30	30	25	25	23	23	24	24	24
Impôt sur les bénéfices des sociétés	9	8	8	8	9	10	9	9	9	9
Cotisations de sécurité sociale	18	22	22	25	25	25	27	26	26	26
Impôts sur les salaires	1	1	1	1	1	1	1	1	1	1
Impôt sur le patrimoine	8	6	5	5	5	5	5	6	6	6
Impôts sur les biens et services	38	33	34	34	33	33	33	33	33	33
Impôts généraux sur la consommation	36	31	32	32	31	31	31	31	31	31
TVA	2	9	11	18	19	20	20	20	20	20
Impôts spécifiques sur la consommation	2	2	2	2	2	2	2	2	2	2
Autres impôts	0	1	1	1	1	1	1	1	1	0
Total	100	100	100	100	100	100	100	100	100	100

Note :

En 2016, l'Islande a perçu des recettes provenant de contributions à la stabilité, de nature exceptionnelle, acquittées par des entités qui exerçaient des activités de banque commerciale ou de caisse d'épargne par le passé, et qui cessaient leurs activités. Ces contributions avaient pour but de lever les contrôles de capitaux imposés après la crise de 2007-08, tout en préservant la stabilité économique de l'Islande. Les recettes provenant des contributions à la stabilité ont entraîné une augmentation particulièrement forte des recettes fiscales en 2016.

Les contributions à la stabilité ont permis de mobiliser près de 385 000 millions ISK, soit l'équivalent de 15.7 % du PIB de l'Islande en 2016. Le ratio islandais des recettes fiscales au PIB est ainsi passé de 36.3 % en 2015 à 51.6 % en 2016, avant de perdre 13.9 points de pourcentage et de se replier à 37.7 % en 2017 (chiffre provisoire). En raison de la nature exceptionnelle des contributions à la stabilité, elles ne sont pas représentatives de l'évolution tendancielle du niveau d'imposition dans les pays de l'OCDE et ont été exclues des calculs de la moyenne de la zone OCDE pour 2016, tant pour le ratio moyen impôts/PIB que pour la structure moyenne de la fiscalité.

Source : *Statistiques des recettes publiques 2018, Éditions OCDE, Paris. DOI :* https://dx.doi.org/10.1787/rev_stats-2018-fr.

StatLink http://dx.doi.org/10.1787/888933889970

Chapitre 2. Taxes sur la valeur ajoutée : principales caractéristiques et problématiques de mise en œuvre

Ce chapitre décrit certaines caractéristiques essentielles des régimes de TVA dans les pays de l'OCDE, à savoir les taux d'imposition, les exonérations, les restrictions spécifiques au droit à déduction, les seuils d'enregistrement et de recouvrement et l'application de régimes de la marge. Il examine enfin comment la performance de la TVA peut être mesurée (le Ratio de Recettes TVA) et comment la fraude et l'évasion fiscales peuvent être combattues.

2.1. Introduction

Bien que la plupart des systèmes de TVA reposent sur des principes fondamentaux communs (voir chapitre 1), leurs structures présentent une grande variété dans les pays de l'OCDE, ce dont témoigne notamment la diversité des taux réduits, des exonérations et autres régimes préférentiels ou spéciaux très répandus dans les pays de l'OCDE, souvent à des fins sociales ou d'équité, pour des raisons pratiques ou historiques.

Ce chapitre s'ouvre sur une présentation générale de la structure des taux de TVA dans les pays de l'OCDE et de leur évolution entre 1975 et 2018 (section 2.2), avant d'examiner plus en détail les exonérations de TVA qui existent dans ces pays (section 2.3). Il décrit et analyse ensuite la grande variété des régimes spéciaux en vigueur dans l'OCDE : restrictions spécifiques du droit à déduction de la TVA sur certains achats (section 2.4), seuils d'enregistrement et de recouvrement (section 2.5) et application de régimes de la marge (section 2.6). Il présente également le ratio des recettes de TVA qui donne une indication de l'effet des exemptions, des taux réduits et de la fraude fiscale sur les recettes issues de la TVA (section 2.7) et les mesures prises par les pouvoirs publics pour lutter contre la fraude et l'évasion fiscales (section 2.8).

2.2. Évolution des taux normaux et des taux réduits de TVA

2.2.1. Ces dernières années, les taux normaux de TVA se sont stabilisés.

L'évolution des taux de TVA peut être divisée en cinq périodes. Durant la première période comprise entre 1975 et 2000, les pays ont instauré leur système de TVA, ce qui s'est accompagné d'un relèvement progressif des taux. Entre 1975 et 2000, le taux normal moyen de TVA dans les pays de l'OCDE est passé de 15.6 % à 18 %.

Durant la deuxième période, entre 2000 et 2009, le taux normal de la TVA est resté stable dans la plupart des pays : 26 des 35 pays ont ainsi conservé un taux compris entre 15 % et 22 %. Au 1er janvier 2009, seuls quatre pays affichaient un taux normal supérieur à 22 % (Danemark, Islande, Norvège et Suède – voir Tableau 2.A.1).

La troisième période, de 2009 à 2014, a été marquée par une hausse considérable du taux normal de TVA dans de nombreux pays, souvent en réponse aux obligations d'assainissement budgétaire imposées par la crise économique et financière. Le relèvement du taux normal de TVA a joué un rôle déterminant dans les stratégies d'assainissement de nombreux pays, car l'augmentation de la TVA est souvent considérée comme plus efficace pour générer de nouvelles recettes (son effet est immédiat) et moins préjudiciable à la croissance économique et à la compétitivité que la hausse d'autres impôts sur le revenu (OCDE, 2010[1]) Entre janvier 2009 et décembre 2014, 23 pays ont augmenté leur taux normal de TVA au moins une fois. Il s'agissait en majorité de pays de l'Union européenne (UE) (Espagne, Estonie, Finlande, France, Grèce, Hongrie, Irlande, Italie, Lituanie, Lettonie, Pays-Bas, Pologne, Portugal, République slovaque, République tchèque, Royaume-Uni et Slovénie) et de quelques pays n'appartenant pas à l'UE (Islande, Israël, Japon, Mexique, Nouvelle-Zélande et Suisse). Deux pays de l'OCDE ont temporairement baissé leur taux normal de TVA avant de le relever (Irlande et Royaume-Uni). Cette évolution a entraîné une hausse du taux normal de TVA moyen non pondéré dans les pays de l'OCDE : il est passé de 17.7 % en janvier 2009 à un niveau record de 19.3 % au 1er janvier 2015. Dix pays de l'OCDE appliquent désormais un taux normal supérieur à 22 % contre quatre seulement en 2009.

Les augmentations des taux normaux de TVA observées jusqu'à fin 2014 ne se sont pas poursuivies et il semblerait que les pays de l'OCDE soient entrés dans une nouvelle période caractérisée par une relative stabilité du taux normal de TVA. Seuls deux pays de l'OCDE ont relevé leur taux normal de TVA entre janvier 2015 et janvier 2018 : la Grèce et le Luxembourg. Deux pays de l'OCDE ont baissé leur taux normal de TVA : l'Islande et Israël. Le taux normal de TVA moyen non pondéré dans les pays de l'OCDE est resté stable à 19.3 % depuis le 1er janvier 2015 (voir Graphique 2.1).

Graphique 2.1. Évolution des taux normaux de TVA – Moyenne OCDE, 1976-2018

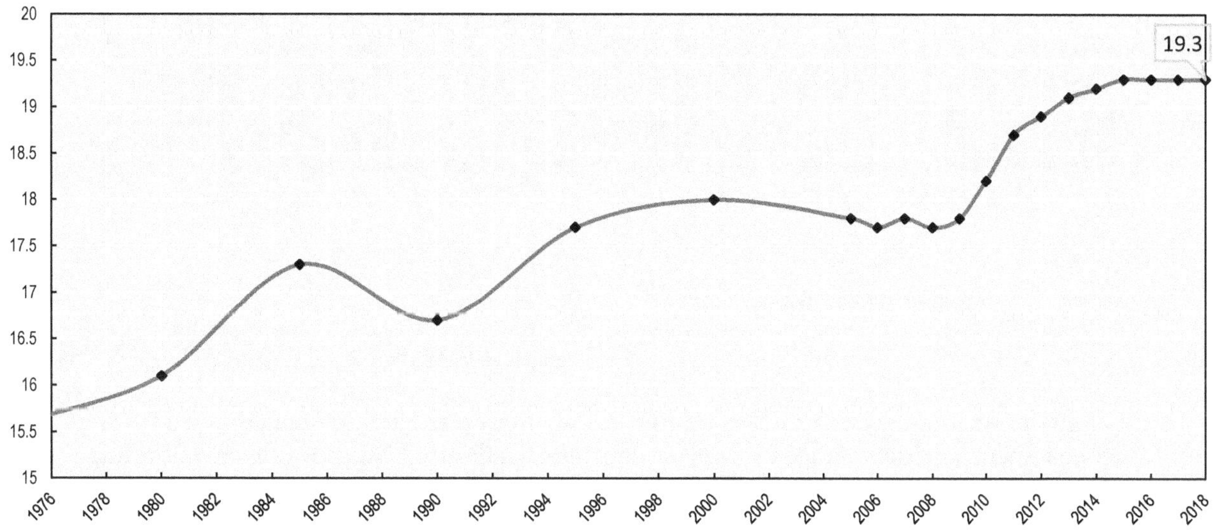

Note : Moyenne non pondérée de l'OCDE.
Source : Calculs réalisés par l'auteur.

StatLink https://doi.org/10.1787/888933890141

Il existe d'importantes différences entre les pays de l'OCDE en matière de taux normal de TVA. Les taux les plus faibles s'établissent à 5 % au Canada (bien que la plupart des provinces canadiennes prélèvent des taxes de vente spécifiques ou des taxes de vente harmonisées avec 5 % de TPS prélevés par l'État fédéral), 7.7 % en Suisse et 8 % au Japon tandis que les plus élevés atteignent 25 % au Danemark, en Norvège et en Suède et 27 % en Hongrie (voir Graphique 2.2).

Graphique 2.2. Taux normaux de TVA dans les pays de l'OCDE, 2018

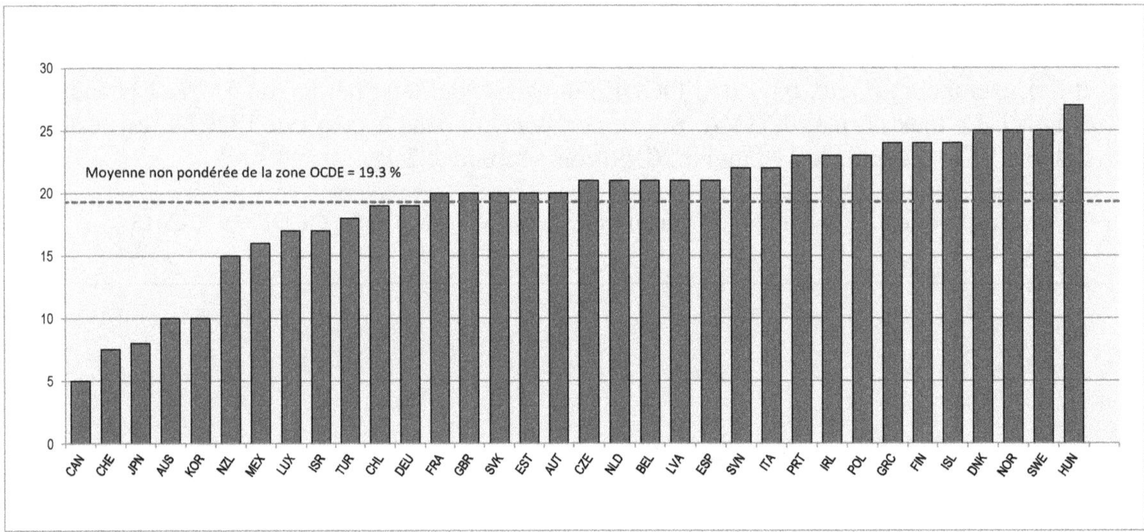

Source : calculs réalisés par l'auteur.

StatLink https://doi.org/10.1787/888933890160

Le taux normal moyen des 23 pays de l'OCDE membres de l'UE, qui s'établit à 21.8 %, est nettement supérieur au taux moyen de la zone OCDE (19.3 %). Les États membres de l'UE sont liés par des règles communes en matière de TVA (Directive 2006/112/CE relative au système commun de taxe sur la valeur ajoutée) qui fixe le niveau minimum du taux normal à 15 %. D'après cette directive, les États peuvent également appliquer deux taux réduits supérieurs ou égaux à 5 % à une liste restreinte de biens et de services et à certains services à forte intensité de main-d'œuvre, mais aucun taux de TVA ne peut être supérieur au taux normal. La Commission européenne a proposé récemment que les États membres de l'UE aient davantage de latitude dans la fixation de taux réduits (proposition COM(2018)20 finale). Selon cette proposition, les États membres de l'UE auraient la possibilité d'appliquer un troisième taux réduit (allant de 0 % à 5 %), tandis que la longue liste des biens et des services pouvant bénéficier de taux réduits serait remplacée par une liste négative à laquelle des taux réduits ne seraient pas applicables. Cette proposition est encore en cours d'examen – son adoption nécessitera l'accord unanime de tous les États membres. Pour l'heure, plus de 40 taux normaux et réduits de TVA, reposant souvent sur des dérogations spécifiques accordées aux différents États membres, sont appliqués dans l'UE.

2.2.2. Les pays de l'OCDE continuent d'appliquer de multiples taux réduits de TVA

La plupart des pays de l'OCDE continuent d'appliquer de multiples taux réduits et exonérations de TVA (voir Tableau annexe 2.A.2 et Tableau annexe 2.A.3). À l'exception du Chili et du Japon, tous les pays de l'OCDE ayant un régime de TVA appliquent un ou plusieurs taux réduits pour répondre à divers objectifs stratégiques. L'une des principales raisons de l'application de taux réduits est la promotion de l'équité. Les pays jugent généralement souhaitable d'alléger la pression fiscale sur les biens et services qui entrent pour une part importante dans les dépenses des ménages les plus pauvres (alimentation, eau). Ils appliquent également des taux réduits et exonérations de

TVA aux médicaments, aux services de santé, à l'éducation et au logement. Les taux réduits de TVA visent en outre à encourager la consommation de « biens d'intérêt social » (comme la culture) ou à promouvoir des activités locales à fort coefficient de main-d'œuvre (tourisme) et à corriger des externalités (appareils à faible consommation énergétique), mais ils ne semblent pas être un moyen efficace de parvenir à ces objectifs (OCDE/KIPF, 2014[2]) et peuvent même être régressifs dans certains cas. D'autres mesures, notamment l'impôt sur le revenu et le système de prestations sociales, semblent être plus efficaces pour remédier aux problèmes d'équité et pour atteindre d'autres objectifs que l'augmentation des recettes fiscales. Les taux de TVA réduits qui sont appliqués pour aider les ménages à faible revenu (dans un objectif de redistribution) ont généralement l'effet redistributif souhaité. Ainsi, les taux réduits appliqués aux produits alimentaires de base aident davantage les ménages modestes que les ménages aisés, en proportion des revenus ou des dépenses du ménage. Néanmoins, malgré cet effet progressif, ces taux réduits de TVA constituent un très mauvais outil redistributif. En effet, en termes absolus, les taux réduits de TVA tendent à profiter davantage aux ménages aisés : ils consomment davantage de biens et de services bénéficiant d'un régime fiscal plus favorable que les ménages modestes puisqu'ils achètent plus de produits, et souvent des produits plus chers, que les ménages modestes. En ce qui concerne les dispositions préférentielles relatives à la TVA visant à atteindre des objectifs d'emploi, culturels et d'autres objectifs non redistributifs, les études démontrent clairement que les ménages aisés profitent plus, et souvent nettement plus, des exonérations et des taux réduits de TVA dans ce domaine (produits culturels, restaurants, tourisme et médicaments) que les catégories plus modestes.

Les régimes préférentiels relatifs à la TVA comme les taux réduits et les exonérations (voir la section 2.3) ont également tendance à avoir des effets pervers sur les coûts administratifs et de conformité et sur les niveaux de respect des obligations fiscales et peuvent entraîner des distorsions économiques (notamment des impositions en cascade résultant des exonérations). Pour atteindre des objectifs redistributifs, il est généralement plus efficace de limiter la portée des taux réduits de TVA, lorsque c'est possible, et d'adopter des mesures ciblées visant à accroître le revenu réel des ménages modestes et les services publics qui leur sont destinés. Toutevois, Toutefois, bien que cette analyse soit largemlent partagée, il est souvent difficile, voire impossible, de la mettre en œuvre en pratique. Les obstacles à ce type de réforme qui tiennent à l'économie politique (en particulier leurs conséquences redistributives supposées) peuvent en effet être très importants, et souvent insurmontables, en particulier lorsque l'organisation des services publics ne permet pas une compensation suffisamment efficace pour les ménages modestes.

Certains pays ont élargi le champ des biens et services imposés au taux normal ou augmenté leur taux réduit de TVA depuis 2016. La Norvège a relevé son taux réduit de TVA (sur l'hébergement hôtelier, le transport de voyageurs, la radiotélévision publique, les droits d'entrée aux manifestations sportives, musées, cinémas et parcs d'attractions) de 10 % à 12 %, après une hausse de 8 % à 10 % en 2016. La France a relevé le taux de TVA appliqué aux logements sociaux de 5.5 % à 10 %. La Belgique a limité le champ d'application du taux réduit sur la rénovation de logements. L'Irlande applique désormais le taux normal aux solariums. En Grèce, le taux réduit de TVA applicable sur certaines îles sera supprimé le 31 décembre 2018.

À l'inverse, un certain nombre de pays de l'OCDE ont abaissé leur taux de TVA sur un certain nombre de biens pour des raisons d'équité. La Lettonie a adopté un nouveau taux réduit de TVA de 5 % sur certains fruits, baies et légumes. En Grèce, le taux de TVA appliqué aux maisons de retraite a été ramené à 13 %. L'Italie a abaissé à 4 % le taux de TVA appliqué à la construction de certaines catégories de logements et aux produits alimentaires servis dans les écoles, cantines et soupes populaires. La Hongrie a abaissé son taux de TVA sur les services de restauration de 27 % à 18 % en 2017 et elle l'a ramené à 5 % en 2018. La Hongrie a également diminué son taux réduit de TVA sur les accès Internet, qui est passé de 18 % à 5 %.

En outre, le champ d'application des taux réduits de TVA a été élargi dans un certain nombre de pays, le plus souvent dans le but de soutenir des secteurs spécifiques de l'économie. En Grèce et aux Pays-Bas, l'application des taux réduits de TVA respectivement de 13 % et 6 % a été étendue aux intrants intermédiaires agricoles. En 2017, la Hongrie a élargi le champ d'application de son taux réduit de 5 % au lait, aux œufs et aux volailles et le 1er janvier 2018, au porc et au poisson. La Suisse et l'Islande appliquent désormais respectivement un taux réduit de TVA de 2.5 % et 11 % aux livres électroniques. La Suède applique désormais son taux réduit de 6 % sur la « valorisation des zones naturelles » afin de promouvoir le tourisme. En Italie, les travaux d'aménagement urbain sont maintenant soumis à un taux réduit de TVA de 10 %.

L'UE a modifié sa directive sur la TVA en 2018 afin d'autoriser ses États membres à appliquer un taux réduit aux livres électroniques.

Compte tenu des difficultés politiques que rencontrent les pays pour restreindre de manière significative la portée des taux réduits (et des exonérations) et des possibilités limitées d'augmentation des taux normaux de TVA, qui sont déjà relativement élevés dans la plupart des cas, les pays misent de plus en plus sur d'autres mesures pour mobiliser des recettes de TVA supplémentaires et améliorer l'efficacité de leurs régimes de TVA (OCDE, 2018[3]). Ces mesures comprennent principalement la perception de la TVA sur les ventes en ligne de biens et de services (voir le chapitre 1) et les mesures élaborées pour renforcer le respect des obligations et lutter contre la fraude (voir la section 2.8).

2.3. Exonérations

Parallèlement aux taux réduits, les régimes de TVA des pays de l'OCDE recourent largement aux exonérations (voir Tableau annexe 2.A.3). Dans ce contexte, une exonération signifie que le fournisseur ne facture pas la TVA sur ses ventes et n'est donc pas en droit de récupérer la TVA acquittée sur ses intrants. Dans certaines juridictions, l'exonération est appelée « imposition d'amont », afin d'indiquer que la fourniture n'est pas exonérée de TVA, mais que son prix contient une « TVA rémanente », autrement dit la charge de TVA acquittée sur les intrants est incorporée dans le prix des ventes exonérées. L'exonération n'est donc pas identique à l'absence de taxation.

Bien qu'elles constituent une entorse au principe général de la TVA, tous les pays de l'OCDE appliquent un certain nombre d'exonérations, dont les motivations sont très diverses. Il s'agit notamment de la difficulté à déterminer la base d'imposition (services financiers et d'assurance, par exemple) ou de la volonté d'exclure de l'assiette de la TVA les activités qui sont considérées comme des services publics ou comme remplissant une mission d'intérêt général et/ou social (éducation, santé, services postaux, organismes de bienfaisance). Un certain nombre d'autres exonérations trouvent leur origine dans la tradition, comme la location d'immeubles et la vente de terrains et de bâtiments. Certains secteurs exonérés de TVA peuvent aussi être assujettis à d'autres taxes spécifiques (biens immobiliers, services d'assurance et financiers par exemple).

Outre ces catégories traditionnelles, les exonérations sont nombreuses et couvrent un large éventail de secteurs comme la culture, l'assistance judiciaire, le transport de voyageurs, les services publics d'inhumation, les déchets et matériaux recyclables, la production et distribution d'eau, les métaux précieux et l'agriculture (voir Tableau annexe 2.A.3).

Il est généralement recommandé que le système de TVA ne prévoie qu'une liste restreinte d'exonérations, limitée aux services de santé de base, à l'éducation et éventuellement aux services financiers. En empêchant de déduire la taxe sur les intrants, les exonérations de TVA créent en effet une exception importante à la neutralité de cette taxe (voir le chapitre 1). Les paragraphes suivants donnent un aperçu des principales conséquences des exonérations, qui sont souvent négatives.

Les exonérations de TVA créent des effets de cascade lorsqu'elles s'appliquent aux transactions entre entreprises. On peut s'attendre à ce que l'entreprise qui vend un bien ou un service exonéré répercute la taxe d'amont non déductible sur ses prix. L'entreprise qui les achète ne pourra pas non plus déduire ou récupérer cette « taxe rémanente », qui est dissimulée dans le prix d'achat. Si la production de l'entreprise destinataire n'est pas exonérée de TVA, cette taxe cachée sera sans doute intégrée dans le prix des biens sur lesquels elle va facturer la TVA sur ses ventes. Cette situation aboutit à une taxe cachée d'un poids variable selon le nombre de stades de production soumis à l'impôt, ce qui fausse les décisions de production et les choix d'organisation de l'entreprise. L'ampleur des effets de cascade dépend du moment où l'exonération intervient dans la chaîne d'approvisionnement. Si l'exonération s'applique au stade de la vente au consommateur final, il n'y a pas d'effet de cascade et cette exonération entraîne simplement une perte de recettes fiscales puisque la valeur ajoutée au stade final n'est pas imposée. Si l'exonération s'applique à un stade intermédiaire, l'effet de cascade consécutif peut conduire à une augmentation des recettes nettes qui n'est pas transparente.

Les exonérations incitent les entreprises à réduire le montant de leur impôt par le biais d'une intégration verticale (« auto-approvisionnement ») et à ne pas externaliser, car elles ont intérêt à produire leurs biens en interne plutôt qu'à les acheter et à supporter une TVA d'amont irrécupérable. Cet effet de cascade peut entraîner des inefficiences économiques en provoquant une distorsion de la structure de la chaîne d'approvisionnement. Il peut également créer une dynamique de l'exonération autoentretenue : lorsqu'un secteur bénéficie d'une exonération, il est incité à faire pression pour que des exonérations soient accordées aux autres secteurs auprès de qui il s'approvisionne afin d'éviter de payer une TVA cachée sur ses intrants.

Les exonérations aboutissent généralement à une sous-imposition des ventes aux consommateurs, dont la charge fiscale est égale à la taxe sur les intrants consommés par les entreprises sans la valeur ajoutée correspondante, et à une surimposition des entreprises qui ne peuvent pas déduire la « taxe cachée » incorporée dans le prix de leurs achats. Elles conduisent également à taxer les investissements plutôt que la consommation, ce qui va à l'encontre du principal objectif de la TVA.

Dans le contexte international, les exonérations portent atteinte au principe de destination sur lequel repose l'imposition des biens et services faisant l'objet d'échanges internationaux (voir le chapitre 1). Lorsqu'un exportateur utilise des intrants exonérés, il lui est impossible de récupérer la TVA résultant de l'exonération appliquée à un stade antérieur dans la chaîne de production. L'exportation devient donc effectivement « taxée sur les intrants ». Par ailleurs, les entreprises qui utilisent des intrants exonérés sont incitées à importer des biens de pays où ces intrants sont soumis au taux zéro au lieu de les acheter à des fournisseurs non assujettis sur le marché intérieur. En outre, la gestion des exonérations accroîtrait les coûts administratifs et de conformité. Comme dans le cas de structures de taux différenciés, il peut souvent s'avérer difficile pour les entreprises et les administrations fiscales de faire la distinction entre biens assujettis et biens exonérés, en particulier dans des domaines complexes comme les services financiers. Les entreprises qui réalisent à la fois des ventes exonérées et assujetties sont souvent confrontées à des règles d'affectation complexes lorsqu'elles cherchent à déterminer la fraction des ventes de produits taxés qui ouvrent droit à déduction de la taxe en amont. Il existe toutefois peu de données sur l'ampleur de l'accroissement des coûts administratifs et de conformité (Bird et Gendron, 2007[4]).

Pour de plus amples informations sur la justification théorique et pratique des exonérations, voir (de la Feria, 2014[5]) ; et sur la possibilité d'élargir l'assiette de la taxe par la réduction du champ des exonérations comme alternative valable à l'augmentation des taux de TVA, voir (Commission européenne, 2011[6]).

2.4. Restrictions du droit à déduction de la TVA sur certains intrants

Bien que la charge de la TVA ne devrait pas être supportée par les entreprises, le droit de déduire la TVA sur les intrants est limité au cas où les entreprises utilisent ces intrants pour produire des ventes imposables. Le droit à déduction de la TVA sur les intrants est légitimement refusé lorsque ces intrants sont utilisés pour réaliser des ventes non imposables, c'est-à-dire exonérées sans droit à déduction (santé et services financiers – voir la section 2.3 ci-dessus) ou situées hors du champ d'application de la TVA (fournitures sans contrepartie, par exemple). Ce droit ne s'applique pas non plus lorsque les achats ne sont pas (intégralement) employés pour exercer une activité économique imposable, par exemple lorsqu'ils sont utilisés à des fins privées par le propriétaire de l'entreprise ou ses salariés (consommation finale). Toutes ces restrictions du droit à déduction de la TVA sur les intrants résultent de l'application des principes de base de la TVA.

Outre les règles indiquées plus haut, la législation en vigueur dans la plupart des pays de l'OCDE restreint également la déduction de la TVA d'amont sur un certain nombre de produits et de services en raison de la nature de ces biens et services et non de leur utilisation par les entreprises. Il s'agit généralement de permettre une imposition (en amont) de leur consommation réputée finale (voir Tableau annexe 2.A.4).

Les restrictions du droit à déduction de la TVA d'amont les plus répandues sont celles qui portent sur les frais de divertissement à des fins professionnelles, bien que le contenu de cette catégorie soit très variable. Les restrictions peuvent porter sur la TVA acquittée sur les repas au restaurant, les boissons (alcoolisées), les frais de réception, l'hébergement en hôtel, les droits d'entrée à des événements sportifs ou culturels, les cadeaux et les services de transport. Seuls trois pays de l'OCDE (Israël, Japon, et Suisse) ne prévoient pas ce type de restrictions. En outre, la déduction de la TVA d'amont sur les achats et/ou l'usage de véhicules est souvent soumise à des limitations.

La déduction de la taxe d'amont est souvent limitée à une fraction de la TVA acquittée. Par exemple, la déduction de la TVA sur l'utilisation de véhicules par les salariés d'une entreprise peut être limitée à un pourcentage fixe. Dans certains pays, seule la moitié de la TVA d'amont sur les véhicules est déductible, même si le véhicule est strictement utilisé à des fins professionnelles.

Trois raisons principales justifient ces restrictions. Premièrement, elles permettent d'éviter la charge administrative que suppose le contrôle de l'utilisation effective de ces biens et services, qui, par nature, peut être double, à la fois privée et professionnelle. Deuxièmement, elles constituent un moyen de réduire les risques de fraude. Troisièmement, les biens et services visés relèvent en partie de la « consommation » - repas pris au restaurant, par exemple. La troisième raison indiquée ici peut toutefois être jugée contradictoire avec les principales caractéristiques du système de TVA. De fait, les entreprises (ou leurs salariés) ne « consomment » jamais vraiment les biens et services au sens de la TVA lorsqu'ils les utilisent dans le cadre de l'accomplissement d'une activité économique imposable.

2.5. Seuils d'enregistrement et de recouvrement

Tous les impôts entraînent des coûts de conformité pour les entreprises et des coûts administratifs pour les autorités fiscales, mais les obligations relatives à la TVA sont souvent considérées comme particulièrement lourdes pour les petites et moyennes entreprises (PME) (Commission européenne, 2013[7]) (Evans et al., 2018[8]). De nombreux pays ont donc mis en place des régimes simplifiés destinés aux PME afin de favoriser le respect de la législation. Ces régimes peuvent être regroupés en trois grandes catégories : non-assujettissement au régime de TVA (seuils d'exonération), calcul simplifié du montant de la TVA due et simplification des obligations en matière de comptabilité, de déclaration ou de paiement (OCDE, 2015[9]).

La plupart des pays de l'OCDE (à l'exception du Chili, de l'Espagne, du Mexique, et de la Turquie) appliquent des seuils d'exonération en dessous desquels les petites entreprises ne sont pas tenues de facturer et de collecter la TVA sur leurs ventes et ne déduisent pas la TVA sur leurs intrants. Cette dispense d'assujettissement revient à traiter les petites entreprises comme des entreprises non-assujetties à la TVA. Il existe deux types de seuils de dispense d'assujettissement : les seuils d'enregistrement qui dispensent les fournisseurs à la fois de s'enregistrer et de collecter la TVA et les seuils de recouvrement en dessous desquels les contribuables sont certes tenus de s'immatriculer à la TVA, mais pas de collecter la taxe. Différents types d'activités (production de services ou production de biens, par exemple) et de secteurs (secteur à but non lucratif notamment) peuvent être soumis à des seuils différents, voire échapper à leur application (secteur de la construction, par exemple). Dans la plupart des cas, les seuils d'enregistrement ne s'appliquent pas aux entreprises étrangères et dans certains cas, les seuils de recouvrement ne s'appliquent qu'aux personnes physiques ou aux entreprises qui ne sont pas soumises à l'obligation de tenir une comptabilité commerciale.

Le Tableau annexe 2.A.5 offre une vue d'ensemble des seuils d'enregistrement et de recouvrement en vigueur dans les pays de l'OCDE. En principe, les seuils sont calculés à partir du chiffre d'affaires annuel. Mais, aux Pays-Bas, le calcul repose sur le montant net annuel de la TVA due. Au Japon, les entreprises (individuelles ou non) ne sont pas tenues de s'enregistrer et de collecter la TVA pendant les deux années qui suivent leur création, si elles restent en dessous d'un seuil défini en fonction de leur capital ; un seuil reposant sur le chiffre d'affaires imposable annuel ne s'applique qu'après cette période (à quelques exceptions près, selon les niveaux de chiffre d'affaires). Même dans les pays où le seuil est fonction du chiffre d'affaires annuel, son application peut dépendre d'autres règles et critères. Le niveau de ces seuils d'enregistrement est très variable et, à cet égard, on peut classer les pays de l'OCDE en trois grands groupes décrits ci-après.

Dix-neuf pays appliquent un seuil relativement élevé (supérieur à 30 000 USD) : Australie, Autriche, Belgique, Estonie, France, Hongrie, Irlande, Italie, Japon, Lettonie, Lituanie, Luxembourg, Nouvelle-Zélande, Pologne, République slovaque, République tchèque, Royaume-Uni, Slovénie et Suisse. Parmi ces pays, la France, l'Italie, le Japon, la Pologne, la République slovaque et le Royaume-Uni ont un seuil particulièrement élevé (supérieur à 90 000 USD).

Neuf pays appliquent un seuil relativement bas (entre 5 000 USD et 30 000 USD) : Allemagne, Canada, Corée, Danemark, Finlande, Grèce, Islande, Israël, Corée et Portugal.

Trois pays appliquent un seuil bas (moins de 5 000 USD) : Norvège, Pays-Bas et Suède.

Depuis 2016, six pays ont relevé leur seuil : l'Estonie, la Hongrie, l'Islande, le Luxembourg, la Pologne et le Royaume-Uni et un seul a abaissé le seuil en vigueur (Lettonie). La Suède a réintroduit son seuil de 30 000 SEK. La France a adopté, à titre expérimental (pendant 5 ans), un seuil supérieur de 100 000 EUR dans certains Départements d'Outre-Mer (Guadeloupe, Martinique, Réunion).

Aucun argument définitif ne justifie la nécessité ou le niveau des seuils. La principale raison qui justifie l'exclusion des petites entreprises (notion très différente selon les pays) est le caractère disproportionné tant des coûts pour l'administration fiscale par rapport aux recettes de TVA générées que des coûts de conformité pour les entreprises comparés à leur chiffre d'affaires. En outre, les petites entreprises sont souvent suspectées de moins respecter leurs obligations fiscales. Un seuil d'enregistrement relativement élevé peut avantager les petites entreprises, en faussant la concurrence avec les grandes entreprises, tandis qu'un seuil relativement bas peut être perçu par une entreprise comme un frein à son développement ou comme une incitation à échapper à la TVA en segmentant artificiellement ses activités. Ces seuils peuvent également entraver les efforts des pouvoirs publics pour réduire l'économie informelle. Ce dernier inconvénient peut être cependant atténué en soumettant les entreprises qui n'atteignent pas le seuil à une autre taxe, plus simple, qui les inclurait dans l'économie formelle. Le niveau du seuil est souvent le résultat d'un compromis entre d'une part, l'objectif de limiter les coûts administratifs et de conformité et d'autre part, la nécessité de préserver les recettes et d'éviter toute distorsion de la concurrence.

La plupart des pays de l'OCDE qui appliquent un seuil d'enregistrement ou de recouvrement donnent la possibilité aux entreprises qui n'atteignent pas ce seuil de s'immatriculer et d'appliquer volontairement la TVA, sauf la Corée, Israël et les Pays-Bas. L'immatriculation volontaire vise souvent à pallier les inconvénients de la non-immatriculation pour les petites entreprises, mais elle accroît les coûts supportés par l'administration fiscale et impose des contraintes de conformité aux entités qui choisissent de rejoindre le système. Elle augmente également le risque de fraude à la TVA par des entreprises « douteuses » qui pourraient s'enregistrer et demander des remboursements avant de disparaître à nouveau. Les pays imposent donc souvent une durée minimale d'enregistrement aux contribuables qui ont opté pour une immatriculation volontaire. Cette période varie d'un an (Australie, Canada, Hongrie, Japon, République slovaque, République tchèque, Suisse) à deux ans (Danemark, France, Grèce, Norvège), parfois trois ans (Suède) ou même cinq ans (Allemagne, Autriche, Slovénie).

Une difficulté posée par la mise en place d'un seuil de TVA consiste à limiter les incitations des petites entreprises à sous-déclarer leur chiffre d'affaires dans le but de rester en dessous du seuil de dispense d'assujettissement et à inciter les petites entreprises à développer leur activité. Une solution consiste à adopter un seuil flexible. Dans un régime de ce type, les petites entreprises qui dépassent le seuil ordinaire ne sont pas tenues de s'enregistrer immédiatement et peuvent continuer à bénéficier de la dispense tant que le dépassement n'excède pas un certain pourcentage du seuil. Par exemple en France, lorsqu'une entreprise réalise un chiffre d'affaires supérieur au seuil ordinaire de 82 200 EUR (pour les biens) ou de 33 200 EUR (pour l'essentiel des services), elle peut continuer à bénéficier du régime de dispense si son chiffre d'affaires sur l'année n'excède pas respectivement 91 000 EUR et 35 200 EUR. Les Pays-Bas appliquent un seuil de recouvrement flexible, qui dépend du montant annuel de la TVA due : aucune TVA n'est due tant que le montant annuel est inférieur à 1 345 EUR ; si le montant annuel de la TVA due est compris entre 1 345 EUR et 1 883 EUR, le contribuable bénéficie d'un allègement progressif qui permet une entrée en douceur dans le système d'assujettissement.

Il existe d'autres moyens de réduire les coûts de conformité supportés par les PME tout en évitant les inconvénients d'une dispense d'assujettissement. De nombreux pays ont ainsi mis en place des régimes forfaitaires simplifiés pour faciliter le calcul de la TVA due. Par exemple, certaines petites entreprises peuvent être autorisées à appliquer un taux forfaitaire unique à leur chiffre d'affaires afin de déterminer le montant de la TVA due au lieu de procéder à un calcul détaillé de la TVA sur leurs achats et sur leurs ventes. Il est également possible de mettre en place un régime reposant sur un calcul simplifié de la taxe déductible en amont. Ce régime est présenté plus en détail dans une récente étude de l'OCDE sur la fiscalité des PME (OCDE, 2015[9]).

2.6. Usage du régime de la marge

La plupart des pays autorisent ou utilisent des méthodes spécifiques de recouvrement de la TVA dans des cas particuliers. L'objectif de ces méthodes est généralement de simplifier les charges d'administration et de conformité de la TVA et/ou de traiter des cas spécifiques. Des exemples caractéristiques sont fournis par les régimes de la marge qui sont souvent employés lorsqu'il serait difficile ou impossible de déduire la taxe d'amont selon les règles habituelles, comme dans le cas de la revente de biens d'occasion achetés à des particuliers ou pour les activités des agences de voyages. L'assiette de la taxe correspond alors à la différence entre le prix d'acquisition d'un bien par le contribuable et son prix de revente, et non au prix de revente intégral. L'application du régime de la marge interdit au revendeur toute déduction de la TVA acquittée à l'achat du bien (TVA d'amont). Le Tableau annexe 2.A.6 montre que tous les pays de l'UE appliquent un régime de la marge pour les agences de voyages, les biens d'occasion, objets d'art, de collection ou d'antiquité puisqu'ils ont la même base légale. Hors de l'UE, cinq autres pays de l'OCDE emploient des régimes de la marge : l'Australie (sur les immeubles résidentiels neufs, les jeux de hasard et les biens d'occasion), le Chili (sur la revente de biens immobiliers), Israël (sur les pièces de monnaie, les timbres postaux, les meubles, les logements, les véhicules d'occasion et les opérations de change), la Norvège (sur les biens d'occasion et les objets d'art, de collection et d'antiquité) et la Turquie (sur les agences de voyages).

2.7. Mesurer la performance de la TVA : ratio des recettes de TVA

La performance de la TVA peut se mesurer à l'aide de différentes méthodes, selon la dimension de la performance à mesurer. Elle est traditionnellement mesurée par le « ratio d'efficience », c'est-à-dire le ratio (exprimé en pourcentage) des recettes de la TVA au

PIB, divisé par le taux normal. Quoique le ratio d'efficience soit un outil diagnostique largement employé pour évaluer la TVA, il ne permet pas de distinguer une TVA qui grèverait la production d'une TVA sur la consommation. Pour remédier à cette faiblesse, on retient comme base d'imposition potentielle la consommation finale et non la production (Ebrill et al., 2001[10]). Si on calcule le rapport entre la recette nette de la TVA et les recettes qui seraient obtenues en appliquant la TVA au taux normal à la consommation finale totale, on obtient un ratio d'efficience de la TVA sur la consommation ou « C-efficiency ratio ». Ce ratio atteindrait 100 % si toute la consommation finale était imposée et si l'administration fiscale recouvrait la totalité des impôts dus.

Les estimations du ratio des recettes de TVA (RRT) pour les pays de l'OCDE présentées dans cette section reposent sur le principe du « ratio d'efficience par rapport à la consommation ». Il donne un indicateur prenant en compte les pertes de recettes dues aux exonérations et aux taux réduits ainsi qu'à la fraude, l'évasion et la planification fiscales. Même si le RRT doit être interprété avec toutes les réserves qui s'imposent et si l'érosion de la base d'imposition peut être imputable à divers facteurs, cet outil peut aider les décideurs à appréhender l'efficacité du recouvrement de la TVA et à identifier des moyens de procurer à l'État des recettes supplémentaires en rendant le système de TVA plus performant.

2.7.1. Que mesure le RRT ?

Le RRT est destiné à rendre possibles les comparaisons entre pays quant à leur capacité d'obtenir des recettes de TVA proportionnelles à la base d'imposition potentielle. Il mesure l'écart entre les recettes de TVA effectivement collectées et celles qui auraient théoriquement pu être obtenues dans l'hypothèse où l'on aurait appliqué le taux normal à la totalité de la base d'imposition potentielle dans le cadre d'un régime de TVA « pur » et où la totalité de ces recettes aurait été perçue.

$$\text{RRT} = \frac{\text{RT}}{\text{B . t}}$$

Sachant que : RT = recettes de TVA effectives ; B = base d'imposition potentielle et t = taux de TVA normal

Le taux « normal » désigne le taux applicable par défaut à la base d'imposition en l'absence de dispositions contraires de la législation. La législation (et la pratique de nombreux pays) prévoit l'application de taux différents, soit plus bas, soit plus élevés, à une liste déterminée de produits. Les taux de TVA réduits sont encore très répandus dans la zone OCDE, essentiellement par souci d'équité ou en raison de considérations sociales (dépenses de première nécessité, santé, éducation, etc.). Aucun pays membre de l'OCDE n'applique de taux de TVA majorés (voir Tableau 2.A.1).

2.7.2. Évaluation de la base d'imposition

Le premier obstacle méthodologique sur lequel bute le calcul du RRT réside dans l'évaluation de la base d'imposition potentielle, puisqu'il n'existe aucune évaluation standard de ladite base d'imposition pour tous les pays membres de l'OCDE. La base d'imposition potentielle est constituée de tous les biens, services et biens incorporels vendus (ou réputés être vendus) à titre onéreux aux consommateurs finaux par les entreprises ou par toute autre entité agissant comme une entreprise (comme, par exemple, les personnes physiques, les organismes publics dispensant des services contre un paiement direct, etc.). La base d'imposition est en principe égale aux dépenses réalisées par les consommateurs finaux pour se procurer des biens, des services et des biens incorporels. Cependant, en pratique, de nombreux systèmes de TVA font peser la TVA non seulement sur la consommation finale des ménages, mais aussi sur diverses entités se livrant à des activités non commerciales ou à des activités exonérées de TVA (chapitre 1 et le présent chapitre). Dans de telles configurations, on peut appliquer la TVA en traitant ces entités comme des consommateurs finaux ou en les taxant sur leurs intrants, car on part du principe que, dans leurs activités non commerciales, elles répercuteront la TVA payée sur les prix de leur production. Au bout du compte, le montant de la TVA qui sera recouvrée par l'État dans ces cas de figure est celui de la taxe sur ces intrants.

Faute d'évaluation uniforme de la base d'imposition potentielle pour tous les pays membres, ce sont les dépenses de consommation finale mesurées par les comptes nationaux qui s'en rapprochent le plus, la TVA étant en définitive un impôt sur la consommation finale. Les dépenses de consommation finale des comptes nationaux sont calculées selon une norme internationale, le poste P3 du Système de comptabilité nationale (SNA 2008) (sauf en Turquie, au Chili et au Japon, qui utilisent encore le SNA 1993).

2.7.3. Formule utilisée pour estimer le RRT des différents pays de l'OCDE

Dans la formule de calcul du RRT présentée ci-dessus, la base d'imposition potentielle (B) est mesurée par les dépenses de consommation finale consignées dans le poste P3 des comptes nationaux. Cependant, le SNA mesure les dépenses de consommation aux prix du marché, c'est-à-dire qu'elles incluent la TVA. Pour calculer le RRT, il convient donc de déduire les recettes de TVA du montant figurant dans P3, car il ne faut pas que la base d'imposition théorique inclue le montant de l'impôt.

C'est pourquoi les estimations des RRT présentées dans le Tableau annexe 3.A3.1 ont été calculées comme suit :

$$\mathrm{RRT} = \frac{\mathrm{RT}}{(\mathrm{DCF} - \mathrm{RT}).\mathrm{t}}$$

Sachant que : RT = recettes de TVA réelles ; DCF = dépenses de consommation finale (poste P3 des Comptes nationaux) ; et t = taux de TVA standard.

2.7.4. Estimation du RRT des différents pays membres

Le RRT moyen non pondéré est demeuré à peu près stable, dans l'ensemble de la zone OCDE, à 0.56, contre 0.55 en 2010, après avoir enregistré un recul pendant la crise économique et financière de 2008 (de 0.57 à 0.54). Cela revient à dire que 44 % des recettes potentielles théoriques de TVA ne sont pas collectées. Les estimations des RRT présentent des variations considérables entre les pays de l'OCDE, comme le démontre leTableau annexe 2.A.7. En 2016, les estimations s'échelonnaient de 0.33 au Mexique et 0.38 en Italie à 0.92 au Luxembourg et 0.95 en Nouvelle-Zélande. La plupart des pays (29 sur 35) ont un RRT inférieur à 0.65 et près de la moitié (11 sur 35) se situent en dessous de 0.50. Cette constatation porte à croire qu'une grande partie des recettes potentielles théoriques de TVA n'est pas collectée dans un grand nombre de pays. Par rapport à 2014, le RRT a augmenté dans 20 pays, mais cette hausse a été compensée par une baisse dans quatre pays, notamment au Luxembourg qui a enregistré un recul important, passant de 1.25 en 2014 à 0.92 en 2016, chiffres qui reflètent la réforme de 2015 dans l'UE (voir ci-après).

En particulier, ce RRT rend compte du fait que les pays membres recourent encore à grande échelle aux régimes préférentiels sous la forme de taux réduits et d'exonérations (voir lesTableau annexe 2.A.2 et Tableau annexe 2.A.3). Ce fait est confirmé par les données sur les dépenses fiscales, qui mesurent le coût des avantages fiscaux (OCDE, 2010[1]).

Il apparaît qu'il n'existe pas de corrélation directe entre le RRT et le niveau du taux normal de TVA. Des pays aux taux de TVA très différents peuvent avoir un RRT comparable. Ainsi, l'Australie et l'Irlande ont toutes deux un RRT de 0.50 alors que leurs taux de TVA normaux sont respectivement de 10 % et 23 %. Si près des deux tiers des pays membres (22 sur 35) ont un RRT compris entre 0.45 et 0.65, leurs taux de TVA normaux sont très disparates, puisqu'ils sont compris entre 5 % (Canada) et 25 % (Danemark, Norvège et Suède). Ces trois derniers pays allient un taux de TVA normal élevé (25 %) à un RRT supérieur à la moyenne de l'OCDE (respectivement 0.60, 0.57 et 0.60), tandis que le Mexique et la Turquie ont à la fois un taux normal (respectivement 16 % et 18 %) et un RRT estimé (respectivement 0.33 et 0.40) nettement inférieurs à la moyenne de l'OCDE. Le Japon se distingue par un taux de TVA faible (8 %), l'absence de taux réduits et un RRT élevé (0.71).

Graphique 2.3. Ratio de recettes TVA

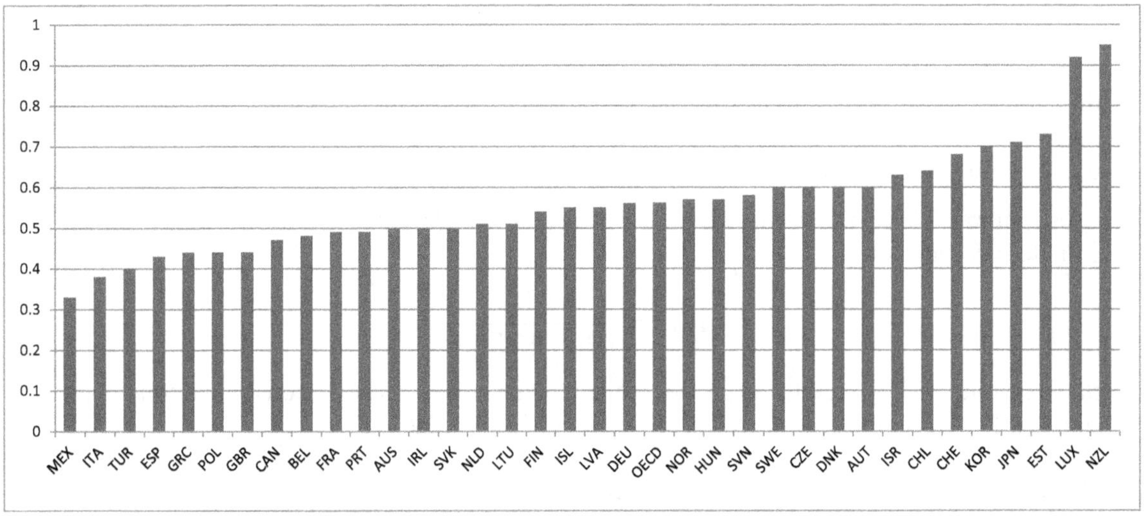

Note : OCDE : Moyenne non pondérée de l'OCDE.
Source : Calculs réalisés par l'auteur.

StatLink https://doi.org/10.1787/888933890179

Le poids des divers facteurs influant sur le RRT peut varier considérablement d'un pays à l'autre selon les circonstances. Les deux pays dont le RRT est le plus élevé, à savoir le Luxembourg et la Nouvelle-Zélande, se situent tous deux très au-dessus de la moyenne de l'OCDE (respectivement 0.95 et 0.92 alors qu'elle est de 0.56) et distancent même nettement l'Estonie, troisième pays du classement, dont le RRT est de 0.73. Cependant, c'est pour des raisons très différentes que leurs ratios sont élevés.

Le RRT du Luxembourg a constamment augmenté entre 1996 (0.55) et 2014 (1.23). Cette hausse est corrélée à une transformation profonde du marché de l'UE, qui se caractérise en particulier par la libéralisation des services financiers et l'essor du commerce électronique. On peut raisonnablement supposer que ces paramètres de marché et leur traitement spécifique au regard de la TVA ont fortement concouru à la hausse du RRT au Luxembourg. Il est vraisemblable que le statut de ce pays en tant que grand centre financier international lui ait valu des recettes de TVA supplémentaires. D'après les règles de l'UE sur la TVA, les ventes de services financiers sont généralement exonérées de TVA au Luxembourg sans que la déduction de la taxe payée en amont soit possible, y compris quand l'acheteur est situé dans un autre pays membre de l'UE. Il s'ensuit que, en raison de l'expansion des ventes transfrontières de services financiers, la TVA non déductible supportée par les sociétés de services financiers au Luxembourg augmente les recettes de TVA dans ce pays alors qu'une grande partie de la consommation finale a lieu dans d'autres États membres de l'UE. Le Luxembourg est en outre devenu un centre majeur du commerce électronique international, en raison notamment du traitement de ce type d'activité prévu par la législation de l'UE sur la TVA avant le 1er janvier 2015. En effet, elle disposait que les ventes réalisées dans le contexte du commerce électronique à des consommateurs finaux des autres États membres étaient taxées dans le pays où le fournisseur est établi. Le faible taux normal de TVA en vigueur au Luxembourg, le plus bas de l'UE (15 % jusqu'en 2014), a incité les entreprises se livrant au commerce électronique à s'établir dans ce pays et le Luxembourg y a gagné des recettes de TVA supplémentaires, qui n'ont cessé d'augmenter grâce à l'essor de l'économie numérique. La situation a changé le 1er janvier 2015. Depuis cette date, les ventes intracommunautaires réalisées auprès des consommateurs finaux dans le contexte du commerce électronique ne sont plus assujetties à la TVA dans l'État membre dans lequel le fournisseur est établi (qui était souvent le Luxembourg). Ces ventes sont désormais assujetties à la TVA dans l'État membre du lieu de résidence du client et au taux qui y est appliqué. Ce changement des règles intracommunautaires relatives au lieu d'imposition a désormais des répercussions sur les recettes de TVA et les estimations du RRT du Luxembourg (recul de 1.25 en 2014 à 0.92 en 2016).

Les facteurs qui sous-tendent un RRT systématiquement très élevé depuis l'entrée en vigueur de la TVA (TPS) en Nouvelle-Zélande sont très différents. Premièrement, contrairement au Luxembourg, son assiette fiscale est très large, car le champ des exonérations (voir Tableau annexe 2.A.3) et du taux zéro (voir Tableau annexe 2.A.2) est limité. Deuxièmement, la Nouvelle-Zélande soumet les services publics à la TVA (voir le chapitre 1). Bien qu'il n'en résulte pas de recettes supplémentaires (la TVA facturée par les organismes publics à l'État est couverte par des transferts budgétaires et celle qui est collectée sur les activités des collectivités territoriales est incluse dans les impôts locaux), la part de la TVA dans le total des recettes s'accroît mécaniquement, ce qui fait augmenter le RRT. Cependant, les comptes nationaux (voir la section ci-dessus) n'incluent pas la valeur ajoutée par l'État dans la base d'imposition potentielle de la TVA. L'ensemble de ces considérations pourrait expliquer pourquoi le RRT de la Nouvelle-Zélande est si élevé, et parfois même supérieur à 1.

À l'autre extrémité du spectre, le Mexique est le pays de l'OCDE dont le RRT est le plus bas (0.33). Cette situation s'explique vraisemblablement par plusieurs facteurs, notamment l'étendue des exonérations de TVA, le grand nombre de produits et services bénéficiant d'un taux zéro et l'importance de la fraude.

2.7.5. Facteurs susceptibles d'influer sur le RRT

En théorie, plus le régime de TVA d'un pays est « pur », plus son RRT est proche de 1. Les taux réduits, les exonérations et l'incapacité de collecter la totalité des impôts dus le font baisser par rapport à cette valeur de référence. Un RRT supérieur à 1 n'est théoriquement possible que si le taux normal s'applique à la quasi-totalité de la base d'imposition et si un certain nombre d'exonérations sans droit à déduction existent de telle sorte que l'effet en cascade des exonérations procure à l'État des recettes supplémentaires excédant leur coût. Un RRT proche de 1 est interprété comme une preuve que la TVA pèse uniformément sur une large assiette et qu'elle est efficacement recouvrée. En pratique, le RRT est rarement égal à 1 et il varie dans un sens ou dans l'autre en fonction de plusieurs facteurs complexes, à savoir :

- L'application d'un taux de TVA réduit à un certain nombre de biens et services et le niveau de ces taux, qui se traduisent par une perte de recettes et ont une incidence négative sur le RRT.
- Le niveau du seuil d'enregistrement et/ou de recouvrement au-dessous duquel les petites entreprises sont dispensées de payer la TVA. Ces seuils amoindrissent le montant de la TVA collectée même s'il est vraisemblable que le coût pour les recettes publiques est limité puisque les entreprises qui restent en deçà des seuils n'ont généralement pas le droit de déduire la TVA d'amont et leur valeur ajoutée est probablement modeste.
- Le champ des exonérations. Les exonérations peuvent, en fonction de leurs propres caractéristiques et de celles du marché, agir à la hausse ou à la baisse sur le RRT. Les exonérations peuvent soit éroder les recettes (quand elles s'appliquent à des biens et services fournis directement au consommateur final, comme c'est le cas par exemple dans la santé), soit les gonfler quand elles interviennent à un stade précoce de la chaîne d'approvisionnement (services financiers aux entreprises, par exemple) et les recettes dues à l'effet de cascade dépassent la taxe qui aurait pu être obtenue moyennant une imposition au taux normal ouvrant droit à déduction de la TVA d'amont. L'exonération des services financiers a souvent un impact considérable sur le RRT compte tenu de l'importance économique de ce secteur dans de nombreux pays.
- Le traitement des activités de service public au regard de la TVA. La consommation finale des administrations publiques est le deuxième poste de la consommation finale dans les comptes nationaux après celle des ménages. Les activités de l'État sont exonérées ou exclues du champ de la TVA dans la plupart des pays, la Nouvelle-Zélande étant l'unique exception puisqu'elle y soumet toutes les activités de l'État. En conséquence, les organismes publics ne peuvent déduire la TVA payée en amont sur leurs dépenses assujetties, sauf en Nouvelle-Zélande où ils ont le droit de déduire intégralement la taxe acquittée en amont. Plusieurs pays se sont dotés de mécanismes destinés à compenser les effets néfastes de l'exonération des services publics, par exemple des remboursements de TVA ciblés, un droit à déduction totale ou partielle de la TVA d'amont, des compensations budgétaires ou l'imposition de vastes pans de l'activité des organismes publics. Les différentes options choisies par les gouvernements ont des effets inégaux sur le RRT. La compensation par des mécanismes autres que la TVA (par exemple une simple compensation budgétaire) n'a pas d'incidence directe sur le RRT parce que les activités de l'État demeurent soumises à la TVA sur leurs intrants, ce qui génère les recettes de TVA correspondantes, avant et après les mesures de compensation. Une mesure autorisant les organismes publics à déduire la TVA sur les intrants diminue

normalement les recettes fiscales si les ventes demeurent exonérées et agira donc à la baisse sur le RRT. À l'inverse, l'application de la TVA aux activités de l'État comme c'est le cas en Nouvelle-Zélande aura pour effet d'accroître le montant de la TVA collectée et d'agir à la hausse sur le RRT, car elle tend à grever la totalité des ventes plutôt que les intrants uniquement.

- Les règles relatives au lieu d'imposition des échanges internationaux peuvent s'écarter du principe de destination et ne permettent pas toujours de taxer intégralement la base d'imposition potentielle dans le pays de destination. Selon qu'un pays est exportateur ou importateur net et selon son régime de TVA (taxation sur le lieu d'origine ou de destination), son RRT pourra varier à la hausse ou à la baisse. En outre, les divergences entre les règles applicables au lieu d'imposition peuvent aboutir à une double imposition des ventes transfrontières.
- La capacité d'une administration fiscale de gérer efficacement la TVA et le niveau de discipline fiscale des contribuables influent aussi sur le RRT parce qu'une prévalence élevée de la fraude ampute les recettes de TVA. En outre, l'insolvabilité des contribuables et les faillites font baisser le RRT.
- Le fait que l'administration fiscale n'applique pas un système approprié de remboursement de la TVA (par des remboursements en temps voulu des excédents de TVA sur les intrants aux entreprises nationales et/ou des remboursements aux entreprises non résidentes), au mépris du principe fondamental de neutralité de la TVA, peut aboutir à une hausse du RRT (pour de « mauvaises » raisons).
- L'évolution des modes de consommation peut aussi affecter les recettes. À titre d'illustration, le RRT peut diminuer, toutes choses égales par ailleurs, si la part de la consommation de biens et services de première nécessité qui sont imposés à un taux de TVA réduit augmente, à la suite d'une crise économique par exemple.
- Enfin, l'effet éventuel des écarts entre les dépenses de consommation finale mesurées par les comptes nationaux et la base d'imposition potentielle de la TVA des pays doit être pris en considération dans l'interprétation du RRT.

Pour un examen technique approfondi des facteurs qui influent sur le calcul du RRT, voir (OCDE, 2016[111]).

2.7.6. Évaluation de l'incidence relative des différents facteurs pouvant influer sur le RRT

Le niveau du RRT dépend rarement d'une cause unique, mais plutôt des liens réciproques entre plusieurs facteurs. À titre d'illustration, un taux normal élevé peut pousser à la fraude alors que l'existence de plusieurs taux réduits peut entraîner des pertes de recettes à cause de déclarations erronées ou trompeuses aboutissant à une mauvaise classification. L'exonération de certains secteurs d'activité peut engendrer des distorsions et favoriser l'évitement de l'impôt, ce qui exige de mobiliser des moyens administratifs supplémentaires qui autrement pourraient être consacrés à un recouvrement efficace de la TVA. Par ailleurs, une administration fiscale inefficace, des obligations administratives démesurées ou une complexité excessive des mécanismes de TVA peuvent amener des contribuables à se dérober à leurs obligations.

On peut classer ces facteurs dans deux grandes catégories :

- ceux qui résultent de décisions politiques, qui affectent principalement la base d'imposition ou le champ d'application du taux normal (ou, autrement dit, les taux réduits et exonérations de TVA), et
- ceux qui se rattachent à l'efficacité du recouvrement de l'impôt et à la discipline fiscale (« déficit lié à la fraude »).

Le RRT est la somme du résultat des décisions politiques et de ce déficit. Il est possible de concevoir des méthodes permettant de ventiler le RRT. L'une d'entre elles consiste à se référer aux dépenses fiscales (c'est-à-dire à la perte de recettes causée par l'application partielle du taux normal à la base d'imposition « totale ») pour calculer le ratio d'efficience compte tenu des choix politiques. La différence restante entre 1 et le niveau réel du RRT donnerait par déduction le ratio d'efficience compte tenu des pertes liées à la fraude. Cependant, les chiffres doivent être interprétés avec prudence en raison du grand nombre de facteurs pouvant influer sur le RRT.

Une autre méthode consisterait à calculer « le manque à gagner fiscal », c'est-à-dire la différence entre les recettes effectivement collectées et le produit théorique des impôts si l'ensemble des consommateurs et des entreprises respectaient parfaitement la loi. Cette méthode est employée pour la TVA dans l'UE (Institute for Advanced Studies, 2015[12]), où l'écart de TVA correspond à la différence entre le montant de la TVA effectivement collectée et le montant théoriquement dû selon la législation fiscale (montant total de l'impôt dû au titre de la TVA ou montant total de la TVA due – MTTD). L'écart de TVA est estimé selon une démarche descendante qui applique les différents taux de TVA en vigueur aux composantes de la consommation (consommation finale des ménages, consommation finale des administrations publiques et des organismes sans but lucratif, consommation intermédiaire des entreprises partiellement exonérées, dépenses de logement, éléments spécifiques à un pays, corrections, etc.). L'Australie utilise une méthode similaire (Australian Taxation Office, 2018[13])

2.8. Lutter contre la fraude et l'évasion fiscales

2.8.1. Les pertes de recettes de TVA restent élevées

La réduction des pertes de recettes dues aux infractions à la législation sur la TVA reste un problème majeur et une priorité pour les pays partout dans le monde. Un nombre croissant d'administrations fiscales réalisent des études pour évaluer le déficit de TVA, autrement dit la perte de recettes découlant de la fraude et de l'évasion fiscales comme de l'évitement fiscal. Dans l'Union européenne, le déficit de TVA des 28 États membres a été estimé à 147.1 milliards EUR en 2016 (Institute for Advanced Studies, 2015[12]). En termes relatifs, la part du déficit de TVA dans le montant total de TVA due (MTTD) a reculé de 13.2 % à 12.3 % en 2015. Les plus petits écarts ont été observés en Suède (1.24 %), au Luxembourg (3.80 %) et en Finlande (6.92 %), et les plus grands en Roumanie (37.89 %), en Lituanie (35.94 %) et à Malte (35.32 %). Le Royaume-Uni a estimé son déficit de TVA à 13.3 milliards GBP en 2017-18, soit 9.6 % du montant net estimé du MTTD (Carroll, Delgado et Booth, 2018[14]). Un certain nombre d'autres pays de l'OCDE ont donné des estimations de leurs propres déficits de TVA. En Australie, le déficit de TPS est estimé à 5.3 milliards AUD, soit 7.9 % du MTTD (Australian Taxation

Office, 2018[13])) ; au Canada, le déficit pluriannuel moyen de TPS/TVH est estimé à 5.6 % du MTTD pour 2000-2014 (Gouvernement du Canada, 2017[15]) et le déficit de TVA du Chili (Servicio de Impuestos Internos, 2017[16]) est estimé à 16.6 % du MTTD.

Les pertes de recettes de TVA imputables à des infractions peuvent s'expliquer par plusieurs facteurs. En plus des mécanismes « traditionnels » d'évasion fiscale (dispositifs destinés à réduire la charge fiscale qui peuvent être légaux au sens strict, mais contraires à l'esprit de la loi) et de fraude (mécanismes illégaux utilisés pour se soustraire à une obligation fiscale), on a observé une tendance persistante, nette et préoccupante : l'augmentation des attaques criminelles dont le système de TVA est la cible. Il a été démontré que cette fraude à la TVA, organisée et de nature criminelle, est liée, dans de nombreux cas, à d'autres activités criminelles comme le terrorisme et le blanchiment de capitaux.

Le type le plus courant de fraude à la TVA organisée est la fraude dite des « sociétés éphémères » ou « carrousel ». Elle survient lorsqu'une société effectue un achat sans verser de TVA (habituellement une transaction soumise à autoliquidation de la taxe), puis collecte la TVA sur une vente en aval et disparaît sans payer la TVA collectée. Initialement, la fraude concernait principalement des biens de valeur qui faisaient l'objet d'échanges internationaux, comme les micro-processeurs et les téléphones mobiles, mais elle s'est étendue aux services pouvant être achetés et vendus comme des marchandises. La fraude organisée à la TVA dans le cadre de l'échange de quotas d'émission de CO_2 a ainsi entraîné des pertes de recettes de TVA se chiffrant en milliards d'euros dans un certain nombre de pays. Les marchés de l'énergie sont également exposés à cette fraude organisée à la TVA. Les régulateurs européens du secteur énergétique, les opérateurs sur les marchés de l'énergie et les sociétés de gaz et d'électricité ont notamment mis en garde les autorités de l'UE à propos des graves conséquences de la fraude de type carrousel sur le fonctionnement des marchés du gaz et de l'électricité en Europe (Europex, 2018[17]). Ils ont rendu compte de signes d'« une forte infiltration de fraudeurs à la TVA sur les marchés du gaz et de l'électricité ». Des recherches ont également révélé que certains logiciels de comptabilité contiennent des outils cachés (zappers ou camoufleurs de ventes) servant à manipuler les recettes de TVA (OCDE, 2013[18]).

La numérisation de l'économie pose de nouveaux défis aux régimes de TVA en matière de lutte contre la fraude et de non-respect des obligations, notamment dans le contexte de croissance exponentielle du commerce électronique transfrontière (OCDE, 2015[19]).

Les administrations fiscales élaborent et mettent en œuvre une diversité croissante de mesures pour répondre au problème de plus en plus complexe de la protection des recettes cruciales de la TVA contre la fraude et le non-respect des obligations. Les sections suivantes examinent de manière un peu plus détaillée les trois catégories de réponses les plus fréquentes dans les pays de l'OCDE : modifications des mécanismes de collecte de la TVA ; renforcement des obligations déclaratives du contribuable et analyse des données ; et coopération administrative internationale et échange de renseignements.

2.8.2. Modifications des méthodes de collecte de la TVA : mécanisme national d'autoliquidation et paiement fractionné

L'un des moyens de contrecarrer la fraude des sociétés éphémères consiste à adopter un mécanisme d'autoliquidation pour collecter la TVA sur les ventes nationales B2B de certains biens et services exposés à la fraude, comme les téléphones mobiles, les circuits intégrés, le gaz et l'électricité, les services de télécommunication, les consoles de jeu, les tablettes et les ordinateurs portables, les céréales et les cultures industrielles, ainsi que les métaux bruts et semi-finis. Les États membres de l'UE peuvent adopter, sur une base facultative et temporaire, un mécanisme d'autoliquidation sur les transactions domestiques pour une liste déterminée d'opérations. Depuis 2013, les États membres de l'UE sont également autorisés à appliquer un mécanisme local d'autoliquidation à tout type d'opération en cas de fraude soudaine et massive à la TVA.

Ce mécanisme d'autoliquidation transfère du fournisseur au client la responsabilité de payer la TVA. Les entreprises clientes qui sont normalement autorisées à déduire la TVA sur les intrants déduisent la TVA acquittée en amont sur leur déclaration et aucune taxe nette n'est payable sur ces transactions. Ce mécanisme d'autoliquidation empêche les contribuables de disparaître avec la TVA perçue auprès de leurs clients sans la reverser à l'administration fiscale (puisque la TVA ne change pas de mains) et de réclamer un crédit au titre d'une taxe sur les intrants qui n'aurait pas été payée. Il est cependant reconnu que la mise en œuvre d'un mécanisme d'autoliquidation domestique doit être envisagée avec prudence. En effet, une telle initiative risquerait, si elle est trop étendue, de transformer effectivement la TVA en une taxe sur les ventes, en concentrant les risques pour les recettes au stade de la vente finale ou à un nombre limité de points de la chaîne de valeur, avec les faiblesses inhérentes à un tel système.

Tableau annexe 2.A.12 montre que le recours à un mécanisme d'autoliquidation domestique en tant que moyen pour lutter contre la fraude est très répandu dans les 23 pays de l'OCDE qui sont membres de l'UE. Chacun d'entre eux l'utilise dans une certaine mesure, notamment pour la délivrance de certificats d'émissions de CO_2 (tous sauf la Lettonie et la Lituanie) ; les débris de matériaux et les déchets (tous sauf la Belgique, le Luxembourg et le Royaume-Uni) ; et les travaux de construction (tous sauf l'Estonie, le Luxembourg, la Pologne et le Royaume-Uni). L'autoliquidation domestique s'applique aussi à la fourniture d'or (14 pays sur 23) ; aux appareils électroniques comme les ordinateurs portables, les microprocesseurs, les téléphones mobiles, etc. (11 pays sur 23) et à la livraison de gaz et d'électricité à des revendeurs assujettis (7 pays sur 23). D'autres pays de l'OCDE ont également recours à un mécanisme d'autoliquidation domestique, mais dans une bien moindre mesure, à savoir l'Australie (ventes de bâtiments neufs à usage d'habitation) ; le Canada (ventes de biens immobiliers par des non-résidents et certaines fournitures entre provinces) ; le Chili (fournitures de riz, travaux de construction, déchets, certaines plantes et certains animaux) ; Israël (débris de métaux) ; le Mexique (déchets, certaines ventes effectuées par des personnes physiques) ; la Norvège (vente de quotas d'émissions de CO_2 et d'or à des fins d'investissement) ; la Nouvelle-Zélande (vente de terres soumises à tort à un taux zéro) et la Turquie (certaines opérations effectuées par des personnes non assujetties). L'Islande, le Japon et la Suisse n'ont pas mis en place ce type de mécanisme.

Un autre moyen de réduire l'exposition des régimes de TVA à la fraude et au non-respect des obligations consiste à recourir au mécanisme dit du paiement scindé (ou retenue à la source). Dans le cadre de ce mécanisme, le fournisseur facture la TVA sur ses ventes nationales au client selon les règles habituelles, mais le client paie directement (une partie de) la TVA aux autorités fiscales plutôt qu'au fournisseur. Cela passe généralement par l'intervention d'intermédiaires financiers et/ou de paiement (banque, société de cartes de crédit, fournisseur de services de paiement en ligne, etc.) qui scindent le montant brut acquitté par le client en montant net et en TVA et reversent cette dernière aux autorités fiscales. Dans la pratique, un tel système produit les mêmes effets que le mécanisme local d'autoliquidation dans la mesure où il empêche un fournisseur de percevoir la TVA sans la reverser à l'administration fiscale.

Comme l'indique le Tableau annexe 1.A.12, ce système peut être utilisé en République tchèque pour éviter au client d'être solidairement responsable avec le fournisseur (lorsque le compte bancaire utilisé pour le paiement n'est pas certifié par l'administration fiscale) ; en Italie pour la vente de biens et de services aux autorités publiques ; en Corée pour la vente d'or, de cuivre et de fer et en Pologne lorsque le client choisit de payer la TVA sur le « compte de TVA » du fournisseur. Dans certains secteurs comme la construction, les débris de métaux, verre, plastique et papier, les services de conseil, de surveillance et d'audit et les services de maintenance et de réparation des machines, équipements et autres actifs fixes, la Turquie impose à certains clients de retenir à la source un pourcentage de la TVA qui leur a été facturé par le fournisseur et de le reverser directement à l'administration fiscale.

2.8.3. Collecte de données sur les opérations auprès du contribuable

Au cours des deux dernières décennies, la plupart des pays de l'OCDE ont renforcé les obligations déclaratives du contribuable. Après avoir généralisé les déclarations de TVA électroniques obligatoires (OCDE, 2015[20]), de nombreux pays de l'OCDE ont mis en place, ou envisagent de mettre en place, l'obligation pour les contribuables de communiquer aux autorités fiscales, parfois en temps réel, les données relatives aux opérations. Ces mesures exigent généralement la communication, sous forme électronique, d'informations détaillées sur chaque opération imposable. Il peut s'agir d'informations de facturation et de données comptables ou de toute autre information permettant aux autorités fiscales de contrôler les biens et services achetés ou vendus par les contribuables.

Le Tableau annexe 2.A.11 indique que, depuis 2000, la plupart des pays de l'OCDE ont mis en place des obligations déclaratives sur les opérations, à l'exception du Canada, de l'Estonie, la Finlande et la Turquie. Parmi ces pays, treize imposent un format spécifique à ces déclarations (Chili, Corée, Espagne, France, Israël, Lituanie, Luxembourg, Mexique, Norvège, Pays-Bas, Pologne, Portugal, République slovaque et Slovénie). Neuf d'entre eux emploient (une variante) du format de Fichier normalisé d'informations comptables à des fins fiscales (Standard Audit File for Tax – SAF-T) mis au point par le Forum sur l'administration fiscale de l'OCDE (OECD, 2005[21]). Ce système implique l'utilisation d'un logiciel comptable pour créer le fichier électronique (SAF-T) contenant les données comptables pertinentes sur le plan fiscal. Le format SAF-T permet de transférer ces données du contribuable à l'administration fiscale dans un format électronique standard. Près de la moitié des pays qui imposent une déclaration électronique des opérations (14 sur 31) exigent la transmission systématique de ces informations à l'administration fiscale (Chili, Corée, Espagne, Grèce, Hongrie, Israël, Italie, Lituanie, Mexique, Pologne, Portugal, République tchèque, République slovaque) et cinq d'entre eux exigent que cette transmission ait lieu en temps (quasi) réel (Chili, Corée, Hongrie, Italie et Espagne).

Les pays sont également de plus en plus préoccupés par le contrôle des transactions en espèces dans le contexte des transactions entre entreprises et consommateurs finaux (B2C) et environ un tiers des pays de l'OCDE (13 sur 35) ont imposé aux contribuables l'utilisation de caisses enregistreuses électroniques (Autriche, Belgique, Corée, France, Grèce, Israël, Lettonie, Norvège, Pologne, République slovaque, Slovénie, Suède et Suisse).

2.8.4. Coopération administrative internationale

Il est aussi de plus en plus reconnu que les stratégies efficaces de lutte contre la fraude et l'évasion fiscales en matière de TVA exigent de renforcer sensiblement la coopération administrative internationale. Les États admettent de plus en plus largement que l'échange de renseignements et la coopération administrative jouent un rôle important pour lutter contre la fraude internationale en matière de TVA et garantir le recouvrement effectif de la TVA, en particulier dans le contexte de la numérisation de l'économie (OCDE, 2015[19]) ; (Cour des comptes de l'Union européenne, 2015[22]). Cette nécessité est également reconnue par le rapport 2018 de l'OCDE - Les défis fiscaux soulevés par la numérisation de l'économie (OCDE, 2018[23]) et l'OCDE mène des travaux sur cette question.

Il existe déjà un certain nombre d'instruments qui fournissent une base juridique pour une telle coopération administrative internationale en matière de TVA, entre autres la Convention concernant l'assistance administrative mutuelle en matière fiscale (OCDE/Conseil de l'Europe, 2011[24]), les traités bilatéraux mettant en œuvre les articles 26 et 27 actuels des Modèles de Convention fiscale de l'OCDE et des Nations Unies, et les Accords d'échange de renseignements fiscaux (Tax Information Exchange Agreements, ou TIEA) fondés sur le Modèle d'accord de l'OCDE. Les accords régionaux servent également de base juridique à une telle coopération. Ils comprennent le Règlement (UE) n° 904/2010, la Convention nordique d'assistance administrative mutuelle en matière fiscale, le Modèle d'accord du CIAT sur l'échange de renseignements fiscaux et l'Accord sur l'assistance mutuelle en matière fiscale du Forum africain sur l'administration fiscale.

Parmi ces instruments, la Convention concernant l'assistance administrative mutuelle en matière fiscale (la Convention) passe pour la plus prometteuse. Elle a été élaborée conjointement par le Conseil de l'Europe et l'OCDE et a été ouverte pour signature aux pays membres des deux organisations en 1988. Elle a ensuite été alignée sur la norme internationale sur la transparence et l'échange de renseignements et ouverte à tous les pays en 2011. Elle prévoit toutes les formes possibles de coopération administrative entre les Parties pour la détermination et le recouvrement des impôts, en particulier en vue de lutter contre la fraude et l'évasion fiscales. De très vaste portée, la Convention couvre toutes les formes de paiements obligatoires aux administrations publiques (que ce soit l'administration centrale ou ses subdivisions politiques), y compris la TVA (même si les obligations prévues dans la Convention peuvent faire l'objet de réserves par les Parties). En novembre 2018, 126 juridictions étaient Parties à la Convention.

Au sein de l'UE, la coopération entre les États membres est soutenue par Eurofisc, le réseau d'experts antifraude de l'UE. En 2018, l'UE a adopté une proposition visant à renforcer la coopération administrative entre ses États membres. Elle vise à améliorer l'échange et l'analyse des renseignements entre les administrations fiscales des États membres et avec les organes d'application de la loi et à renforcer le réseau Eurofisc de fonctionnaires des administrations fiscales nationales dans le cadre de l'échange de renseignements sur la fraude à la TVA. En février 2018, l'UE a également signé un accord bilatéral avec la Norvège pour l'échange de renseignements relatifs à la TVA.

Références

Australian Taxation Office (2018), *Measuring the Gap*, https://www.ato.gov.au/About-ATO/Research-and-statistics/In-detail/Tax-gap/Goods-and-services-tax-gap/?page=2. [13]

Bird, R. et P. Gendron (2007), *The VAT in Developing and Transitional Countries*, Cambridge University Press, Cambridge, http://dx.doi.org/10.1017/cbo9780511619366. [4]

Carroll, W., T. Delgado et K. Booth (2018), *Preliminary estimate of the VAT gap for 2017-18: An Official Statistics release*, https://assets.publishing.service.gov.uk/government/uploads/system/uploads/attachment_data/file/750846/est-vat-gap-2018.pdf. [14]

Commission européenne (2013), « Results of the public consultation on the TOP10 most burdensome legislative acts for SMEs ». [7]

Commission européenne (2011), *Livre vert sur l'avenir de la TVA, COM(2010)695 final.* [6]

Cour des comptes de l'Union européenne (2015), *Tackling intra-Community VAT fraud: More action needed*, http://dx.doi.org/10.2865/623638. [22]

de la Feria, R. (2014), « EU VAT rate structure: towards unilateral convergence? », dans *La réorientation européenne de la TVA à la suite du renoncement au régime définitif*, Presses de l'Université Toulouse 1 Capitole, http://dx.doi.org/10.4000/books.putc.1430. [5]

Ebrill, L. et al. (2001), *The Modern VAT*, http://www.imf.org. [10]

Europex (2018), « Common energy sector statement - Keeping EU energy and emissions markets protected from VAT fraud beyond 2018 », https://www.europex.org/wp-content/plugins/download-attachments/includes/download.php?id=4612. [17]

Evans, C. et al. (2018), « The Development and Testing of a Diagnostic Tool for Assessing VAT Compliance Costs Draft Report of Pilot Study Findings [ATAX version] », https://www.business.unsw.edu.au/About-Site/Schools-Site/Taxation-Business-Law-Site/Documents/ime-Highfield,-Walpole-Evans-VAT-Diagnostic-Tool-paper.pdf. [8]

Gouvernement du Canada (2017), *Estimation et analyse de l'écart fiscal lié à la taxe sur les produits et services/taxe de vente harmonisée*, http://publications.gc.ca/collections/collection_2017/arc-cra/Rv4-83-2016-fra.pdf. [15]

Institute for Advanced Studies (2015), *Study and Reports on the VAT Gap in the EU-28 Member States: 2018 Final Report*, https://ec.europa.eu/taxation_customs/sites/taxation/files/2018_vat_gap_report_en.pdf. [12]

OCDE (2018), *Les défis fiscaux soulevés par la numérisation de l'économie – rapport intérimaire 2018 : Cadre inclusif sur le BEPS*, Projet OCDE/G20 sur l'érosion de la base d'imposition et le transfert de bénéfices, Éditions OCDE, Paris, https://dx.doi.org/10.1787/9789264301627-fr. [23]

OCDE (2018), *Tax Policy Reforms 2018: OECD and Selected Partner Economies*, Éditions OCDE, Paris, https://dx.doi.org/10.1787/9789264304468-en. [3]

OCDE (2016), *Tendances des impôts sur la consommation 2016 : TVA/TPS et droits d'accise : taux, tendances et questions stratégiques*, Éditions OCDE, Paris, https://dx.doi.org/10.1787/ctt-2016-fr. [11]

OCDE (2015), *Relever les défis fiscaux posés par l'économie numérique, Action 1 - Rapport final 2015*, Projet OCDE/G20 sur l'érosion de la base d'imposition et le transfert de bénéfices, Éditions OCDE, Paris, https://dx.doi.org/10.1787/9789264252141-fr. [19]

OCDE (2015), *Tax Administration 2015: Comparative Information on OECD and Other Advanced and Emerging Economies*, Éditions OCDE, Paris, https://dx.doi.org/10.1787/tax_admin-2015-en. [20]

OCDE (2015), *Taxation of SMEs in OECD and G20 Countries*, Études de politique fiscale de l'OCDE, n° 23, Éditions OCDE, Paris, https://dx.doi.org/10.1787/9789264243507-en. [9]

OCDE (2013), *Suppression électronique des ventes : une menace pour les recettes fiscales*, http://www.oecd.org/fr/fiscalite/Electronic_Sales_Suppression_Website_FR.pdf. [18]

OCDE (2010), *Choosing a Broad Base - Low Rate Approach to Taxation*, Études de politique fiscale de l'OCDE, n° 19, Éditions OCDE, Paris, https://dx.doi.org/10.1787/9789264091320-en. [1]

OCDE/Conseil de l'Europe (2011), *La Convention multilatérale concernant l'assistance administrative mutuelle en matière fiscale : Amendée par le Protocole de 2010*, Éditions OCDE, Paris, https://dx.doi.org/10.1787/9789264115682-fr. [24]

OCDE/KIPF (2014), *The Distributional Effects of Consumption Taxes in OECD Countries*, Études de politique fiscale de l'OCDE, n° 22, Éditions OCDE, Paris, https://dx.doi.org/10.1787/9789264224520-en. [2]

OECD (2005), « Guidance on Tax Compliance for Business and Accounting Software », https://www.oecd.org/tax/forum-on-tax-administration/publications-and-products/hnwi/34910263.pdf. [21]

Servicio de Impuestos Internos (2017), *Subdirección de Gestión Estratégica y Estudios Tributarios SII Serie de Evasión de IVA 2003-2015 Base MIP 2008*, http://www.sii.cl/estadisticas/evasion_iva_rt.pdf. [16]

Annexe 2.A. Données sur la structure et les taux de TVA

Tableau 2.A.1. Taux de TVA

Date de mise en œuvre		1975	1995	2005	2007	2008	2009	2010	2011	2012	2013	2014	2015	2016	2017	2018	Taux réduits[2]	Taux régionaux spécifiques
Australie	2000	-	-	10	10	10	10	10	10	10	10	10	10	10	10	10	0	-
Autriche*	1973	16	20	20	20	20	20	20	20	20	20	20	20	20	20	20	10.0/13.0	19
Belgique	1971	18	20.5	21	21	21	21	21	21	21	21	21	21	21	21	21	0.0/6.0/12.0	-
Canada*	1991	-	7	7	6	5	5	5	5	5	5	5	5	5	5	5	0	13.0/15.0
Chili	1975	20	18	19	19	19	19	19	19	19	19	19	19	19	19	19	-	-
République tchèque	1993	-	22	19	19	19	19	20	20	20	21	21	21	21	21	21	10.0/15.0	-
Danemark	1967	15	25	25	25	25	25	25	25	25	25	25	25	25	25	25	0	-
Estonie	1992	-	18	18	18	18	18	20	20	20	20	20	20	20	20	20	0.0/9.0	-
Finlande	1994	-	22	22	22	22	22	22	23	23	24	24	24	24	24	24	0.0/10.0/14.0	-
France*	1968	20	20,6	19,6	19,6	19,6	19,6	19,6	19,6	19,6	19,6	20	20	20	20	20	2.1/5.5/10.0	0.9/2.1/10.0/13.0 & 1.05/1.75/2.1/8.5
Allemagne	1968	11	15	16	19	19	19	19	19	19	19	19	19	19	19	19	7	-
Grèce*	1987	-	18	18	19	19	19	19	23	23	23	23	23	23	24	24	6.0/13.0	4.0/ 9.0/17.0
Hongrie	1988	-	25	25	20	20	20	25	25	27	27	27	27	27	27	27	5.0/18.0	-
Islande	1990	-	24.5	24.5	24.5	24.5	24.5	25.5	25.5	25.5	25.5	25.5	24	24	24	24	0.0/11.0	-
Irlande	1972	19.5	21	21	21	21	21.5	21	21	23	23	23	23	23	23	23	0.0/4.8/9.0/13.5	-
Israël*	1976	-	17	17	15.5	15.5	15.5	16	16	16	17	18	18	17	17	17	0	0
Italie	1973	12	19	20	20	20	20	20	20	21	21	22	22	22	22	22	4.0/5.0/10.0	-
Japon	1989	-	3	5	5	5	5	5	5	5	5	5	8	8	8	8	-	-
Corée	1977	-	10	10	10	10	10	10	10	10	10	10	10	10	10	10	0	-
Lettonie	1995	-	-	18	18	18	21	21	22	22	21	21	21	21	21	21	5.0/12.0	-
Lituanie	1994	-	18	18	18	18	19	21	21	21	21	21	21	21	21	21	5.0/9.0	-
Luxembourg	1970	10	15	15	15	15	15	15	15	15	15	15	17	17	17	17	3.0/8.0/14.0	-
Mexique	1980	-	10	15	15	15	15	16	16	16	16	16	16	16	16	16	0	-
Pays-Bas	1969	16	17.5	19	19	19	19	19	19	19	21	21	21	21	21	21	6	-
Nouvelle-Zélande	1986	-	12.5	12.5	12.5	12.5	12.5	12.5	15	15	15	15	15	15	15	15	0	-
Norvège	1970	20	23	25	25	25	25	25	25	25	25	25	25	25	25	25	0.0/12.0/15.0	-

	Date de mise en œuvre	1975	1995	2005	2007	2008	2009	2010	2011	2012	2013	2014	2015	2016	2017	2018	Taux réduits[2]	Taux régionaux spécifiques
Pologne	1993	-	22	22	22	22	22	22	23	23	23	23	23	23	23	23	5.0/8.0	-
Portugal*	1986	-	17	19	21	21	20	20	23	23	23	23	23	23	23	23	6.0/13.0	4.0/9.0/18.0 & 5.0/12.0/22.0
République slovaque	1993	-	25	19	19	19	19	19	20	20	20	20	20	20	20	20	10	-
Slovénie	1999	-	-	20	20	20	20	20	20	20	20	22	22	22	22	22	9.5	-
Espagne*	1986	-	16	16	16	16	16	16	18	18	21	21	21	21	21	21	4.0/10.0	0.0/2.75/3.0/7.0/9.5/1 3.5/20.0 & 0.5/10.0
Suède	1969	17.7	25	25	25	25	25	25	25	25	25	25	25	25	25	25	0.0/6.0/12.0	-
Suisse	1995	-	6.5	7.6	7.6	7.6	7.6	7.6	8	8	8	8	8	8	8	7.7	0.0/2.5/3.7	-
Turquie	1985	-	15	18	18	18	18	18	18	18	18	18	18	18	18	18	1.0/8.0	-
Royaume-Uni	1973	8	17.5	17.5	17.5	17.5	15	17.5	20	20	20	20	20	20	20	20	0.0/5.0	-
Moyenne non pondérée		15.6	17.7	17.8	17.8	17.7	17.8	18.2	18.7	18.9	19.1	19.2	19.3	19.3	19.3	19.3		

Notes :

*Voir note pays correspondante.

1. Données annuelles : les taux indiqués dans le tableau sont ceux applicables au 1er janvier de chaque année. Les taux réduits et les taux spécifiques applicables dans des régions spécifiques sont ceux en vigueur au 1er janvier 2018.

2. Les taux réduits incluent les taux zéro applicables aux ventes nationales (exonération avec droit de déduire la taxe d'amont). Ils n'incluent pas les exportations à taux zéro, ni les autres biens et prestations soumis à un traitement similaire comme le transport international ou les biens et prestations fournis à des ambassades, missions diplomatiques et organisations internationales.

Source : Délégations nationales - Situation au 1er janvier 2018

StatLink http://dx.doi.org/10.1787/888933890084

Notes pays concernant le Tableau annexe 2.A.1

Autriche. Un taux normal de 19 % s'applique au Jungholz et Mittelberg.

Canada. Les provinces suivantes ont harmonisé leurs taxes provinciales sur les ventes avec la taxe fédérale sur les produits et services et appliquent les taux de TPS/TVH suivants : Nouveau-Brunswick, Terre-Neuve-et-Labrador, Ontario, Nouvelle-Écosse, Île-du-Prince-Édouard : 15 % ; et Ontario : 13 %. Le Québec applique une TPS au taux de 5 % et une taxe sur les ventes de 9.975 % (à la même assiette que la TPS). D'autres provinces canadiennes, à l'exception de l'Alberta, du Yukon, des Territoires du Nord-ouest et du Nunavut, appliquent une taxe provinciale sur les ventes à certains produits et services, en plus de la TPS fédérale.

France. Des taux de 0.9 %, 2.1 %, 10.0 %, 13.0 % et 20.0 % s'appliquent en Corse ; des taux de 1.05 %, 1.75 %, 2.1 % et 8.5 % s'appliquent aux Départements d'Outre-Mer (DOM) à l'exception de la Guyane et de Mayotte.

Grèce. Des taux régionaux spécifiques de 4.0 %, 9.0 % et 17.0 % s'appliquent dans les îles de Leros, Lesbos, Kos, Samos et Chios jusqu'au 31 décembre 2018.

Israël. Le taux de 0 % s'applique lorsqu'un commerçant résident de Eilat achète des produits à des non-résidents de Eilat. Les produits vendus par un fournisseur résident de Eilat (destinés à être consommés à Eilat) sont exonérés de TVA. Les données statistiques concernant Israël sont fournies par et sous la responsabilité des autorités israéliennes compétentes. L'utilisation de ces données par l'OCDE est sans préjudice du statut des hauteurs du Golan, de Jérusalem Est et des colonies de peuplement israéliennes en Cisjordanie aux termes du droit international.

Portugal. Aux Açores, le taux normal de TVA est de 18 % et les taux réduits sont de 4 % et 9 %. À Madère, le taux normal est de 22 % et les taux réduits sont de 5 % et 12 %.

Espagne. Les taux de 0.0 %, 2.75 %, 3.0 %, 7.0 %, 9.50 %, 13.50 % et 20 % s'appliquent aux Îles Canaries. Les taux de 0.5 % et 10 % s'appliquent à Ceuta et Melilla.

Tableau annexe 2.A.2. Application de taux réduits de TVA

Pays	Taux réduits de TVA, y compris les taux zéro sur le marché intérieur[1]
Australie	0 % : la plupart des produits alimentaires et boissons destinés à la consommation humaine (à l'exclusion des produits préparés) ; la plupart des produits et services sanitaires et médicaux ; certains services de formation et logements d'étudiant ; certains services de garde d'enfant ; certains services religieux ; certaines activités exercées par des organisations caritatives ; eau (sauf lorsque la capacité de la cuve de livraison ou de destination de l'eau est inférieure à 100L) ; assainissement et évacuation des eaux usées ; ventes d'entreprises en vue de la poursuite de leurs activités ; métaux précieux (première vente après affinage) ; cessions de droits sur les propriétés foncières et autres droits similaires par les pouvoirs publics ; terrains agricoles ; automobiles destinées aux personnes handicapées dans la limite (générale) de 57 466 AUD ; services d'hébergement et de repas fournis par certaines sociétés d'exploitation aux personnes logées en résidence de retraite ; certains services publics ; certaines prestations de télécommunications fournies en vertu de contrats d'itinérance internationale en Australie ; services postaux internationaux.
Autriche	10 % : produits alimentaires ; distribution d'eau ; produits pharmaceutiques ; transport de voyageurs (à l'exception des vols intérieurs) ; livres ; journaux et périodiques ; télévision payante ; certaines livraisons d'artistes, auteurs et compositeurs ; sylviculture ; restaurants (à l'exception des boissons) ; ramassage des ordures ménagères et nettoyage de la voirie ; assainissement. 13 % : hébergement hôtelier, vente de vin par le producteur ; produits et services agricoles ; droits d'entrée aux manifestations culturelles et sportives et aux projections cinématographiques ; vols intérieurs.
Belgique	0 % : automobiles destinées aux personnes handicapées ; certains journaux et périodiques, certains sous-produits et matériaux de récupération. 6 % : produits alimentaires ; certaines boissons ; distribution d'eau ; produits pharmaceutiques ; produits d'hygiène féminine et défibrillateurs externes ; équipements pour personnes handicapées ; transport de voyageurs ; livres ; journaux et périodiques ; culture ; sport ; œuvres d'art, objets de collection et antiquités ; œuvres d'art livrées par leur auteur ou créateur ; agriculture ; hébergement hôtelier et camping ; rénovation d'habitations de plus de 10 ans ; logements privés et établissements pour personnes handicapées ; logements sociaux ; certains services à forte intensité de main d'œuvre (menus travaux de réparation) ; travaux de démolition et de reconstruction subséquente de nouveaux logements privés (dans certaines conditions strictes et moyennant l'application de certains plafonds de dépense) ; services funéraires ; fleurs coupées et plantes. 12 % : restaurants (à l'exception des boissons) ; certains combustibles (charbon, coke, lignite) ; certains logements sociaux.
Canada	0 % : médicaments sur ordonnance, produits d'épicerie de base ; certains services financiers fournis par des établissements financiers (généralement à des non-résidents) ; certains produits agricoles et de pêche ; certains appareils médicaux ; péages de ponts ou tunnels internationaux (dans certains cas seulement) ; métaux précieux ; ventes d'un montant inférieur ou égal à 25 cents réalisées à l'aide de machines à pièces.
Chili	–
République tchèque	10 % : produits alimentaires de première nécessité destinés aux enfants ; produits sans gluten ; certains produits pharmaceutiques ; certains livres imprimés ; 15 % : produits alimentaires ; produits pharmaceutiques et livres imprimés (lorsqu'ils ne sont pas soumis au taux réduit de 10 %) ; certaines boissons ; distribution d'eau ; services médicaux (hors services exonérés) ; équipements et réparations destinés aux personnes handicapées ; transport de voyageurs ; art ; services culturels ; journaux et périodiques ; construction de logements privés et sociaux ; rénovation et réparation de logements privés ; collecte et traitement des déchets et des eaux usées ; hébergement hôtelier ; services de santé et de soins à domicile ; services ménagers aux particuliers ; services funéraires ; activités sportives ; produits agricoles ; fleurs coupées et plantes ; chauffage.
Danemark	0 % : journaux et périodiques. 5 % : première vente d'œuvres d'art estimées à plus de 300 000 DKK (le taux normal de 25 % s'applique à 20 % de la base d'imposition, soit un taux effectif de 5 %).
Estonie	0 % : certains aéronefs commerciaux et navires de mer ainsi que certains produits et services y afférents ; transport international de voyageurs. 9 % : produits pharmaceutiques ; équipements et appareils médicaux à destination des personnes handicapées ; livres ; journaux et périodiques ; hébergement hôtelier.
Finlande	0 % : services d'imprimerie pour certaines publications vendues par abonnement ; certains bateaux et navires.

Pays	Taux réduits de TVA, y compris les taux zéro sur le marché intérieur[1]
	10 % : produits pharmaceutiques ; transport de voyageurs ; livres, abonnements à des journaux et périodiques ; hébergement hôtelier ; droits d'entrée aux manifestations culturelles, spectacles de divertissement, manifestations sportives et projections cinématographiques ; utilisation d'installations sportives ; œuvres d'art livrées par leur auteur ou importées ; droits d'auteur relatifs à des œuvres littéraires et artistiques ; abonnements télévisuels. 14 % : produits alimentaires ; boissons non alcoolisées ; alimentation pour animaux ; restaurants (à l'exception des boissons alcoolisées).
France	2.1 % : journaux et périodiques ; produits pharmaceutiques. 5.5 % : la plupart des produits alimentaires et boissons (à l'exception des boissons alcoolisées) ; distribution d'eau ; équipements pour personnes handicapées ; livres ; droits d'entrée aux manifestations culturelles ; travaux réalisés sur des logements de plus de 2 ans, sous certaines conditions ; soins à domicile ; abonnements au gaz naturel et à l'électricité ; chauffage urbain ; livraisons d'œuvres d'art par leur créateur ; produits d'hygiène féminine. 10 % : transport de voyageurs ; logements sociaux ; droits d'entrée aux parcs d'attraction ; abonnements à la télévision payante ; services à la personne ; restaurants et restauration collective (à l'exception des boissons alcoolisées) ; hébergement hôtelier ; produits d'origine agricole ; jardins, plantes et fleurs ; traitement des déchets ; assainissement ; transport de voyageurs ; droits d'auteur.
Allemagne	7 % : produits alimentaires ; distribution d'eau ; équipements pour personnes handicapées ; services médicaux (hors services exonérés) ; livres et journaux ; plantes ; fleurs ; certaines manifestations culturelles ; musées ; zoos ; cirques ; œuvres caritatives non exonérées ; droits d'auteur ; transport de voyageurs par bateau (seulement au sein d'une même municipalité ou si la distance parcourue n'excède pas 50 km) et transport public de voyageurs à l'échelle locale ; hébergement hôtelier ; fleurs coupées et plantes ; œuvres d'art livrées par leur auteur ou leurs ayants droit et importation d'objets de collection.
Grèce	6 % : certains produits pharmaceutiques destinés à la médecine humaine ; livres d'images pour enfants ; quotidiens, journaux et périodiques ; droits d'entrée au théâtre (représentations théâtrales). 13 % : eau, produits alimentaires de base, viande et sous-produits d'abattoirs ; préparations à base de viande ; poisson, calamar, poulpe, seiche à l'exception des foies, œufs et semences ; lait et produits laitiers ; œufs d'oiseaux ; miel naturel ; légumes, plantes et certains types de racines et tubercules ; aliments pour animaux du code NC 230990 ; tourteaux et semences de culture ; fruits et fruits à coque ; céréales ; farine et produits à base de farine ; huile d'olive ; préparations pour l'alimentation des enfants conditionnées pour la vente au détail ; pâtes alimentaires non cuites ni farcies ni autrement préparées ; pain ; à l'exception des articles mentionnés ci-après soumis au taux normal : la plupart des produits transformés, boissons, produits alcoolisés, jus de fruits et de légumes, eaux gazéifiées ; fournitures agricoles généralement destinées à être utilisées comme intrants intermédiaires par les agriculteurs et exploitations agricoles ; plantes vivantes et tubercules ; produits pharmaceutiques ; boutures et greffons ; produits pharmaceutiques (autres que ceux soumis au taux de 6 %) ; équipements et autres appareils médicaux destinés aux personnes handicapées ; dispositifs contraceptifs intra-utérins ; cathéters ; seringues d'alimentation ; sphygmomanomètres « parlant » ; aiguilles pour stylos à insuline et aiguilles de dialyse ; distribution d'eau ; électricité ; gaz naturel ; chauffage urbain ; hébergement hôtelier et assimilé ; services de soins à domicile ; services des maisons de retraite qui sont soumis à la TVA.
Hongrie	5 % : produits pharmaceutiques destinés à la consommation humaine ; certains équipements destinés aux personnes malvoyantes ; livres, journaux et partitions de musique ; porcs sur pied et carcasses de porc ; certains types de bétail sur pied, moutons, agneaux, chèvres et leur viande en vrac ; viande de porcs domestiques ; viandes et abats comestibles de volaille ; œufs frais ; lait frais ; abats comestibles et parties internes de porcs domestiques ; poissons vivants (à l'exception des poissons d'ornement) et corps, parties ou filets de poisson destinés à la consommation humaine ; chauffage urbain ; services fournis par des artistes-interprètes ; services d'accès à Internet ; repas pris au restaurant et fourniture de boissons non alcoolisées préparées sur place. 18 % : lait et produits laitiers ; produits contenant des céréales, de la farine, des féculents ou du lait ; hébergement ; certains concerts en plein air.
Islande	0 % : construction navale et entretien de navires et aéronefs ; services aux navires de pêche étrangers liés au débarquement et à la vente de poisson en Islande ; paiements directs aux agriculteurs. 11 % : repas et boissons ; transport de voyageurs (hors services exonérés) ; services d'agences de voyages, organisateurs de voyages et associations de tourisme ; conseils en matière de voyages ; livres, y compris de musique ; audio-livres. CD et supports similaires comportant la reproduction de textes et versions électroniques de ces livres ; magazines, journaux et journaux locaux ou régionaux comportant la reproduction de textes et versions électroniques de ces journaux et magazines ; périodiques comportant la reproduction de textes et

Pays	Taux réduits de TVA, y compris les taux zéro sur le marché intérieur[1]
	versions électroniques de ces périodiques ; abonnements à la radio et à la télévision ; location d'hôtels, chambres d'hôtes et autres services hôteliers ; eau chaude, électricité et fioul domestique destiné au chauffage des maisons et piscines ; péages aux infrastructures de transport terrestre ; CD, disques, cassettes et autres supports similaires reproduisant des enregistrements musicaux sans vidéo. Versions électroniques d'enregistrements musicaux sans vidéo ; préservatifs ; couches pour bébés ; droits d'entrée aux bains publics, saunas et spas (hors services exonérés).
Irlande	0 % : livres ; habits et chaussures pour enfants ; médicaments à prise orale ; certains équipements médicaux ; produits alimentaires ; semences ; engrais ; certains aéronefs et navires de haute mer. 4.8 % bétail et chevaux destinés à l'alimentation ou à la production agricole. 9 % : journaux et certains périodiques ; droits d'entrée aux projections cinématographiques, à certains spectacles musicaux et à des installations sportives ; services de loisirs et sportifs ; certains produits de pépinière et de jardinerie ; hébergements de vacances ; repas dans des restaurants ou hôtels ; services agricoles. 13.5 % : enlèvement des ordures ; énergie destinée au chauffage et à l'éclairage ; combustible destiné à certains usages ; gaz ; électricité ; services liés aux bâtiments ; biens immobiliers services de réparation ; services de guides touristiques ; impressions photographiques ; œuvres d'art ; location à court terme de voitures et bateaux ; auto-écoles ; services vétérinaires ; plantes et fleurs ; services médicaux (hors services exonérés).
Israël[2]	0 % : hébergement hôtelier pour touristes étrangers et autres services hôteliers (repas et boissons, blanchisserie, piscine, remise en forme, etc.) ; vente à un touriste étranger de billets pour une conférence internationale à laquelle assistent plus de 50 touristes étrangers ; location à un touriste d'un véhicule à moteur privé qu'il conduit lui-même ; transport de touristes dans un véhicule à moteur privé, un autocar ou un avion ; hospitalisation d'un touriste étranger ; vente de fruits et légumes ; vente d'actifs d'un ou de plusieurs négociants à une société en échange de titres de participation de ladite société seulement, sous réserve que le ou les négociants détiennent au moins 90 % des droits de vote immédiatement après le transfert d'actifs ; vente de l'ensemble des actifs d'une société à ses actionnaires dans le cadre d'une procédure de liquidation dans laquelle les actifs sont répartis entre lesdits actionnaires au prorata des actions qu'ils détiennent respectivement ; fourniture de biens à toute personne qui serait exonerée de TVA au motif qu'elle vient d'arriver en Israël (fourniture de certains biens à de nouveaux immigrants et à des étudiants de retour de leurs études à l'étranger) ; vente d'un bien immobilier par une organisation sans but lucratif ou par une institution financière à une organisation sans but lucratif ou une institution financière dans le cadre d'une restructuration ; location d'un espace d'exposition par un non-résident ; services fournis par une société de production israélienne à un non-résident à des fins de production cinématographique en Israël ; services fournis à un non-résident dans le cadre d'essais cliniques sur des êtres humains ; achats effectués par un négociant résidant à Eilat à un non-résident d'Eilat.
Italie	4 % : certains produits alimentaires ; médicaments, produits et services de santé et équipements destinés aux personnes handicapées ; services pour certaines constructions de logements ; livres ; journaux ; magazines hebdomadaires ; produits alimentaires servis dans les écoles, cantines et soupes populaires. 5 % : herbes aromatiques, services de santé et sociaux à destination des personnes âgées, toxicomanes, migrants, prisonniers, personnes handicapées et personnes atteintes du sida, services de transport sur les voies navigables urbaines (mer, rivière, lac ou lagune). 10 % : certains produits alimentaires et boissons, distribution d'eau ; produits pharmaceutiques (destinés à la consommation humaine et animale) ; services médicaux (hors services exonérés) ; transport de voyageurs ; gaz destiné à la cuisine ; huile minérale ; électricité ; gaz ; ordures ménagères ; stations d'épuration ; viande bovine et ovine et poisson ; énergie issue de sources renouvelables ; œuvres d'art ; droits d'entrée aux spectacles et manifestations culturelles ; location de biens immobiliers par des entreprises de construction ; travaux de rénovation et d'entretien de logements ; restaurants ; travaux de développement urbain ; hébergement hôtelier et services similaires.
Japon	–
Corée	0 % : vente de certains équipements et produits destinés à l'agriculture ; pêche ; bétail et sylviculture ; vente d'huile minérale destinée à certains usages dans l'agriculture, la pêche et la sylviculture ; certains équipements destinés aux personnes handicapées.
Lettonie	12 % : médicaments ; appareils médicaux ; produits alimentaires pour nourrissons ; produits pharmaceutiques ; transport intérieur de voyageurs ; livres, journaux et périodiques ; hébergement hôtelier ; chauffage urbain, transport de voyageurs. 5 % : Certaines ventes de fruits, baies et légumes frais.

Pays	Taux réduits de TVA, y compris les taux zéro sur le marché intérieur[1]
Lituanie	9 % : énergie thermique pour le chauffage des bâtiments à usage d'habitation, eau chaude (y compris l'eau froide utilisée pour la préparation de l'eau chaude et pour l'énergie thermique servant à préparer l'eau chaude) d'alimentation de bâtiments à usage résidentiel ; livres, publications non périodiques et périodiques ; transport intérieur de voyageurs ; services d'hébergement. 5 % : certains médicaments et équipements médicaux (y compris les médicaments sur ordonnance) ; aides techniques pour personnes handicapées et réparations de ces aides.
Luxembourg	3 % : produits alimentaires destinés à la consommation humaine et animale ; distribution d'eau ; produits pharmaceutiques ; certains équipements médicaux ; certaines aides et autres appareillages généralement destinés à soulager ou traiter un handicap ; transport de voyageurs ; hébergement ; livres, journaux et périodiques, à l'exception toutefois des publications au contenu essentiellement réservé aux adultes ; droits d'entrée aux manifestations culturelles et sportives ; utilisation d'installations sportives ; services de restauration, à l'exclusion des boissons alcoolisées ; droits d'auteur ; produits et services qui sont, par nature, généralement destinés à la production agricole ; services fournis en rapport avec le ramassage et l'élimination des ordures ; habits et chaussures pour enfants ; logements utilisés en tant que résidence principale par leur propriétaire pour leur usage personnel ; travaux importants réalisés dans des résidences principales (i) construites plus de 20 ans avant le début des travaux (ii) nouvellement acquises, sous réserve que les travaux soient achevés dans les cinq années suivant l'achat ; services funéraires ; réception de services de radiodiffusion et de télévision, à la seule exception de ceux dont les contenus sont réservés aux adultes. 8 % : certains services à forte intensité de main d'œuvre ; œuvres d'art livrées par leur auteur, créateur ou ayants droit, ou importées ; gaz ; électricité ; bois de chauffage ; chauffage urbain ; fleurs et plantes ornementales. 14 % : certains vins ; certains combustibles ; produits de lavage et de nettoyage ; publicité sur support papier ; chauffage et climatisation ; certains services financiers.
Mexique	0 % : vente de végétaux (à l'exception du caoutchouc) et d'animaux non transformés (à l'exception des chiens, chats et petits animaux de compagnie) ; médicaments brevetés ; lait ; eau en bouteille ; jus, nectars et jus de fruits et de légumes concentrés ; glace ; produits alimentaires (à l'exception des produits transformés vendus dans les restaurants et enseignes de restauration, des chewing-gums, du caviar, du saumon fumé, du foie gras, des produits alimentaires pour animaux de compagnie et des boissons sans alcool) ; équipements agricoles ; machines et bateaux de pêche ; vente en gros d'or ; lingots d'or (contenant au moins 80 % d'or) et bijoux ; certains services agricoles et de pêche ; magazines, livres et journaux imprimés par le contribuable lui-même ; distribution d'eau pour les besoins de la consommation ; services hôteliers fournis à des touristes étrangers participant à des congrès, conventions et salons professionnels ; utilisation de centres de congrès par des organisateurs de manifestations qui sont résidents étrangers ; services de centres d'appels pour des appels téléphoniques émis depuis l'étranger, sous réserve que ces services aient été sous-traités et payés par un résident étranger sans établissement permanent au Mexique.
Pays-Bas	6 % : produits alimentaires ; services de restauration et ventes de produits alimentaires préparés à consommer immédiatement ; biens et services destinés aux personnes handicapées ; médicaments ; hébergement ; livres ; prêts de livres ; journaux ; magazines ; transport de voyageurs (à l'exception du transport aérien de voyageurs) ; distribution d'eau ; droits d'entrée à des manifestations sportives ; parcs d'attractions ; musées ; cinémas ; zoos et cirques ; fleurs coupées et plantes ; repas servis par les restaurants ou hôtels ; aides aux personnes malvoyantes ; utilisation d'installations sportives ; objets d'art et antiquités ; hôtels et hébergements de vacances ; certains services à forte intensité de main d'œuvre tels que certains services d'entretien et d'isolation de logements ; services de ménage à domicile et coiffure ;
Nouvelle-Zélande	0 % : cession, en tant qu'entreprise en activité, d'une activité commerciale imposable ; vente de métaux précieux (or, argent ou platine) par un affineur à un négociant en métaux précieux ; versement par une collectivité locale de la taxe locale sur les produits pétroliers ; prestation de services financiers à des entreprises enregistrées à la TPS. Cession d'un terrain par et à une personne enregistrée à la TPS dès lors que le cessionnaire entend utiliser ce terrain pour fournir des biens ou services imposables sans y établir sa résidence principale (l'application de ce taux zéro entre personnes enregistrées à la TPS équivaut au mécanisme local d'autoliquidation). Occupation à long terme d'un local commercial ; certains services dont la fourniture fait partie du droit d'occupation (imposables au taux normal sur une assiette réduite représentant 60 % de leur valeur).
Norvège	0 % : livres ; journaux ; certains périodiques et publications ; service d'actualités électronique ; électricité et énergie produites à partir de sources renouvelables pour un usage domestique dans les comtés de Finnmark, Troms et Nordland ; achat et location de batteries et véhicules électriques ; véhicules d'occasion soumis à la taxe de renouvellement du certificat d'immatriculation ; vente et location de certains navires, aéronefs et plateformes de forage ; services directement liés à la construction d'ambassades (à destination du client final) ; biens et services destinés à certaines unités de commandement et forces armées internationales ; cession, en tant qu'entreprise en activité, d'une activité commerciale imposable ; fourniture d'organes humains, de sang ; fourniture par les entrepreneurs de pompes funèbres de services liés au transport du défunt.

Pays	Taux réduits de TVA, y compris les taux zéro sur le marché intérieur[1]
	12 % : hébergement, transport de voyageurs et transport de véhicules par transbordeur ou autre bateau relié au réseau routier intérieur ; radiotélévision publique ; droits d'entrée aux manifestations sportives, musées, cinémas et parcs d'attractions. 15 % : produits alimentaires et boissons non alcoolisées.
Pologne	5 % : certains produits alimentaires ; certaines boissons ; certains livres et périodiques ; 8 % : certains produits alimentaires ; traitement, distribution et commercialisation de l'eau par le réseau d'eau ; produits pharmaceutiques ; certains produits pour les personnes handicapées ; services vétérinaires ; transport de voyageurs ; certains journaux ; services (hors services électroniques) permettant la réception des programmes de télévision et de radio à l'exception de la VOD ; droits d'entrée aux manifestations culturelles et sportives ; droits d'auteur ; livraison, construction, réparation, rénovation, rénovation thermique et reconstruction de logements sociaux ; hébergement hôtelier ; services de restauration à l'exception des boissons ; services d'inhumation ; ramassage et élimination des déchets ; certains services à forte intensité de main d'œuvre ; certains animaux vivants et certains produits d'origine animale ; aliments destinés aux animaux ; certains moyens de production agricole ; certains services agricoles ; sièges auto pour enfants.
Portugal	6 % : produits alimentaires de première nécessité ; distribution d'eau ; produits pharmaceutiques ; appareillages pour personnes handicapées ; services médicaux (hors services exonérés) ; livres, journaux et périodiques ; transport de voyageurs ; services hôteliers et similaires ; logements sociaux ; certains biens employés dans l'agriculture ; certains produits et services agricoles. 13 % : certains autres produits alimentaires ; vin non pétillant ; gasoil destiné aux véhicules agricoles ; machines essentiellement utilisées dans la production agricole ; droits d'entrée aux manifestations culturelles.
République slovaque	10 % : certains produits alimentaires ; substances radioactives et radioéléments à usage médical ; produits pharmaceutiques ; réactifs à usage diagnostique ou de laboratoire ; certains produits sanitaires et médicaux ; livres, brochures et imprimés similaires en feuillets isolés ; musique ; appareillages orthopédiques ; lentilles de contact et verres correcteurs ; certains produits destinés aux personnes malvoyantes, malentendantes ou handicapées physiques.
Slovénie	9.5 % : produits alimentaires (destinés à la consommation humaine et animale) ; produits alimentaires transformés ; distribution d'eau ; médicaments et appareillages pour personnes handicapées ; transport de voyageurs ; livres sur tous supports physiques, journaux et périodiques ; droits d'entrée aux manifestations culturelles et sportives ; droits d'auteur ; importation et livraison de certaines œuvres d'art, certains objets de collection ou antiquités ; logements sociaux ; travaux de rénovation et d'entretien de logements non fournis dans le cadre d'une mesure relevant de la politique sociale ; bétail et certains produits en rapport avec la production agricole ; hébergement hôtelier ; restauration (à l'exception des boissons) ; utilisation d'installations sportives ; services d'inhumation et de crémation ; services sanitaires publics ; nettoyage de vitres et services de ménage à domicile ; menues réparations de vélos, chaussures et articles en cuir ; services de soins à domicile ; coiffure ; fleurs coupées et plantes.
Espagne	4 % : produits alimentaires (destinés à la consommation humaine et animale) ; logements sociaux ; médicaments et autres articles médicaux (lentilles, etc.) ; livres, journaux et périodiques ; vente de nouveaux bâtiments résidentiels ou de logements sociaux. 10 % : distribution d'eau ; produits et services destinés aux personnes handicapées ; transport de voyageurs ; menus travaux sur des logements ; ménage ; services de restauration et de débit de boissons ; certains services culturels et de loisirs ; hôtels ; équipements publics ; produits alimentaires issus de l'agriculture et de la sylviculture ; produits utilisés en agriculture et sylviculture, y compris les fleurs et plantes ; élimination des déchets ; nettoyage des égouts publics ; services d'obsèques ; services de nettoyage et d'entretien.
Suède	0 % : aéronefs et navires commerciaux, ainsi que certains services y afférents ; kérosène ; médicaments sur ordonnance ; impression de certaines publications vendues par abonnement ; 6 % : transport de voyageurs ; livres, journaux et magazines ; culture (théâtre, cinéma, etc.) ; droits d'auteur ; zoos ; manifestations sportives commerciales ; musées à caractère commercial, mise en valeur de zones naturelles. 12 % : produits alimentaires et services de restauration ; hébergement ; œuvres d'art appartenant à l'auteur ; importation d'antiquités, d'objets de collection et d'œuvres d'art ; réparations de vélos, chaussures et autres articles en cuir, et linge de maison.
Suisse	0 % : services fournis par des agences de voyage et organisateurs de manifestations, dans la mesure où ils recourent à des livraisons de biens et à des prestations de services de tiers

Pays	Taux réduits de TVA, y compris les taux zéro sur le marché intérieur[1]
	fournies à l'étranger par ces derniers ; certaines ventes de biens et services à des compagnies aériennes internationales ; pièces en or frappées par l'État, or fin destiné à l'investissement et or destiné à l'affinage ou à la récupération. 2.5 % : distribution d'eau ; produits alimentaires, bétail, volailles, poissons ; céréales ; semences ; tubercules et bulbes à planter ; plantes vivantes, boutures, greffons, fleurs coupées et rameaux, fourrages, acides destinés à l'ensilage, litières pour animaux ; engrais, pesticides, matériaux de couverture végétaux, médicaments ; livres, journaux et magazines, y compris sous forme électronique, prestations de services fournies par les sociétés de radio et de télévision, à l'exception de celles qui ont un caractère commercial, certaines prestations dans le domaine de la production agricole. Le taux de 2.5 % s'applique également à certains services culturels, pour autant qu'ils soient fournis directement au public, les frais demandés pour les manifestations sportives, les services culturels et la livraison par leur créateur d'œuvres d'artistes, lorsque l'assujetti a opté pour son imposition (faute de quoi ces prestations sont exclues du champ de l'impôt sans ouvrir droit à la déduction). 3.7% : services d'hébergement.
Turquie	0 % : vente de navires, aéronefs et véhicules de transport ferroviaire ; services liés à la fabrication, à la réparation et à l'entretien de ces véhicules ; services à destination des navires et aéronefs dans les ports ou aéroports ; biens et services destinés à l'exploration, à la gestion et à l'affinage de l'or, de l'argent, du platine et du pétrole ; achats de machines et équipements par des personnes relevant d'un régime d'incitation à l'investissement ; produits et travaux de construction destinés à la construction, à la rénovation et à l'agrandissement des ports maritimes et aéroports ; certains produits et services ayant trait à la sécurité nationale ; services d'itinérance internationale fournis en Turquie en vertu du principe de réciprocité ; produits vendus au cabinet central du Premier ministre et recensés dans la seconde liste de la loi sur les taxes et accises ; première vente, par l'intermédiaire du marché d'échange de marchandises, d'un certificat représentatif de produits agricoles établi en vertu de la Loi sur l'entreposage agréé de produits agricoles ; vente d'appareillages destinés aux personnes handicapées ; livraisons et services fournis à la Société turque du Croissant-Rouge ; fourniture d'engrais et semences ; fournitures à domicile ou sur le lieu de travail à des non-résidents en Turquie ; fournitures de biens et de services dans le cadre de la construction de zones industrielles organisées et de sites industriels de petite taille ; livraisons et prestations de services à des donateurs dans le cadre du don d'installations, par ces donateurs, au budget général ou spécial des administrations publiques, aux administrations provinciales spéciales, municipalités et villages ; services de santé fournis aux étrangers ; fourniture de machines et d'équipements neufs aux personnes exerçant des activités liées à la R&D, l'innovation et la conception. 1 % : certains produits agricoles ; voitures d'occasion ; journaux et périodiques ; livres et journaux électroniques ; services funéraires ; vente de logements d'une superficie inférieure à 150 m² situés hors des grandes agglomérations ou dans une telle agglomération pour autant que le prix au m² du terrain y soit inférieur à 500 TRY ; location de machines et équipements particuliers ; semences. 8 % : produits alimentaires de base ; livres ; sang et autres produits sanguins ; cinéma ; théâtre ; droits d'entrée aux opéras et ballets ; services d'enseignement privé ; vaccins ; certains produits et services médicaux ; services de transport de malades ; médicaments ; équipements médicaux ; produits textiles et de confection, y compris leur fabrication personnalisée ; services d'hébergement ; repas servis dans des restaurants (hors boissons alcoolisées) ; services fournis par les orphelinats et les établissements d'accueil médicalisés ; certaines machines agricoles et de construction ; habillement ; articles de papeterie ; services d'évacuation des eaux usées ; vente de logements d'une superficie inférieure à 150 m² situés dans des grandes agglomérations où le prix au m² du terrain est compris entre 500 TRY et 999 TRY ;

Pays	Taux réduits de TVA, y compris les taux zéro sur le marché intérieur[1]
Royaume-Uni	0 % : produits alimentaires ; certains biens et services fournis à des organisations caritatives ; vêtements pour enfants ; transport de voyageurs ; livres ; journaux ; distribution d'eau et assainissement ; médicaments sur ordonnance ; médicaments ; certaines aides et certains services destinés aux personnes handicapées ; logements neufs, y compris la construction de maisons neuves ; immeubles résidentiels et certains immeubles destinés à des œuvres caritatives. 5 % : combustible et énergie électrique à usage domestique et caritatif ; certains matériaux permettant des économies d'énergie livrés avec les services d'installation aux bénéficiaires des avantages ; certaines installations d'équipements de chauffage financées par des subventions ; sièges auto pour enfants ; certains produits pharmaceutiques.

Notes :

*Voir note pays correspondante.

1. Pour les besoins du présent tableau, les taux réduits comprennent également les « taux zéro sur le marché intérieur » (0 %), c'est-à-dire les cas où la TVA n'est pas facturée par le vendeur sur les transactions intérieures, mais où la taxe correspondante sur les intrants est déductible. Dans certains pays, ont dit que ces transactions bénéficient d'une « franchise de TPS » et, dans d'autres, d'une « exonération assortie du droit à déduction de la taxe d'amont ». Ils n'incluent pas les exportations à taux zéro, les livraisons de biens et de services utilisés ou consommés à l'étranger, ni les autres biens et prestations soumis à un traitement similaire comme le transport international ou les biens et prestations fournis à des ambassades, missions diplomatiques et organisations internationales.

2. Israël : Les données statistiques concernant Israël sont fournies par et sous la responsabilité des autorités israéliennes compétentes. L'utilisation de ces données par l'OCDE est sans préjudice du statut des hauteurs du Golan, de Jérusalem Est et des colonies de peuplement israéliennes en Cisjordanie aux termes du droit international.

Source : Délégations nationales - Situation au 1er janvier 2018.

Tableau annexe 2.A.3. Exonérations de TVA[1]

Pays	Exonérations	Imposition des « exonérations courantes » dans le pays[2]
Australie	Services financiers ; baux résidentiels et bâtiments à usage d'habitation (autres que les bâtiments neufs à usage d'habitation) ; certaines fournitures de métaux précieux ; cantines scolaires gérées par des organismes agissant sans but lucratif (taxation optionnelle) ; certaines collectes de fonds organisées par des organismes caritatifs.	Services postaux intérieurs ; services sportifs ; services culturels à l'exclusion des services religieux (taux zéro) ; assurance et réassurance à l'exclusion de l'assurance maladie (taux zéro) ; jeux (y compris billets de loterie et paris) ; ventes de terrains et de bâtiments (sauf certains terrains agricoles et cessions de fonds de commerce, — taux zéro et bâtiments existants à usage d'habitation — exonérés).
Autriche	Exonérations courantes[2]	Location (habitation privée).
Belgique	Exonérations courantes[2]	-
Canada	Exonérations courantes[2] : aide juridique, transports publics, péage (transbordeurs, routes et ponts) ; garde d'enfants et services à la personne ; certains services fournis par une administration publique ou une municipalité.	La plupart des paris, jeux et loteries ; vente et location de terrains et bâtiments à usage commercial ; ventes de logements neufs ou réhabilités ; services postaux intérieurs ; la plupart des services culturels et services sportifs, par exemple les cours de sport destinés aux adultes ; services fournis par des organismes n'appartenant pas au secteur public ; la plupart des droits d'entrée dans des lieux de divertissement (musées, cinémas, spectacles vivants professionnels, manifestations sportives, etc.) ; sang humain et certains produits biologiques (taux zéro).
Chili	Véhicules à moteur d'occasion ; biens fournis par l'employeur aux salariés dépendants ; matières premières extraites dans le pays utilisées dans la production, la transformation et la fabrication de biens destinés à l'exportation ; certaines importations du ministère de la Défense, de l'Armée et d'autres organismes liés ; certaines importations du Cuerpos de Bomberos et de la Junta Nacional de Cuerpos de Bomberos ; certaines importations de la Casa de Moneda de Chile S.A. et d'autres personnes à condition d'être réalisées dans le cadre d'opérations effectuées avec la Banque centrale du Chili ; biens d'équipement importés et destinés à des projets représentant un investissement d'au moins 5 000 000 USD ; revenu de la vente de billets pour des spectacles et des manifestations ; fret international ; transport de voyageurs ; commissions encaissées par les Services régionaux et métropolitains de logement et d'urbanisation et les organismes de sécurité sociale sur les prêts hypothécaires ; revenus comme les rémunérations, les salaires, les pensions ; revenus perçus par les travailleurs indépendants et jetons de présence si ceux-ci sont assujettis à l'impôt sur le revenu ; mentions et avis devant faire l'objet d'une publication et d'une diffusion en vertu du droit de réponse ; certaines primes d'assurance ; intérêts financiers ; commissions découlant de garanties émises par les établissements financiers ; location et crédit-bail de biens immeubles ; rémunérations liées à des exportations ; revenus de services fournis à des personnes domiciliées ou résidant à l'étranger et considérés comme des services exportables par l'administration des douanes ; revenus hôteliers liés à des services fournis à des touristes étrangers ; commissions de gestion de l'épargne-retraite perçues par des établissements spécifiquement agréés à cette fin ; revenus des travailleurs indépendants lorsque l'effort physique	Revenu de manifestations ou de spectacles artistiques non subventionnés par le ministère de la Culture, des Arts et du Patrimoine ; revenu de certains cirques et manifestations sportives lorsque certaines conditions ne sont pas remplies.

Pays	Exonérations	Imposition des « exonérations courantes » dans le pays[2]
	à fournir est plus important que le capital ou les matériaux utilisés ; contrats de construction et financement-location d'un logement financé à l'aide d'une subvention au logement accordée par le ministère du Logement et du Développement urbain ; entreprises de radiodiffusion et de télévision à l'exception des recettes publicitaires ; services éducatifs ; services de santé ; cotisations d'assurance-maladie versées à des entreprises privées d'assurance-santé ; fabrication de monnaie par la Casa de Moneda de Chile ; services postaux fournis par le Servicio de Correos y Telégrafos de Chile ; intérêts, primes, commissions ou autres formes de rémunérations versées par la Polla Chilena de Beneficencia et la Lotería de Concepción à des personnes physiques ou morales en contrepartie de services commerciaux ; autres exonérations mineures.	
République tchèque	Exonérations courantes2 ; radiotélévision publique.	Certains services culturels (par exemple, billets d'entrée dans les théâtres, cinémas, concerts, etc. soumis à des taux réduits) ; services sportifs fournis par des organismes autres que les organismes agissant sans but lucratif ; vente de terrains à construire ; vente de bâtiments neufs et de terrains constructibles (assujettie sur option).
Danemark	Soins médicaux et hospitaliers ; soins dentaires ; services sociaux ; enseignement ; activités non commerciales de certains organismes agissant sans but lucratif ; activités sportives sans but lucratif, etc. ; services culturels (quelques exceptions) ; activités littéraires et de composition ; activités créatives ; location de biens immeubles ; livraison de biens immobiliers ; assurance et réassurance ; services financiers ; jeux et loteries ; services postaux ; timbres postaux ; transport de voyageurs ; services funéraires ; certaines collectes de fonds ; œuvres de bienfaisance	Services culturels tels que radiotélévision, cinéma, théâtre, concerts, etc. ; location à court terme de biens immeubles ; location de biens commerciaux ; ventes de bâtiments neufs et de terrains constructibles ; certains services postaux commerciaux
Estonie	Exonérations courantes2	Biens immeubles, à l'exception de logements (taxation optionnelle) ; services financiers (taxation optionnelle) ; services culturels
Finlande	Exonérations courantes2 : prestations des artistes ; droits de reproduction des œuvres littéraires et artistiques (à l'exception des paiements effectués au profit d'un organisme représentant les titulaires de droits d'auteur ou par un tel organisme) ; certaines transactions effectuées par des aveugles ; services publics d'inhumation ; cueillette de baies.	Services culturels, location de bâtiments à usage commercial, dans certains cas (taxation optionnelle).
France	Exonérations courantes2 ; travaux de construction, d'aménagement, de réparation et d'entretien des monuments, cimetières et sépultures, commémoratifs des victimes des guerres, lorsque ces travaux sont effectués pour des collectivités publiques ou des organismes légalement constitués agissant sans but lucratif ; opérations à terme sur marchandises réalisées sur un marché réglementé ; services rendus à leurs adhérents par les groupements constitués par des personnes physiques ou morales exerçant une activité exonérée de la TVA ou pour laquelle elles n'ont pas la qualité d'assujetti.	Location de biens immeubles (location de biens immobiliers et de terrains aménagés à usage professionnel intégralement taxée ; location de biens immobiliers non aménagés à usage professionnel imposée dans certains cas et location de terrains et bâtiments à usage agricole assujettie sur option) ; services de transport de personnes malades ou blessées à l'aide de véhicules qui ne sont pas spécialement aménagés à cet effet et/ou rendus par des personnes qui ne sont pas agréées ; services de divertissement et services sportifs ; cinémas, concerts et théâtres.
Allemagne	Exonérations courantes2	
Grèce	Exonérations courantes2 ; activités nationales de radiotélévision autres que celles à vocation commerciale ; cotisations imposées à leurs membres par les Organisations de développement territorial pour l'alimentation en eau d'irrigation et approvisionnements connexes s'y rapportant	Services postaux non fournis par la Poste hellène (EL.TA) ; activités caritatives exercées par des organismes non reconnus par l'État ; soins hospitaliers et médicaux fournis par des organismes privés avec et sans but lucratif entraînant une

Pays	Exonérations	Imposition des « exonérations courantes » dans le pays[2]
	directement ; services fournis par les prothésistes dentaires et fourniture de prothèses dentaires ; distribution de lait maternel ; fourniture de tout ou partie des produits d'une entreprise à une personne morale existante ou en cours de création, contre rémunération ou en contrepartie d'un don ou d'une rémunération, sous réserve que les marchandises aient été utilisées jusqu'ici exclusivement pour une activité exonérée de TVA (ou non assujettie à cette dernière) (ou livraison de biens à des agriculteurs relevant de régimes particuliers) et que le fournisseur n'ait pas eu le droit de déduire la taxe d'amont et n'ait pas exercé ce droit.	distorsion de concurrence ; services liés au sport, à la culture, la religion, la philosophie, etc. fournis par des organismes à but lucratif entraînant une distorsion de la concurrence ; vente de nouveaux bâtiments ; location de biens immeubles à usage professionnel (taxation optionnelle).
Hongrie	Exonérations courantes2 ; radiotélévision publique (à l'exception des activités commerciales).	Terrains constructibles ; vente de bâtiments neufs (la taxation de nouvelles livraisons et de la location de biens immeubles est optionnelle) ; certains services culturels (par exemple, billets d'entrée dans les théâtres, cinémas, concerts), certains services sportifs (par exemple les piscines, les billets d'entrée pour des manifestations sportives).
Islande	Exonérations courantes [2] ; sports ; billets d'entrée pour les manifestations sportives et les établissements de soins et de bien-être ; transports publics ; transports de personnes handicapées, de personnes âgées, transports scolaires ; services de taxi ; auteurs, compositeurs ; pompes funèbres et services paroissiaux ; services médico-sociaux ; services culturels ; fonctionnement des écoles et des établissements scolaires ; location de biens immobiliers et d'espaces de stationnement ; loteries et paris ; œuvres de bienfaisance.	
Irlande	Exonérations courantes [2] ; transport de voyageurs ; radiotélévision nationale ; services publics de distribution d'eau ; billets d'entrée pour les manifestations sportives ; pompes funèbres.	Location de biens immobiliers à usage commercial (assujettie sur option par le propriétaire) ; vente de terrains non aménagés et de bâtiments anciens ; services de divertissement et services sportifs.
Israël3	Location de bâtiments à usage d'habitation pour une période n'excédant pas 25 ans ; vente d'une partie d'un immeuble ayant été habilité en tant qu'immeuble à usage locatif ; transactions effectuées par une négociant bénéficiant d'une exonération, hors cession de biens immobiliers ; cession d'un actif pour lequel la taxe en amont versée au titre de son acquisition ou de son importation n'est pas légalement déductible au moment de l'acquisition ou de l'importation ; dépôts effectués dans un établissement financier ou souscription d'un prêt auprès d'un établissement financier ; biens dont l'importation est exonérée d'impôt dans certains cas ; biens fournis par un résident d'Eilat (et qui doivent être consommés à Eilat) ; vente d'un logement résidentiel à un fonds de placement immobilier par une personne qui n'est pas un revendeur et vente de ce logement par le fonds de placement.	Activités non commerciales des organismes agissant sans but lucratif ; services financiers (régime spécifique).
Italie	Exonérations courantes[2] ; taxi ; pompes funèbres.	Vente et location de terrains ; vente de bâtiments assujettis à l'imposition s'ils sont vendus par des entreprises de construction dans les cinq ans suivant leur construction ou après cinq ans si l'entreprise a opté pour la non-exonération. Ce dispositif s'applique aux bâtiments à usage commercial alors que s'agissant des bâtiments à usage d'habitation, l'imposition ne s'applique que s'ils sont loués par des entreprises de construction ayant opté pour la non-exonération. Les taux

Pays	Exonérations	Imposition des « exonérations courantes » dans le pays[2]
		applicables sont de 4 % pour un logement ordinaire occupé par son propriétaire, de 10 % pour les autres types de logements ordinaires et de 22 % pour les logements de luxe. Certains services d'assistance sociale fournis par des organismes publics ou par des organismes agissant sans but lucratif ; services sociaux aux employés.
Japon	Exonérations courantes[2] ; services sociaux ; vente de certaines catégories d'équipements pour les personnes handicapées ; services administratifs ; cession de valeurs mobilières ; manuels scolaires ; frais de scolarité.	Services postaux ; vente de bâtiments ; services sportifs fournis par des organismes autres que les organismes agissant sans but lucratif ; location de biens immeubles par les entreprises
Corée	Exonérations courantes2 ; certains services de transport public ; approvisionnement en eau et en certains charbons ; huiles minérales destinées à certains usages agricoles et à la pêche ; pompes funèbres ; certains services à la personne assimilable à un travail ; livres, journaux et magazines ; services de radiotélévision ; vente de produits agricoles, marins et forestiers.	Location et vente d'immeubles à usage commercial ; services culturels commerciaux ; jeux dans des clubs agréés.
Lettonie	Exonérations courantes[2] ; droits d'auteur	Vente de biens immeubles anciens (seul un contribuable enregistré a le droit d'appliquer la taxe sur la vente de ces biens).
Lituanie	Exonérations courantes[2] ; radiotélevision publique ; vente de timbres postaux et fiscaux, services sociaux et biens y afférents, services fournis à des membres ;	Vente de terrains constructibles et de bâtiments neufs (24 mois), location de courte durée (jusqu'à deux mois) de locaux résidentiels, location d'espaces de stationnement et similaires, vente de terrains et de bâtiments lorsque l'option d'imposition est exercée.
Luxembourg	Exonérations courantes[2].	-
Mexique	Exonérations courantes[2] ; pièces d'argent et d'or ; actions ; devises étrangères ; vente au détail de lingots d'or d'une teneur en or d'au moins 99 % ; droits d'auteur ; transports publics urbains, suburbains et métropolitains de voyageurs par voie terrestre (y compris ferroviaire) ; vente de biens meubles d'occasion (à l'exception de ceux vendus par les entreprises) ; services médicaux professionnels.	Services postaux ; services d'assurance (à l'exception de l'assurance vie et de l'assurance agricole) ; transport de personnes malades ou blessées ; soins hospitaliers et médicaux privés ; services sportifs ; services financiers aux consommateurs et prêts aux particuliers ; certaines catégories de spectacles publics comme le cinéma ; vente de terrains et de bâtiments (hors bâtiments à usage d'habitation) et certaines collectes de fonds.
Pays-Bas	Exonérations courantes[2] ; enterrements ; incinérations ; radiotélévision publique ; clubs sportifs ; services des compositeurs, auteurs et journalistes.	Services culturels (taux réduit dans la plupart des cas) ; location de biens immobiliers autres que des maisons (seulement à la demande conjointe du propriétaire et du locataire) ; vente de biens immobiliers (seulement à la demande conjointe du vendeur et de l'acheteur) ; utilisation d'installations sportives ; services de divertissement et services sportifs ; billets d'entrée pour les cinémas, concerts et théâtres ; manifestations sportives ; musées et jardins zoologiques.
Nouvelle-Zélande	Services financiers ; vente de bâtiments à usage d'habitation ; métaux précieux ; vente par un organisme agissant sans but lucratif de biens obtenus par donation et de services.	Services postaux ; sang, tissus et organes humains ; soins médicaux et hospitaliers ; transport de personnes malades ou blessées ; soins dentaires ; œuvres de bienfaisance ; certaines collectes de fonds ; enseignement ; activités non commerciales des organismes agissant sans but lucratif (autres que dons sans condition) ; services culturels ; services sportifs ; assurance et réassurance (sauf assurance et réassurance sur la vie) ; location de biens immobiliers (sauf à usage d'habitation) ; paris, jeux et loteries ; vente de terrains et de bâtiment (sauf ceux qui

Pays	Exonérations	Imposition des « exonérations courantes » dans le pays[2]
		ont été affectés à un usage d'habitation pendant au moins cinq ans).
Norvège	Exonérations courantes[2] ; certains traitements alternatifs/médecines douces ; timbres et pièces de collection ; services de gestion fournis par une association de logement à une coopérative de logement qui y est affiliée ; services d'administrateur d'un conseil d'administration, de membre d'un conseil de surveillance, d'un comité, d'un conseil ou d'un organe similaire si les émoluments sont comptabilisés dans les cotisations de l'employeur à l'organisme national d'assurance ; services sous forme de compensation carbone.	Services postaux ; services d'infrastructure au sein du secteur du transport de passagers ; billets d'entrée pour les manifestations sportives, les musées, les cinémas et les parcs d'attractions ; location de bâtiments à usage commercial (assujettie sur option).
Pologne	Exonérations courantes2 ; radiotélévision publique.	Location ou bail de bâtiments à usage d'habitation utilisés à des fins commerciales ; vente de terrains constructibles ou à construire et de bâtiments.
Portugal	Exonérations courantes[2] ; enterrements et incinérations ; droits d'auteur pour les œuvres littéraires et les œuvres d'art.	-
République slovaque	Exonérations courantes[2] ; radiotélévision publique ; services fournis à des membres ; vente de timbres postaux et fiscaux.	Vente d'une construction, y compris vente d'un terrain constructible sur lequel le bâtiment est construit, à condition que la vente soit effectuée dans les cinq années suivant la délivrance du premier permis de construire le bâtiment en question ou une partie de celui-ci à compter du jour ou dans les cinq années à compter du jour où le bâtiment ou une partie de celui-ci a été mis en service pour la première fois ; vente et la location de biens immeubles assujetties sur option ; services de formation, services éducatifs sportifs et culturels fournis par des organismes autres que les organismes agissant sans but non lucratif.
Slovénie	Exonérations courantes[2] ; radiotélévision publique.	Vente de bâtiments neufs ; droits d'entrée aux manifestations culturelles et sportives ; services éducatifs, sportifs et culturels fournis par des organismes à but lucratif ; taxation optionnelle de la location de biens immeubles.
Espagne	Exonérations courantes[2] ; droits d'auteur pour les œuvres littéraires et les œuvres d'art ; services fournis par les associations, les entités, les groupes (y compris les « groupements d'intérêt économique ») et d'autres personnes morales à leurs membres lorsque ces associations, entités ou groupes sont intégralement inclus dans des activités économiques qui sont exonérées ou ne sont pas assujetties à la TVA ; certains services d'assistance sociale fournis par des organismes publics ou par des organismes agissant sans but lucratif.	Services culturels ou sportifs fournis à des personnes imposables autres que des organismes publics ou des organismes agissant sans but lucratif ; location de bâtiments à usage commercial ; terrains constructibles ; vente de bâtiments neufs.
Suède	Exonérations courantes[2] ; radiotélévision publique ; services d'inhumation publics ; services sociaux ; activités créatives et artistiques.	La plupart des services culturels ; location de bâtiments à usage commercial, dans certains cas (taxation optionnelle).
Suisse	Exonérations courantes2 ; services culturels et livraison, par leur créateur, d'œuvres d'artistes tels que les auteurs, les compositeurs, les cinéastes, les artistes-peintres ou les sculpteurs, ainsi que prestations de services fournies par les éditeurs et les sociétés de perception en vue de la diffusion de ces œuvres ; vente par les agriculteurs, les sylviculteurs et les horticulteurs des produits agricoles, sylvicoles et horticoles cultivés dans leur propre exploitation ; vente de bétail par les marchands de bétail et vente de lait aux transformateurs de lait par les centres de collectes ; prestations d'organisations d'utilité publique visant à promouvoir l'image de tiers et	Livraison de prothèses ou d'appareils orthopédiques ; location de surfaces de stands de foires ou d'exposition et celle de locaux destinés à des foires ou des congrès.

Pays	Exonérations	Imposition des « exonérations courantes » dans le pays[2]
	prestations de tiers visant à promouvoir l'image d'organisations d'utilité publique ; exercice de fonctions d'arbitrage ; ventes entre des unités organisationnelles au sein d'une même autorité publique, entre des entreprises privées ou publiques intégralement détenues par des autorités publiques et les autorités publiques, ou leurs unités organisationnelles, qui les détiennent, entre des institutions ou des fondations fondées exclusivement par des autorités publiques et les autorités publiques, ou leurs unités organisationnelles, qui les ont fondées ; mise à la disposition d'autres autorités publiques de personnel par des autorités publiques ; ventes entre des établissements d'enseignement et de recherche qui sont actives dans les domaines de l'éducation et de la coopération à la recherche, sous réserve que ces ventes soient effectuées dans le cadre de la coopération, indépendamment du fait que la coopération à l'enseignement et la recherche soit soumise à la taxe sur la valeur ajoutée.	
Turquie	Importation de biens à des fins culturelles, éducatives ou sociales ; projets de rénovation à objet culturel ; fourniture de biens et services aux usines d'armements, aux chantiers navals et aux usines ; contribuables exonérés en application de la Loi sur l'impôt sur le revenu ; fusions et transferts exonérés en application de la Loi relative à l'impôt sur les sociétés ; transactions relatives à la location de biens immobiliers qui ne font pas partie d'entreprises économiques ; opérations bancaires et d'assurance ; transactions de la Direction générale de la Monnaie et de l'Imprimerie nationale ; vente de minerais et de déchets précieux ; distribution d'eau pour l'agriculture ; services fournis dans les zones franches ; transport de pétrole et de gaz étrangers par pipelines ; vente de terrains et de bureaux pour les zones industrielles organisées ; vente de biens dans le cadre d'une restructuration financière ; opérations réalisées par le Fonds d'assurance des dépôts d'épargne ; services de presse fournis par la Direction générale de la presse et de l'information ; location d'espaces de travail dans les zones sous douanes ; livraison et location de biens immeubles par le Trésor ; transferts et livraisons résultant de la cession d'actions et de biens immobiliers qui font partie depuis au moins deux ans des actifs d'institutions ; transfert d'actifs meubles ou immeubles et d'actifs incorporels à une société de crédit-bail et crédit-bail d'actifs par une société de crédit-bail ; services fournis par la Commission d'arbitrage du secteur de l'assurance dans le cadre du règlement de différends ; services d'itinérance provenant de l'étranger en vertu de contrats d'itinérance internationale et fourniture de ces services à des clients en Turquie.	Enseignement privé ; services culturels ou sportifs privés ; soins hospitaliers et médicaux et soins dentaires privés ; sang humain ; transport de personnes malades ou blessées (taux réduits) ; services postaux ; location ; radiotélévision ; paris, jeux et loteries ; services financiers fournis par les entreprises financières ; vente de terrains et de bâtiments faisant partie d'entreprises économiques (taux normal) ; soins hospitaliers et médicaux et soins dentaires publics ; enseignement public ; tissus et organes humains ; certaines œuvres de bienfaisance d'organismes publics ou d'institutions agréées ; assurance et réassurance ; location de biens immeubles ne faisant pas partie d'entreprises économiques (exonération) ; activités non commerciales des organismes agissant sans but lucratif ; certaines collectes de fonds (non imposables).

Pays	Exonérations	Imposition des « exonérations courantes » dans le pays[2]
Royaume-Uni	Exonérations courantes2 ; enterrements et incinérations ; compétitions sportives ; certains soins dans des cliniques de luxe ; œuvres d'art.	Taux normal : ventes de bâtiments neufs à usage commercial (imposées au taux normal pendant trois ans suivant la date de leur achèvement) et possibilité d'opter pour l'imposition des autres ventes de bâtiments à usage commercial normalement exonérés de la TVA ; machines à sous et jeux dans des clubs agréés Taux zéro : logements neufs, y compris la construction de maisons neuves ; immeubles résidentiels et certains immeubles destinés à des œuvres caritatives.

Notes :

1. Exonérations : pour les besoins de ce tableau, le terme « exonération » désigne les biens et services pour lesquels la TVA n'est pas prélevée sur le montant facturé par le fournisseur alors que celui-ci n'est pas autorisé à déduire la taxe en amont qui s'y rapporte. Dans certains pays, ces biens et services sont appelés « biens et services supportant une taxe en amont ».
2. Exonérations courantes : dans ce tableau, le terme « exonérations courantes » désigne les exonérations généralement appliquées dans la plupart des pays de l'OCDE : services postaux ; transport de personnes malades ou blessées ; soins médicaux et hospitaliers ; sang, tissus et organes humains ; soins dentaires ; œuvres de bienfaisance ; enseignement ; activités non commerciales des organismes agissant sans but lucratif ; services sportifs ; services culturels (à l'exception des services de radiotélévision) ; assurance et réassurance ; location d'immeubles ; services financiers ; paris, jeux et loteries ; vente de terrains et de bâtiments ; certaines collectes de fonds.
3. Israël : Les données statistiques concernant Israël sont fournies par et sous la responsabilité des autorités israéliennes compétentes. L'utilisation de ces données par l'OCDE est sans préjudice du statut des hauteurs du Golan, de Jérusalem Est et des colonies de peuplement israéliennes en Cisjordanie aux termes du droit international.

Source : Délégations nationales - Situation au 1er janvier 2018 .

Tableau annexe 2.A.4. Restrictions du droit à déduction de la TVA sur certains intrants[1]

Pays	Intrants pour lesquels le droit à déduction de la TVA est exclu ou limité
Australie	Loisirs et divertissements : bases de loisirs, divertissements, repas offerts, charges de famille, frais de déplacement d'un parent Véhicules : le montant de la TPS récupérable sur l'achat d'une voiture est limité au montant maximum de dépréciation des voitures au cours de l'année fiscale considérée, à savoir 57 466 AUD actuellement. Autres : amendes, uniformes non obligatoires. Il est impossible de récupérer la TVA sur les dépenses ci-dessus dans la mesure où elles ne peuvent faire l'objet d'une déduction en vertu de la Loi sur l'impôt sur le revenu.
Autriche	Loisirs et divertissements : toutes les dépenses de loisirs et de divertissement. Véhicules : tout véhicule, sauf ceux utilisés pour le transport commercial de voyageurs ou la location en crédit-bail, ou encore ceux utilisés au moins à 80 % par les auto-écoles.
Belgique	Loisirs et divertissements : exclusion totale des frais de restaurant et d'hôtel (à quelques exceptions près strictement encadrées), de certaines boissons alcoolisées (à quelques exceptions près strictement encadrées) et des frais de réception. Véhicules : dépenses relatives aux véhicules destinés au transport routier de voyageurs ou de marchandises. La déduction de la taxe d'amont ne peut en principe pas dépasser 50 % (à quelques exceptions près strictement encadrées). Autres : produits et services liés à un régime de TVA particulier (régime de la marge, régime spécial pour le tabac, etc.).
Canada	Loisirs et divertissements : des restrictions s'appliquent au droit à déduction sur les adhésions à des clubs sportifs, de loisirs ou de gourmets ; les déductions pour frais alimentaires, de boisson et de loisirs sont généralement limitées à 50 % de la TPS/TVH payable. La limite est portée à 80 % pour les frais de bouche des chauffeurs routiers. Véhicules : la déduction applicable aux véhicules de transport de personnes achetés comme biens d'équipement est limitée à la TPS/TVH due sur le coût en capital (30 000 CAD) ; la déduction applicable aux locations en crédit-bail de véhicules de transport de personnes est limitée à la TPS/TVH payable sur des loyers mensuels de 800 CAD. Autres : des restrictions s'appliquent aux frais de bureau à domicile dès lors que la consommation ou l'utilisation d'un bien ou d'un service de cette qualité, nature ou valeur est déraisonnable au vu de l'activité commerciale de la personne. Limites provinciales : les grandes entreprises (généralement celles dont les fournitures imposables s'élèvent à plus de 10 millions CAD par an) qui achètent certains biens ou services (énergie, télécommunications, véhicules routiers, etc.) destinés à être utilisés dans la province de l'Île-du-Prince-Édouard sont soumises à des restrictions au crédit d'impôt sur les intrants sur la part provinciale de la TVH. Ces restrictions sont supprimées progressivement à partir de 2018.
Chili	Véhicules : automobiles, breaks et véhicules similaires ainsi que les lubrifiants, pièces détachées, réparations et services d'entretien y afférents, sauf si l'activité commerciale normale de l'assujetti consiste à vendre ou louer simplement ou en crédit-bail des automobiles ou sauf si l'administration fiscale chilienne juge les dépenses concernées déductibles des impôts sur le revenu. Combustibles : produits ou composants assortis de toute forme de subvention au bénéfice du consommateur final. Supermarchés : dépenses effectuées dans les supermarchés et lieux de vente similaires lorsqu'elles s'élèvent à plus de 5 unités fiscales mensuelles (235 095 CLP - 382 USD) et les informations prévues par la loi ne sont pas communiquées à l'administration fiscale.
République tchèque	Loisirs et divertissements : frais de représentation au sens de la Loi sur l'impôt sur le revenu lorsque ladite Loi ne prévoit aucune déduction fiscale pour ces frais (à l'exception des cadeaux de faible valeur).
Danemark	Loisirs et divertissements : frais de loisirs et de divertissement, de restaurant et frais d'achat de cadeaux. Véhicules : fourgonnettes de 3 000 kg ou moins utilisées afin de réaliser des activités imposables ou non ; voitures de moins de 10 passagers ; voitures louées. Autres : téléphones professionnels des salariés payés par l'employeur, le comité d'entreprise et le propriétaire de l'entreprise ; autres objets bénéficiant aux salariés.
Estonie	Loisirs et divertissements : biens et services de réception ou liés à la fourniture de repas ou de services d'hébergement à destination des salariés. Cette restriction ne s'applique pas aux services d'hébergement fournis dans le cadre d'un déplacement professionnel. Véhicules : le droit à déduction est limité à 50 % sur l'achat, l'importation ou la location simple ou en crédit-bail de voitures personnelles dont l'utilisation n'est pas strictement professionnelle et sur les dépenses y afférentes, à l'exception des voitures achetées dans le but d'être revendues ou louées simplement ou en crédit-bail, des voitures destinées au transport de personnes (taxis, par exemple) et des véhicules d'auto-école.
Finlande	Loisirs et divertissements : frais de représentation et de divertissement. Véhicules, bateaux et aéronefs : destinés à un usage sportif ou de loisir, voitures, motocyclettes et caravanes. Toutefois, tout moyen de transport destiné à être revendu, loué ou utilisé pour le transport professionnel de personnes ou pour l'apprentissage de la conduite est déductible, tout comme les véhicules de transport de personnes employées exclusivement afin de réaliser des activités imposables. Autres : frais de déplacement du personnel entre le domicile et le lieu de travail ; biens et services liés à des logements ou immeubles destinés à des activités récréatives pour le personnel.
France	Véhicules : véhicules ou engins, quelle que soit leur nature, conçus pour transporter des personnes ou à usage mixte,

Pays	Intrants pour lesquels le droit à déduction de la TVA est exclu ou limité
	sauf ceux destinés à être revendus à l'état neuf ; les véhicules et engins loués simplement ou en crédit-bail, ceux comportant, outre le siège du conducteur, plus de huit places assises et qui sont utilisés par les entreprises pour amener le personnel sur les lieux du travail, ceux affectés de façon exclusive à l'apprentissage de la conduite, tous les moyens de transport routier utilisés exclusivement pour les remontées mécaniques et dans les stations de sports d'hiver, les véhicules acquis par les entreprises de transports publics de voyageurs et affectés de façon exclusive à la réalisation desdits transports. Les éléments constitutifs, les pièces détachées et accessoires des véhicules et engins précités. Autres : les biens et services utilisés par les assujettis à plus de 90 % à des fins privatives ; les cadeaux d'une valeur supérieure à un certain montant ; les biens et services liés à l'attribution d'un logement à titre gratuit à des dirigeants ou du personnel de l'entreprise, sauf pour le personnel de sécurité présent sur les chantiers ou dans les locaux de l'entreprise ; les biens ou services destinés à faire la publicité de boissons alcoolisées ; les transports de personnes et opérations accessoires auxdits transports, sauf transports réalisés soit pour le compte d'une entreprise de transports publics de voyageurs, soit en vertu d'un contrat permanent de transport conclu par les entreprises pour amener leur personnel sur les lieux de travail ; la plupart des produits pétroliers qui ne sont pas ultérieurement livrés ou vendus en l'état ou sous forme d'autres produits pétroliers. Restrictions partielles : Le droit à déduction est limité à 50 % pour les gaz de pétrole et autres hydrocarbures présentés à l'état gazeux et le pétrole lampant lorsque ces produits sont utilisés comme carburants pour les véhicules et engins visés ci-dessus. Le droit à déduction est limité à 20 %. Le droit à déduction est limité à 80 % pour les gazoles et le bioéthanol E85 utilisés comme carburants pour les véhicules et engins ci-dessus, à l'exception de ceux utilisés pour les essais effectués pour les besoins de la fabrication de moteurs ou d'engins à moteur et pour autant qu'ils ne soient pas ultérieurement livrés ou vendus en l'état ou sous forme d'autres produits pétroliers.
Allemagne	Loisirs et divertissements : frais de représentation au sens de la Loi sur l'impôt sur le revenu lorsque ladite Loi ne prévoit aucune déduction fiscale pour ces frais (par exemple : cadeaux, à l'exception des cadeaux de faible valeur, restaurants et débits de boisson, dépenses de divertissement exclues, frais liés aux activités de chasse et de pêche, aux voiliers ou yachts à moteur et dépenses de nature similaire).
Grèce	Loisirs et divertissements : réceptions, activités de loisirs et frais de réception en général ; produits alimentaires, boissons, transports et loisirs à destination du personnel ou des représentants de l'entreprise. **Moyens de transport :** véhicules à moteur pour le transport de personnes à « usage privé » comportant jusqu'à neuf places assises ; motocyclettes et mobylettes, navires et aéronefs à « usage privé » destinés aux loisirs ou à un usage sportif, ainsi que les dépenses de carburant, réparation, entretien et location simple et en crédit-bail y afférentes. La restriction ne s'applique pas aux moyens de transport destinés à la vente, à la location simple ou en crédit/ bail ou au transport de voyageurs à titre onéreux. Autres : tabac manufacturé, spiritueux ou boissons alcoolisées destinées à être employées dans le cadre d'activités non imposables.
Hongrie	Loisirs et divertissements : services de restauration et autres services de restauration publique ; services de loisirs et de divertissement ; produits alimentaires et boissons. Véhicules : véhicules de transport de personnes (à l'exception des corbillards), motocyclettes de plus de 125 cm3 ; yachts et bateaux. Autres : carburants, autres combustibles, autres biens utilisés pour le fonctionnement ou l'entretien de voitures particulières ; logements, biens et services utilisés pour la construction ou la rénovation de logements ; services de taxi et de parking, péages autoroutiers ; 30 % de la taxe d'amont pour les services de téléphonie fixe, de téléphonie mobile et de voix sur IP ; 50 % de la taxe d'amont pour les services utilisés pour le fonctionnement ou l'entretien de voitures particulières.
Islande	Loisirs et divertissements : tous les frais de bouche de l'assujetti. Véhicules : fourniture, exploitation et location de voitures particulières ; camions de livraison, poids lourds et engins non routiers de 5 000 kg ou moins, sauf ceux destinés à des usages réglementés imposables. Autres : toutes les dépenses liées au logement du propriétaire et du personnel de l'assujetti. Toute dépense se substituant au salaire du propriétaire et du personnel de l'assujetti. Toute dépense liée aux résidences secondaires et avantages similaires destinés au propriétaire et au personnel de l'assujetti ; cadeaux.
Irlande	Loisirs et divertissements : produits alimentaires, boissons, logement (sauf pour assister à des conférences ouvrant droit à déduction), services à la personne, loisirs et divertissements. Véhicules : achat ou location de véhicules de transport de personnes (20 % du coût est admis lorsque la voiture respecte certaines conditions en matière d'utilisation professionnelle et de taux d'émission). **Autres** : essence (sauf si elle fait partie du stock).
Israël[2]	Néant
Italie	Loisirs et divertissements : dépenses de loisirs et de divertissement, produits alimentaires et boissons. Véhicules : moyens et services de transport (véhicules à moteur, aéronefs et yachts) – 60 % de la TVA d'amont n'est pas déductible sur les moyens de transport ; transport de voyageurs. Autres : produits de luxe et services connexes, immobilier.
Japon	Néant

Pays	Intrants pour lesquels le droit à déduction de la TVA est exclu ou limité
Corée	Loisirs et divertissements : dépenses de loisirs et de divertissement et frais similaires. Véhicules : achat et entretien de petites automobiles à des fins privatives.
Lettonie	Loisirs et divertissements : 60 % de la taxe d'amont n'est pas déductible du montant de l'impôt payable au Trésor pour les biens acquis et services reçus à des fins de représentation. Véhicules : 50 % de la taxe d'amont n'est pas déductible du montant de l'impôt payable au Trésor pour une voiture particulière achetée, louée en crédit-bail ou importée comportant, outre le siège du conducteur, huit places assises au maximum, ainsi que pour les frais liés à l'entretien de ce véhicule, y compris les frais de réparation et d'achat de carburant. La déduction de la taxe d'amont due au Trésor est exclue en cas d'achat, de location ou d'importation de voitures particulières comportant, outre le siège du conducteur, huit places assises au maximum et dont la valeur est supérieure à 50 000 EUR (hors TVA), ainsi que pour les frais liés à l'entretien de ce véhicule, y compris les frais de réparation et d'achat de carburant.
Lituanie	Loisirs et divertissements : frais de représentation et de divertissement au sens de la Loi sur l'impôt sur le revenu lorsque ladite Loi ne prévoit aucune déduction fiscale pour ces frais. **Véhicules :** voitures particulières (jusqu'à 8 passagers, hors conducteur), sauf lorsque les véhicules sont fournis, loués ou utilisés pour des services de taxi ou classés comme destinés à un usage spécial.
Luxembourg	Loisirs et divertissements : dépenses dont le caractère n'est pas strictement professionnel, comme les dépenses somptuaires, de divertissement ou de représentation.
Mexique	Il n'existe aucune liste de restrictions. La législation prévoit une déductibilité de la taxe grevant les biens et services « strictement indispensables » à l'activité principale. Pour que la TVA soit déductible sur des dépenses, ces dernières doivent elles-mêmes être déductibles au sens de la Loi sur l'impôt sur le revenu. La Loi sur l'impôt sur le revenu présente une liste de « déductions autorisées » pour chaque régime.
Pays-Bas	**Loisirs et divertissements :** services de restauration. Certains cadeaux et frais de représentation.
Nouvelle-Zélande	Loisirs et divertissements : déduction de 50 % seulement au titre des frais de loisirs et de divertissement. Les entreprises peuvent demander une déduction intégrale au moment de l'achat des biens et services et doivent calculer et rembourser chaque année la part de 50 % réputée relever d'un usage privatif.
Norvège	Loisirs et divertissements : services de restauration et location de locaux de réception ; construction, entretien, location ou exploitation de biens immobiliers à des fins d'hébergement ou d'assistance sociale. Véhicules : achat, exploitation ou entretien de voitures particulières. Autres : œuvres d'art ou antiquités ; logement et prestations en nature à destination du propriétaire, des dirigeants, des salariés ou des retraités d'une entreprise ; cadeaux professionnels, biens et services destinés à des fins publicitaires. paiements en espèces de plus de 10 000 NOK (1 040 USD).
Pologne	Loisirs et divertissements : services de restauration et d'hébergement. Véhicules : déduction de TVA limitée à 50 % en cas d'acquisition, d'achat intracommunautaire, d'importation ou de location simple ou en crédit-bail de véhicules à moteur et sur les frais liés à ces véhicules dès lors que leur usage n'est pas strictement professionnel. Autres : déduction de TVA limitée à 50 % sur l'achat de carburant, fioul et gaz naturel utilisés par les véhicules visés ci-dessus.
Portugal	Loisirs et divertissements : transports, hébergement ou repas (sauf dans le cadre de conférences, séminaires, salons ou expositions qui ouvrent droit, dans certaines conditions, à une déduction de 25 % ou 50 %). Dépenses somptuaires et de représentation et de divertissement. Véhicules : achat ou location de véhicules légers à des fins réputées privatives ainsi que de bateaux de plaisance, hélicoptères, aéronefs et motocyclettes (sauf ceux destinés à la revente ou lorsqu'ils constituent le cœur d'activité de l'entreprise). Autres : carburants utilisés dans des véhicules à moteur (à l'exception du gazole, gaz de pétrole liquéfié, gaz naturel et biocarburants, pour lesquels une déduction de 50 % est autorisée, voire une déduction totale s'ils sont utilisés dans certains véhicules lourds ou tracteurs).
République slovaque	Loisirs et divertissements : biens et services à des fins de réception. Autres : éléments d'un compte de passage (autrement dit les dépenses payées au nom et pour le compte de l'acheteur ou du client et que le fournisseur refacture à l'acheteur ou au client).
Slovénie	Loisirs et divertissements : frais de loisirs et de divertissement (ces frais ne comprenant que ceux de cette nature engagés dans le cadre de relations professionnelles ou sociales) ; repas (boissons comprises) et frais d'hébergement, à l'exception des dépenses de cette nature engagées par l'assujetti dans le cadre normal de son activité. Véhicules : yachts et bateaux à des fins sportives et de loisir ; aéronefs utilisés à d'autres fins que pour le transport de voyageurs et de biens, la location simple ou en crédit-bail et la revente. Motocyclettes et voitures particulières autres que : les véhicules utilisés pour le transport de voyageurs et de biens, la location simple ou en crédit-bail et la revente, pour l'apprentissage de la conduite dans des auto-écoles conformément à la réglementation en vigueur, les véhicules mixtes destinés à une activité de transports publics et de transports spéciaux, ainsi que les véhicules aménagés exclusivement pour le transport des défunts. Autres : carburants, lubrifiants, pièces détachées et services étroitement liés aux véhicules visés ci-dessus.
Espagne	Loisirs et divertissements : droits d'entrée aux spectacles et services de divertissement ; voyages, services d'hébergement

Pays	Intrants pour lesquels le droit à déduction de la TVA est exclu ou limité
	et de restauration, sauf lorsque ces dépenses sont déductibles de l'impôt sur le revenu. Autres : joaillerie, objets en or et en platine, perles, pierres précieuses ; produits alimentaires, boissons et tabac ; biens et services utilisés comme cadeaux pour les clients, salariés ou des tiers ;
Suède	Loisirs et divertissements : frais de représentation et de divertissement au sens de la Loi sur l'impôt sur le revenu lorsque ladite Loi ne prévoit aucune déduction fiscale pour ces frais (coûts sur une base imposable maximale de 300 SEK par personne et événement concernant les services de restauration). **Véhicules :** voitures de 3 500 kg ou moins utilisées afin de réaliser des activités imposables ou non, sauf si elles sont utilisées pour les activités de taxi, la location et la vente de véhicules ou l'apprentissage de la conduite. Déduction de TVA limitée à 50 % sur l'achat de carburant utilisé par ces véhicules. **Autres :** Dépenses liées à une résidence permanente.
Suisse	Néant
Turquie	Voitures : achats de voitures, à l'exception de celles utilisées par les loueurs de voitures. **Autres :** stocks perdus ou volés (à l'exception des stocks détruits par un incendie dans des lieux conformes aux déclarations du ministère des Finances).
Royaume-Uni	Loisirs et divertissements : réceptions et divertissements à des fins professionnelles ; de manière générale, la taxe grevant tout service de réception offert à des relations professionnelles est irrécouvrable, sauf si les clients ne sont pas britanniques. Toutefois, s'il était possible de la recouvrer, elle serait probablement compensée par une charge d'usage privé qui viendrait dans les faits annuler tout crédit obtenu. Véhicules : voitures en général, à l'exception de celles constituant un stock (concessionnaires, etc.), faisant partie de l'outil de production (auto-écoles, etc.) ou utilisées exclusivement à des fins professionnelles sans être disponibles pour une utilisation privée (sociétés de crédit-bail, etc.) ; location d'une voiture en crédit-bail (droit à déduction limité à 50 %).

Notes :

1. Restrictions au droit à déduction de la TVA sur certains intrants : Le tableau énonce les limites au droit à déduction de la TVA sur les intrants pour certains biens, services et éléments incorporels en raison de leur nature, l'esprit étant généralement d'obtenir l'imposition (en amont) de leur consommation finale réputée. Il ne rend pas compte de la rémanence de la TVA liée à l'exonération des ventes (par exemple, les limites au droit à déduction sur les intrants utilisés pour fournir des services financiers et d'assurance, des soins de santé, des services d'éducation, etc., reprises dans le Tableau annexe 2.A.3 sur les exonérations de TVA) ou aux intrants sans lien avec l'activité imposable de l'entreprise.

2. Israël : Les données statistiques concernant Israël sont fournies par et sous la responsabilité des autorités israéliennes compétentes. L'utilisation de ces données par l'OCDE est sans préjudice du statut des hauteurs du Golan, de Jérusalem Est et des colonies de peuplement israéliennes en Cisjordanie aux termes du droit international.

Source : Délégations nationales - Situation au 1er janvier 2018.

Tableau annexe 2.A.5. Seuils de chiffres d'affaires annuel pour l'enregistrement à la TVA et le recouvrement de la TVA

	Monnaie nationale	Seuils d'enregistrement/de recouvrement[1]					Enregistrement ou recouvrement volontaire[2]	Durée minimale d'enregistrement[3]	Restrictions ou règles spécifiques pour l'application des seuils[5]
		Seuil d'enregistrement ou de recouvrement	Seuil général		Autres seuils				
			Monnaie nationale	USD[4]	Monnaie nationale	USD[4]			
Australie*	AUD	R	75 000	50 951	150 000	101902	Oui	1 an	Voir note
Autriche[6]	EUR	R	30 000	37 457			Oui	5 ans	
Belgique[6]*	EUR	C	25 000	31 109			Oui	Néant	Voir note
Canada*	CAD	R	30 000	23 976	50 000	39 960	Oui	1 an	Voir note
Chili*	CLP	Néant	Néant						Voir note
République tchèque[6]	CZK	R	1 000 000	76 297			Oui	1 an	
Danemark[6]*	DKK	R	50 000	6 908	170 000	23 486	Oui	2 ans	Voir note
					300 000	41 446			
Estonie[6]	EUR	R	40 000	72 612			Oui	Néant	
Finlande[6]*	EUR	R	10 000	11 062	30 000	33 187	Oui	Néant	Voir note
France[6]*	EUR	R	82 800	103 913	33 200	41 666	Oui	2 ans	Voir note
					42 900	53 839			
Allemagne[6]*	EUR	C	17 500	22 436	50 000	64 161	Oui	5 ans	Voir note
Grèce[6]*	EUR	C	10 000	16 711			Oui	1 an	Voir note
Hongrie[6]	HUF	C	8 000 000	57 602			Oui	1 an	
Islande	ISK	R	2 000 000	14 202			Oui	Néant	
Irlande[6]*	EUR	R	75 000	92 218	37 500	46 109	Oui	Néant	
Israël*	ILS	C	99 003	26 132			Non	Néant	Voir note
Italie[6]*	EUR	C	65 000	90 381	50 000	69 524	Oui	Néant	Voir note
Japon*	JPY	R	10 000 000	100 408			Oui	1 an	Voir note
Corée	KRW	C	24 000 000	27 364			Non	Néant	
Lettonie[6]	EUR	R	40 000	79 774			Oui	Néant	
Lituanie[6]*	EUR	R	45 000	97 563			Oui	Néant	Voir note
Luxembourg[6]*	EUR	C	30 000	33 690			Oui	Néant	Voir note
Mexique	MXN	Néant	Néant						
Pays-Bas[6]*	EUR	C	1 345	1 650	1 883	2 296	Non	Néant	Voir note
Nouvelle-Zélande	NZD	R	60 000	40 813			Oui	Néant	
Norvège*	NOK	R	50 000	4 917	3 000 000	295 002	Oui	2 ans	Voir note

	Monnaie nationale	Seuils d'enregistrement/de recouvrement[1]					Enregistrement ou recouvrement volontaire[2]	Durée minimale d'enregistrement[3]	Restrictions ou règles spécifiques pour l'application des seuils[5]
		Seuil d'enregistrement ou de recouvrement	Seuil général		Autres seuils				
			Monnaie nationale	USD[4]	Monnaie nationale	USD[4]			
					140 000	13 767			
Pologne[6]	PLN	R	200 000	111215			Oui	Néant	Voir note
Portugal[6]*	EUR	C	10 000	16 886	12 500	21 108	Oui	Néant	Voir note
République slovaque[6]	EUR	R	49 790	100 753			Oui	1 an	
Slovénie[6]	EUR	R	50 000	83 257			Oui	5 ans	
Espagne[6]	EUR	Néant	Néant						
Suède[6]	SEK	R	30 000	3 297			Oui	3 ans	Voir note
Suisse*	CHF	R	100 000	81 953	150 000	122930	Oui	1 an	Voir note
Turquie	TRY	Néant	Néant						
Royaume-Uni[6]	GBP	R	85 000	119167			Oui	Néant	

Notes :

*Voir note pays correspondante.

1. Les seuils d'enregistrement/de recouvrement recensés dans ce tableau correspondent aux avantages fiscaux généraux qui dispensent les fournisseurs nationaux de s'enregistrer au titre de la TVA et/ou de recouvrer cette taxe tant que leur chiffre d'affaires n'excède pas un certain seuil. Sauf lorsqu'ils sont expressément indiqués, ces seuils dispensent par ailleurs les fournisseurs de l'obligation de facturer et de recouvrer la TVA sur les produits fournis à l'intérieur d'une juridiction particulière. La dispense des obligations d'enregistrement et/ou de recouvrement peut être accordée à certains secteurs ou à certains types d'entreprises (par exemple aux fournisseurs non résidents) en vertu de dispositions plus détaillées, ou bien un secteur ou un type d'entreprise spécifique peut être soumis à des obligations plus strictes en matière d'enregistrement et de perception de l'impôt. La lettre « R » signale les pays dans lesquels le seuil d'enregistrement s'applique, c'est-à-dire où les fournisseurs dont le chiffre d'affaires est inférieur à ce seuil n'ont pas à s'enregistrer à la TVA et sont dispensés de toute obligation au titre de la TVA. La lettre « C » indique les pays dans lesquels un seuil de recouvrement s'applique, c'est-à-dire où tous les fournisseurs sont tenus de s'enregistrer au titre de la TVA, mais ne sont pas tenus de facturer et de recouvrer la TVA tant que celle-ci n'excède pas le seuil de recouvrement. Les seuils indiqués dans ce tableau s'appliquent aux entreprises établies dans le pays. Dans la plupart des pays, le seuil de recouvrement ne s'applique pas aux entreprises étrangères, c'est-à-dire à celles qui n'ont pas leur siège, un établissement stable, leur domicile ou leur résidence habituelle dans le pays.
2. « Oui » signifie qu'un fournisseur est autorisé à s'enregistrer volontairement au titre de la TVA et à la percevoir lorsque son chiffre d'affaires annuel total est inférieur au seuil d'enregistrement.
3. Les durées minimales d'enregistrement/de recouvrement s'appliquent aux avantages fiscaux généraux. Il s'agit de la période minimale durant laquelle l'avantage est accordé aux contribuables qui ont opté pour cet avantage.
4. Les taux de change utilisés pour la conversion en USD sont les taux à parité de pouvoir d'achat (PPA) pour le PIB.
5. Restrictions ou règles spécifiques pour l'application de l'allègement aux entreprises qui se situent au-dessous du seuil.
6. Restrictions pour les États membres de l'Union européenne. La Directive 2006/112/CE exclut l'application du seuil aux livraisons de bâtiments et du sol y attenant, à certaines livraisons de moyens de transport neufs et aux cessions des biens de l'entreprise. Le seuil ne s'applique pas aux entreprises non résidentes et aux fournitures assujetties au mini-guichet unique de l'UE.

StatLink http://dx.doi.org/10.1787/888933890103

Notes pays concernant le Tableau annexe 2.A.5

Australie. Pour les chauffeurs de taxi, y compris les limousines avec chauffeur et véhicules de location, aucun seuil d'enregistrement ne s'applique et ils doivent s'immatriculer et collecter la TPS sur leurs prestations. Le seuil d'enregistrement applicable aux organisations à but non lucratif est de 150 000 AUD.

Belgique. Le seuil d'enregistrement ne s'applique pas aux secteurs suivants : immobilier ; hôtellerie et restauration ; vente de matériaux usagés et de déchets. Un certain nombre d'opérations spécifiques sont également exclues du régime de franchise de la taxe : cessions à titre onéreux de bâtiments neufs, livraisons de certains produits assujettis à des droits d'accise et opérations non déclarées ou illicites.

Canada. Le seuil d'enregistrement ne s'applique pas à un certain nombre d'institutions financières désignées, aux non-résidents qui entrent au Canada pour y réaliser des ventes imposables de droits d'entrée à un lieu de divertissement, un colloque, une activité ou un événement, et aux personnes qui exploitent des services de taxi ou de limousine (y compris une activité commerciale de covoiturage). Ces personnes sont tenues de s'enregistrer et de collecter la TPS/TVH. Un seuil différent s'applique aux organismes de bienfaisance et aux institutions publiques. Un organisme de bienfaisance ou une institution publique ne sont pas tenus de s'enregistrer si le montant total de toutes les recettes provenant de leurs fournitures imposables mondiales ne dépasse pas 50 000 CAD au cours d'un seul trimestre et au cours des quatre derniers trimestres civils consécutifs, ou si leurs recettes brutes au cours de l'un ou l'autre des deux exercices précédents sont inférieures ou égales à 250 000 CAD.

Chili. Tous les contribuables sont tenus de s'enregistrer et d'obtenir un numéro d'identification qui sert non seulement pour la TVA, mais aussi pour tous les autres types d'impôts. Néanmoins, les petites entreprises, les artisans et les petits prestataires de services peuvent prétendre à un régime spécial qui leur permet de déclarer la TVA sur la base d'un forfait mensuel calculé en fonction du niveau moyen de leurs recettes au cours des 12 derniers mois, à condition de ne pas dépasser 20 unités fiscales mensuelles (940 380 CLP – 1 530 USD). Ce régime fiscal simplifié s'applique uniquement aux personnes physiques, à l'exclusion des personnes morales. Ce système doit être conservé pendant au moins 12 mois avant que le contribuable puisse revenir au régime ordinaire.

République tchèque. Un assujetti qui n'est pas établi en République tchèque doit s'immatriculer à la TVA dès le début de son activité imposable dans le pays, à l'exception des fournitures soumises au régime de l'autoliquidation ou au mini-guichet unique de l'UE.

Danemark. Un seuil majoré de 170 000 DKK (22 840 EUR) s'applique aux aveugles, et un seuil de 300 000 DKK (40 300 EUR) s'applique à la première vente d'œuvres d'art par leur créateur ou leurs ayants droit. Dans le cadre de cette dernière exemption, le seuil de 300 000 DKK ne doit pas avoir été dépassé au cours de l'année en cours ou précédente.

Finlande. Lorsqu'une entreprise dépasse le seuil d'enregistrement de 10 000 EUR, elle doit s'enregistrer et devient assujettie à la TVA, mais un allégement progressif s'applique jusqu'à ce qu'elle atteigne un second seuil de 30 000 EUR.

France. La franchise de TVA s'applique aux entreprises dont le chiffre d'affaires annuel est inférieur à 82 800 EUR ou dont le chiffre d'affaires ne dépassait pas 91 000 EUR l'année civile précédente (lorsque le chiffre d'affaires n'avait pas excédé 82 800 EUR la pénultième année). Pour les prestations de services (à l'exception des prestations d'hébergement et des ventes de produits alimentaires et de boissons à consommer sur place), le chiffre d'affaires annuel ne doit pas dépasser 33 200 EUR ou 35 200 EUR l'année civile précédente (à condition qu'il n'excède pas 33 200 EUR la pénultième année). Pour les activités réglementées d'avocats, les écrivains et les artistes, le chiffre d'affaires doit être inférieur à 42 900 EUR (le seuil est de 17 500 EUR pour les opérations des avocats réalisées en dehors du cadre de leurs activités réglementées). À titre expérimental, un seuil spécifique de 100 000 EUR a été adopté en Guadeloupe, Martinique et à La Réunion pendant une durée de cinq ans.

Allemagne. Les contribuables sont exonérés de leurs obligations de TVA si leur chiffre d'affaires annuel ne dépasse pas 17 500 EUR et s'ils prévoient que leur chiffre d'affaires pour l'année civile en cours sera inférieur à 50 000 EUR.

Grèce. Les entreprises dont le chiffre d'affaires annuel est inférieur à 10 000 EUR peuvent bénéficier, au début de l'année suivante, du Régime spécial pour les petites entreprises dans lequel elles ne sont pas tenues de collecter la TVA. Chaque nouvelle entreprise est toutefois tenue de s'immatriculer à la TVA et de collecter la taxe durant la première période administrative quels que soient son statut ou son capital. Si la première période administrative est inférieure à un an, le chiffre d'affaires est calculé sur une base proportionnelle pour déterminer le droit de bénéficier du Régime spécial pour l'année suivante. Chaque petite entreprise qui accède au régime spécial doit y rester pendant une durée de deux ans. Les agriculteurs relevant du régime de taux forfaitaire ne peuvent pas bénéficier du Régime spécial pour les petites entreprises. À partir du 1er janvier 2019, seuls les biens et services imposables seront pris en compte pour le calcul du seuil de 10 000 EUR. Les nouvelles entreprises pourront bénéficier du régime spécial lors de leur enregistrement. Les petites entreprises qui bénéficient du régime spécial sont tenues de se rattacher au régime « normal » et de recouvrer la TVA dès que le montant des biens et services fournis dépasse le seuil (et elles sont assujetties à la TVA à hauteur du montant total de la vente) ; la durée minimale de deux ans est supprimée pour le régime spécial.

Irlande. Le seuil général de chiffre d'affaires pour la fourniture de biens est de 75 000 EUR, mais les personnes qui fournissent des biens soumis aux taux réduits ou au taux normal qu'elles ont fabriqués ou produits à partir de matériaux soumis au taux zéro doivent s'enregistrer si leur chiffre d'affaires dépasse 37 500 EUR. Bien que le seuil général de chiffre d'affaires pour la fourniture de services soit de 37 500 EUR, les personnes qui fournissent à la fois des biens et des services et dont plus de 90 % du chiffre d'affaires provient de fournitures de biens (d'un type autre que celui indiqué à la phrase précédente) sont soumises au seuil applicable aux biens.

Israël. Les travailleurs indépendants qui réalisent des recettes annuelles inférieures à 99 003 NIS sont considérés comme des « opérateurs exemptés ». Certaines professions ne peuvent pas prétendre au statut d'opérateur exempté : agronome, architecte, technicien, détective privé, avocat rabbinique, technicien dentaire, consultant en organisation, consultant en management, consultant scientifique, économiste, ingénieur, enquêteur, libraire, traducteur, agent d'assurance, avocat, comptable ou expert, propriétaire d'un laboratoire de chimie ou d'analyses médicales, artistes, diverses professions du show business, médecin, psychologue, physiothérapeute, chirurgien vétérinaire, dentiste, propriétaire d'autoécole, directeur d'école, agent ou courtier immobilier. Les données statistiques concernant Israël sont fournies par et sous la responsabilité des autorités israéliennes compétentes. L'utilisation de ces données par l'OCDE est sans préjudice du statut des hauteurs du Golan, de Jérusalem Est et des colonies de peuplement israéliennes en Cisjordanie aux termes du droit international.

Italie. Le régime des micro-contribuables (« Regime forfetario ») s'applique aux petites entreprises dont le revenu ne dépasse pas un certain seuil, compris entre 25 000 et 50 000 EUR (selon l'activité) et dont les coûts ne dépassent pas le seuil fixé par la loi. Il prévoit notamment une exonération de TVA (à l'exclusion des assujettis soumis au régime de l'autoliquidation). Le régime ne s'applique pas aux personnes qui sont membres de sociétés de personnes, d'associations professionnelles ou de SARL (sociétés à responsabilité limitée) et qui sont soumises aux « régime de la transparence » pour l'impôt sur le revenu ; aux personnes dont l'activité consiste à vendre des immeubles ou des terrains ou des voitures ou des camions dans le cadre d'opérations intracommunautaires. Sont également exclues les entreprises qui ne sont pas établies en Italie, à l'exception de celles établies dans un autre état membre de l'UE ou dans un pays partenaire de l'Espace économique européen et produisent en Italie pour au moins 75 % de leurs recettes.

Japon. Les entreprises nationales et étrangères (sociétés et particuliers) dont les ventes imposables au Japon ne dépassent pas 10 000 000 JPY, de même que celles créées depuis moins de deux ans (à l'exception des filiales de certaines grandes entreprises) ne sont pas soumises à l'obligation de déposer une déclaration à l'impôt sur la consommation (JCT). Les entreprises exonérées peuvent opter pour être soumises au JCT, auquel cas elles doivent rester dans ce régime pendant au moins deux ans.

Luxembourg. Les assujettis établis au Luxembourg peuvent bénéficier du régime spécial ; l'exonération ne s'applique qu'aux biens et services fournis au Luxembourg. Les assujettis peuvent quitter le régime spécial, mais pour une durée minimale de cinq ans.

Pays-Bas. Le seuil d'allègement de la TVA s'applique aux personnes physiques ou aux associations de personnes physiques (sociétés de personnes par exemple), mais pas aux entreprises. Le seuil n'est pas déterminé en fonction du chiffre d'affaires, mais du montant net annuel de la TVA due : lorsque le montant total de la TVA (taxe sur les ventes moins taxe sur les achats) due une année civile donnée au titre de la vente de biens et de services ne dépasse pas 1 345 EUR, le contribuable est exonéré de TVA (mais doit néanmoins s'enregistrer en tant qu'assujetti à la TVA). Si le montant de la TVA due est compris entre 1 345 et 1 883 EUR, le contribuable bénéficie d'une remise partielle de TVA.

Norvège. Le seuil supérieur de 3 000 000 NOK s'applique à l'admission à des événements sportifs. Le seuil supérieur de 140 000 s'applique aux organismes caritatifs.

Pologne. Le seuil d'enregistrement ne s'applique pas aux assujettis qui vendent (a) certains types d'argent, d'or, de platine, de couteaux, couverts, bijoux, déchets de métaux non dangereux, collections de musée et pièces de monnaie) ; (b) des biens soumis à un droit d'accise, à quelques exceptions près ; (c) certains bâtiments, structures et leurs parties ; (d) des terrains constructibles ; (e) des moyens de transport neufs. Le seuil ne s'applique pas aux contribuables qui fournissent (a) des services juridiques ; (b) des services de consultants et d'experts, à quelques exceptions près ; (c) des services de joaillerie, ni aux contribuables non établis en Pologne.

Portugal. Le seuil de recouvrement ne s'applique pas aux entreprises commerciales. Le seuil est de 12 500 EUR pour les petits détaillants qui remplissent certaines conditions.

Suède. Le seuil ne s'applique pas aux contribuables qui ne sont pas établis en Suède, ni aux contribuables enregistrés volontairement aux fins de la TVA pour la location de biens immeubles ou le commerce d'or à des fins d'investissement, ni aux artistes.

Suisse. Les seuils font référence au chiffre d'affaires mondial. Le seuil supérieur de 150 000 CHF s'applique aux associations sportives et culturelles à but non lucratif ainsi qu'aux institutions d'intérêt public.

Tableau annexe 2.A.6. Usage du régime de la marge

	Usage du régime de la marge[1]
Australie	Le régime de la marge bénéficiaire peut être utilisé pour certaines livraisons de biens immeubles résidentiels ou commerciaux neufs. La marge bénéficiaire s'entend comme la différence entre le prix de vente du bien toutes taxes comprises et son prix d'achat d'origine. Des règles spéciales s'appliquent dans certains cas tels que les transactions entre sociétés affiliées ou membres d'un groupe au titre de la TPS. Jeux d'argent et de hasard : la TPS s'applique à la marge définie comme le montant total engagé diminué de la valeur monétaire totale des gains ou prix. Livraisons de biens d'occasion lorsqu'elles sont réalisées par un assujetti-revendeur ayant opté pour une méthode comptable « globale ». Ce régime s'applique lorsque 1) les biens sont acquis auprès d'une personne non assujettie et sont détaillés en vue de la revente et 2) le revendeur exerce l'option d'appliquer la méthode globale pour une catégorie précise de biens d'occasion.
Autriche	Biens d'occasion, objets d'art, de collection ou d'antiquité ; prestations d'agences de voyages (directive européenne)
Belgique	Biens d'occasion, objets d'art, de collection ou d'antiquité ; prestations d'agences de voyages (directive européenne)
Canada	-
Chili	Vente, par un vendeur professionnel, de biens immobiliers anciens sur lesquels aucune taxe sur la valeur ajoutée n'a été payée. La base d'imposition correspond à l'écart entre le prix de vente et le prix d'achat. À cet effet, la valeur d'acquisition du bien doit être adaptée en fonction de la variation, en pourcentage, de l'indice des prix à la consommation au cours de la période comprise entre le mois qui précède l'achat et le mois qui précède la date de la vente. Toutefois, pour déterminer la base d'imposition de référence, la valeur du terrain prise en compte dans les deux opérations doit être déduite du prix d'achat et du prix de vente. À cette fin, le vendeur peut déduire du prix de vente la valeur commerciale attribuée au terrain à la date de l'opération, à titre de valeur maximale. Une fois cette déduction effectuée, le vendeur doit déduire du prix d'achat du bien, un montant équivalent au pourcentage qui représente la valeur commerciale attribuée au terrain dans le prix de vente.
République tchèque	Prestations d'agences de voyages ; biens d'occasion, objets d'art, de collection ou d'antiquité (directive européenne)
Danemark	Prestations d'agences de voyages ; biens d'occasion, objets d'art, de collection ou d'antiquité (directive européenne)
Estonie	Prestations d'agences de voyages ; biens d'occasion, objets d'art, de collection ou d'antiquité (directive européenne)
Finlande	Prestations d'agences de voyages ; biens d'occasion, objets d'art, de collection ou d'antiquité (directive européenne)
France	Prestations d'agences de voyages ; biens d'occasion, objets d'art, de collection ou d'antiquité (directive européenne) ; prestations d'agents immobiliers
Allemagne	Prestations d'agences de voyages ; biens d'occasion, objets d'art, de collection ou d'antiquité (directive européenne)
Grèce	Prestations d'agences de voyages ; biens d'occasion, objets d'art, de collection ou d'antiquité ; (directive européenne) ; ventes aux enchères publiques (selon l'option disponible dans la Directive TVA)
Hongrie	Prestations d'agences de voyages ; biens d'occasion, objets d'art, de collection ou d'antiquité (directive européenne)
Islande	-
Irlande	Application facultative du régime de la marge pour les biens d'occasion, objets d'art, de collection ou d'antiquité ; prestations d'agences de voyages (directive européenne). Application obligatoire du régime de la marge pour les organisateurs de ventes aux enchères publiques et les agences de voyages.
Israël[2]	Livraisons de meubles d'occasion par un assujetti-revendeur agissant en tant que tel. Livraisons de véhicules à moteur, motocyclettes ou véhicules tout-terrain par un assujetti-revendeur agissant en tant que tel. Livraisons par un agent immobilier de biens immobiliers acquis auprès d'une personne autre qu'une organisation à but non lucratif, une institution financière ou un commerçant. Livraisons par un assujetti-revendeur de pièces et médailles acquises auprès d'une personne non assujettie (c'est-à-dire, n'exerçant pas une activité soumise à la TVA). Vente de timbres-poste et timbres fiscaux par un assujetti-revendeur agissant en tant que tel (activité considérée comme un service). Vente de monnaies, de titres ou d'autres instruments négociables, y compris lorsque les titres ou les instruments ont été acquis dans le but de collecter leur valeur de remboursement ou de liquidation, par un assujetti-revendeur agissant en tant que tel : l'activité est considérée comme un service de courtage rendu par le revendeur et intervenant entre le fournisseur du revendeur et le client du revendeur.
Italie	Prestations d'agences de voyages ; biens d'occasion, objets d'art, de collection ou d'antiquité (directive européenne)
Japon	-
Corée	-
Lettonie	Prestations d'agences de voyages ; biens d'occasion, objets d'art, de collection ou d'antiquité (directive européenne)
Lituanie	Prestations d'agences de voyages ; biens d'occasion, objets d'art, de collection ou d'antiquité (directive européenne)
Luxembourg	Prestations d'agences de voyages ; biens d'occasion, objets d'art, de collection ou d'antiquité (directive européenne)
Mexique	Livraisons de voitures d'occasion acquises préalablement par une entreprise auprès d'un particulier.

Pays-Bas	Prestations d'agences de voyages ; biens d'occasion, objets d'art, de collection ou d'antiquité directive européenne)
Nouvelle-Zélande	-
Norvège	Application facultative du régime de la marge pour les biens d'occasion, objets d'art, de collection ou d'antiquité.
Pologne	Prestations d'agences de voyages ; biens d'occasion, objets d'art, de collection ou d'antiquité (directive européenne)
Portugal	Prestations d'agences de voyages ; biens d'occasion, objets d'art, de collection ou d'antiquité (directive européenne) et livraisons de carburants par un détaillant.
République slovaque	Prestations d'agences de voyages ; biens d'occasion, objets d'art, de collection ou d'antiquité (directive européenne)
Slovénie	Prestations d'agences de voyages ; biens d'occasion, objets d'art, de collection ou d'antiquité (directive européenne)
Espagne	Prestations d'agences de voyages ; biens d'occasion, objets d'art, de collection ou d'antiquité (directive européenne)
Suède	Prestations d'agences de voyages biens d'occasion, objets d'art, de collection ou d'antiquité (directive européenne)
Suisse	Objets de collection tels que les œuvres d'art, d'antiquité et autres ;
Turquie	Prestations d'agences de voyages : les prestations sont exonérées de la TVA pour les voyages organisés/circuits se déroulant hors du territoire du pays et soumises à la TVA pour les voyages organisés/circuits se déroulant sur le territoire turc. Livraisons de véhicules à moteur d'occasion ou d'immeubles (sans modification fondamentale de leur nature) par des contribuables actifs sur le marché des véhicules à moteur d'occasion ou des biens immeubles après qu'ils aient été acquis auprès de contribuables non assujettis à la TVA (y compris auprès de contribuables exonérés).
Royaume-Uni	Prestations d'agences de voyages ; biens d'occasion, objets d'art, de collection ou d'antiquité (directive européenne)

Notes :

1. Régime de la marge : régime de taxation dont la base d'imposition est constituée par la différence constatée entre le prix d'acquisition d'un bien par un redevable et le prix de revente de ce bien, et non le prix de revente intégral. L'application du régime de la marge interdit au revendeur toute déduction de la TVA acquittée à l'achat du bien (TVA d'amont).

2. Israël : Les données statistiques concernant Israël sont fournies par et sous la responsabilité des autorités israéliennes compétentes. L'utilisation de ces données par l'OCDE est sans préjudice du statut des hauteurs du Golan, de Jérusalem Est et des colonies de peuplement israéliennes en Cisjordanie aux termes du droit international.

Source : Délégations nationales - Situation au 1er janvier 2018.

Tableau annexe 2.A.7. Ratio de recettes de TVA (RRT)

Pays	Taux de TVA normal 2016	1976	1980	1984	1988	1992	1996	2000	2005	2006	2007	2008	2009	2010	2011	2012	2013	2014	2015	2016	Différence 2014 - 2016
Australie	10.0								0.56	0.54	0.54	0.49	0.51	0.49	0.47	0.47	0.49	0.48	0.50	0.50	0.01
Autriche	20.0	0.66	0.65	0.64	0.62	0.61	0.60	0.61	0.58	0.57	0.58	0.59	0.58	0.58	0.58	0.59	0.58	0.58	0.59	0.60	0.01
Belgique	21.0	0.56	0.60	0.49	0.52	0.49	0.46	0.50	0.50	0.50	0.51	0.48	0.46	0.48	0.48	0.48	0.47	0.47	0.47	0.48	0.00
Canada	5.0					0.43	0.47	0.49	0.50	0.47	0.51	0.49	0.49	0.49	0.48	0.47	0.47	0.47	0.48	0.47	0.00
Chili	19.0					0.63	0.67	0.64	0.67	0.64	0.68	0.71	0.60	0.63	0.64	0.65	0.64	0.64	0.64	0.64	0.00
République tchèque	21.0						0.42	0.42	0.56	0.52	0.54	0.56	0.55	0.53	0.55	0.57	0.57	0.58	0.59	0.60	0.02
Danemark	25.0	0.63	0.60	0.60	0.60	0.56	0.57	0.59	0.62	0.64	0.65	0.61	0.58	0.57	0.58	0.59	0.57	0.57	0.57	0.60	0.02
Estonie	20.0						0.73	0.72	0.70	0.81	0.80	0.67	0.73	0.67	0.67	0.69	0.66	0.70	0.73	0.73	0.03
Finlande	24.0						0.54	0.61	0.60	0.61	0.60	0.58	0.56	0.55	0.56	0.56	0.55	0.54	0.53	0.54	0.00
France	20.0	0.65	0.69	0.62	0.62	0.53	0.53	0.51	0.52	0.52	0.51	0.50	0.47	0.48	0.48	0.48	0.48	0.48	0.49	0.49	0.00
Allemagne	19.0	0.55	0.56	0.51	0.49	0.61	0.60	0.60	0.54	0.56	0.54	0.55	0.55	0.54	0.55	0.55	0.54	0.55	0.56	0.56	0.01
Grèce	23.0				0.46	0.47	0.43	0.49	0.47	0.46	0.48	0.46	0.39	0.44	0.37	0.37	0.36	0.37	0.38	0.44	0.07
Hongrie	27.0					0.30	0.43	0.52	0.48	0.55	0.58	0.56	0.62	0.52	0.52	0.52	0.52	0.56	0.60	0.57	0.01
Islande	24.0					0.63	0.54	0.59	0.62	0.64	0.59	0.52	0.45	0.43	0.44	0.45	0.45	0.46	0.52	0.55	0.09
Irlande	23.0	0.30	0.21	0.44	0.42	0.45	0.52	0.61	0.66	0.67	0.63	0.55	0.46	0.47	0.46	0.44	0.45	0.48	0.48	0.50	0.01
Israël	17.0						0.66	0.62	0.62	0.62	0.66	0.64	0.65	0.65	0.65	0.64	0.64	0.63	0.62	0.63	0.01
Italie	22.0	0.44	0.42	0.38	0.40	0.37	0.39	0.43	0.39	0.41	0.41	0.39	0.36	0.40	0.40	0.38	0.37	0.37	0.38	0.38	-0.01
Japon	8.0					0.68	0.71	0.68	0.70	0.70	0.68	0.66	0.66	0.68	0.68	0.68	0.69	0.69	0.73	0.71	0.02
Corée	10.0					0.64	0.58	0.59	0.64	0.63	0.63	0.63	0.65	0.67	0.67	0.69	0.67	0.69	0.64	0.70	0.00
Lettonie	21.0							0.51	0.57	0.60	0.61	0.49	0.38	0.42	0.42	0.46	0.49	0.51	0.52	0.55	0.05
Lituanie	21.0						0.46	0.52	0.52	0.55	0.61	0.58	0.47	0.49	0.51	0.50	0.50	0.50	0.51	0.51	0.00
Luxembourg	17.0	0.59	0.61	0.64	0.66	0.45	0.55	0.69	0.86	0.83	0.95	0.95	0.96	0.99	1.06	1.11	1.17	1.25	0.96	0.92	-0.33
Mexique	16.0		0.33	0.27	0.25	0.30	0.21	0.25	0.29	0.32	0.32	0.33	0.30	0.32	0.31	0.31	0.28	0.32	0.32	0.33	0.01
Pays-Bas	21.0	0.47	0.51	0.49	0.54	0.55	0.54	0.57	0.55	0.57	0.58	0.56	0.52	0.54	0.52	0.52	0.47	0.47	0.49	0.51	0.05
Nouvelle-Zélande	15.0				0.89	0.96	0.98	0.97	1.01	1.02	0.95	0.96	0.96	1.09	0.92	0.93	0.93	0.95	0.96	0.95	0.00
Norvège	25.0	0.66	0.66	0.63	0.69	0.58	0.60	0.67	0.57	0.61	0.63	0.57	0.54	0.56	0.56	0.57	0.57	0.56	0.56	0.57	0.00

Pays	Taux de	1976	1980	1984	1988	1992	1996	2000	2005	2006	2007	2008	2009	2010	2011	2012	2013	2014	2015	2016	Différence 2014 -
Pologne	23.0						0.42	0.42	0.47	0.51	0.53	0.50	0.45	0.47	0.47	0.43	0.42	0.44	0.44	0.44	0.01
Portugal	23.0				0.45	0.49	0.55	0.60	0.56	0.51	0.51	0.49	0.43	0.48	0.45	0.47	0.46	0.49	0.50	0.49	0.01
République slovaque	20.0						0.48	0.44	0.60	0.57	0.52	0.53	0.47	0.46	0.48	0.43	0.46	0.49	0.51	0.50	-0.01
Slovénie	22.0							0.67	0.66	0.68	0.69	0.68	0.59	0.59	0.59	0.58	0.60	0.59	0.59	0.58	0.02
Espagne	21.0				0.57	0.60	0.44	0.52	0.56	0.56	0.53	0.43	0.31	0.45	0.39	0.40	0.39	0.41	0.43	0.43	0.03
Suède	25.0	0.44	0.40	0.38	0.40	0.41	0.50	0.53	0.55	0.56	0.57	0.58	0.57	0.59	0.58	0.56	0.56	0.57	0.58	0.60	-0.02
Suisse	8.0						0.67	0.73	0.72	0.74	0.73	0.74	0.70	0.72	0.71	0.71	0.71	0.70	0.69	0.68	0.00
Turquie	18.0				0.45	0.44	0.43	0.46	0.40	0.42	0.38	0.37	0.36	0.41	0.44	0.40	0.44	0.40	0.42	0.40	0.00
Royaume-Uni	20.0	0.42	0.41	0.44	0.48	0.43	0.43	0.44	0.43	0.44	0.44	0.42	0.42	0.43	0.43	0.43	0.43	0.43	0.44	0.44	0.01
Moyenne non pondérée	19.1	0.53	0.51	0.50	0.53	0.52	0.53	0.56	0.58	0.59	0.59	0.57	0.54	0.55	0.55	0.54	0.55	0.55	0.55	0.56	0.01

Note : Formule de calcul : Formule de RRT = Recettes de TVA/[(Consommation – recettes de TVA) × taux de TVA normal]. Consommation = Dépenses de consommation finale (rubrique P3) dans les comptes nationaux. Les taux de TVA utilisés sont les taux normaux en vigueur au 1er janvier de chaque année.

Série temporelle : Comme il n'existait pas de données dans tous les pays au-delà de 2016, le RRT n'a pas été calculé après cette date.

Canada : le calcul du RRT inclut uniquement la TVA (TPS) fédérale.

Canada, Japon et Nouvelle-Zélande : les dépenses annuelles de consommation finale des comptes nationaux ont été corrigées pour assurer la concordance entre l'exercice budgétaire pour les recettes de TVA et l'année civile pour la consommation finale.

Israël : Les données statistiques concernant Israël sont fournies par et sous la responsabilité des autorités israéliennes compétentes. L'utilisation de ces données par l'OCDE est sans préjudice du statut des hauteurs du Golan, de Jérusalem Est et des colonies de peuplement israéliennes en Cisjordanie aux termes du droit international. Quoique la TVA ait été instaurée en Israël en 1976, le RRT n'a été calculé qu'à partir de 1996 parce qu'il n'existe pas de statistiques sur les recettes fiscales avant cette année.

Japon : en raison de la forte hausse de la TVA au 1er avril 2014, le RRT de 2014 a été calculé sur la base d'un taux moyen de TVA, à savoir (5X3+8X9)/12=7.25 %

Source : OCDE.

StatLink http://dx.doi.org/10.1787/888933890122

Tableau annexe 2.A.8. Mécanismes de recouvrement de la TVA sur les fournitures transfrontières de services et de biens incorporels[1] par des fournisseurs non-résidents (« fournitures importées »)

Pays	Régime du recouvrement de la TVA sur les fournitures de services et de biens incorporels par des fournisseurs non résidents[2]	Indicateurs utilisés pour déterminer le lieu d'imposition[3]	Seuil4
Australie	**Mécanisme de recouvrement de la TVA :** ***Fournitures B2C*** : le fournisseur étranger est tenu de s'identifier. La procédure simplifiée d'identification « pour paiement uniquement » et de déclaration est possible ; la procédure normale d'identification est autorisée. ***Fournitures B2B*** : le client est redevable de la TPS due au titre du mécanisme d'autoliquidation uniquement si l'entreprise cliente ne peut prétendre au bénéfice de l'intégralité du crédit de TPS. **Critères de distinction des fournitures B2C et B2B :** numéro d'immatriculation (Australian Business Number - ABN) du client ; et déclaration attestant que l'entreprise est enregistrée aux fins de la TPS. **Fournitures concernées par la règle applicable aux fournitures B2C[3] :** fournitures de services et de biens incorporels importés (tout ce qui diffère d'une livraison de biens ou de biens immobiliers), y compris les services d'architectes ou de juristes. **Mise en application** : à compter du 1er juillet 2017	B2C : localisation du client. B2B : statut de résidence fiscale du client	75 000 AUD (58 537 USD) Identique à celui applicable aux nationaux
Autriche	Régime de l'Union européenne (voir ci-dessous)		
Belgique	Régime de l'Union européenne (voir ci-dessous)		
Canada	**Mécanisme de recouvrement de la TVA :** ***Fournitures B2C et B2B*** : le client est tenu de déclarer et d'acquitter la TPS due au titre du mécanisme d'autoliquidation. En ce qui concerne les opérations B2B, le mécanisme d'autoliquidation ne s'applique que si le client ne peut prétendre au bénéfice de l'intégralité du crédit pour la TPS. **Critères de distinction des fournitures B2C et B2B :** absence de distinction **Fournitures concernées[4]** : fournitures de services et biens incorporels **Mise en application ; à compter du** 1er janvier 1991	B2C et B2B : résidence ou emplacement habituels du bénéficiaire	Sans objet
Chili	**Mécanisme de recouvrement de la TVA :** ***Fournitures B2C et B2B*** : le client est redevable de la TVA due au titre du mécanisme d'autoliquidation. **Critères de distinction des fournitures B2C et B2B** : absence de distinction **Fournitures concernées[3]** : certains services à caractère technique, non professionnel et de conseil. **Mise en application** : 1975		Absence de seuil
République tchèque	Régime de l'Union européenne (voir ci-après)		
Danemark	Régime de l'Union européenne (voir ci-après)		
Estonie	Régime de l'Union européenne (voir ci-après)		

Pays	Régime du recouvrement de la TVA sur les fournitures de services et de biens incorporels par des fournisseurs non résidents[2]	Indicateurs utilisés pour déterminer le lieu d'imposition[3]	Seuil4
Finlande	Régime de l'Union européenne (voir ci-après)		
France	Régime de l'Union européenne (voir ci-après)		
Allemagne	Régime de l'Union européenne (voir ci-après)		
Grèce	Régime de l'Union européenne (voir ci-après)		
Hongrie	Régime de l'Union européenne (voir ci-après)		
Islande	Mécanisme de recouvrement de la TVA : ***Fournitures B2C*** : le fournisseur étranger est tenu de s'identifier selon la procédure normale ; pas de procédure simplifiée. ***Fournitures B2B*** : exonération si le client peut prétendre au bénéfice d'une déduction intégrale. Dans le cas contraire, la procédure appliquée est la même que celle appliquée aux opérations B2C. **Critères de distinction des fournitures B2C et B2B** : numéro d'identification à la TVA du client **Fournitures concernées**[3] : services fournis par voie électronique et services non numériques comme les services de consultants, de juristes, de comptables et autres services spécialisés de ce type. **Mise en application :** 1er novembre 2011	B2C : résidence habituelle du client B2B : localisation du client (établissement permanent du client)	2 millions ISK (14 200 USD) Même règle que pour les fournisseurs nationaux
Irlande	Régime de l'Union européenne (voir ci-dessous)		
Israël[5]	**Mécanisme de recouvrement de la TVA :** ***Fournitures B2C*** : auto-évaluation par le client ***Fournitures B2B*** : le mécanisme d'autoliquidation s'applique. **Fournitures concernées**[3] : services, y compris les services numériques. **Critères de distinction des fournitures B2C et B2B : n**uméro d'identification à la TVA du client **Mise en application :** 1er novembre 2011	B2C et B2B : la résidence du client est en Israël ou l'opération à un lien avec un actif en Israël.	Sans objet.
Italie	Régime de l'Union européenne (voir ci-dessous)		
Japon	**Mécanisme de recouvrement de la TVA :** ***Fournitures B2C :*** le prestataire de services non-résident, qui ne possède pas de succursale ou de bureau au Japon, doit désigner un représentant fiscal pour s'identifier aux fins de la TVA selon la procédure normale. ***Fournitures B2B*** **:** le mécanisme d'autoliquidation s'applique. Une entreprise étrangère doit informer ses clients japonais qu'ils (les clients) sont redevables de la TVA en vertu du mécanisme d'autoliquidation. **Critères de distinction des fournitures B2C et B2B :** nature des services fournis. **Fournitures concernées par la règle applicable aux B2C**[3] **:** « Services électroniques », tels qu'ils sont définis par la loi (livres électroniques en ligne, jeux en ligne, musique, films, services de cloud, achats sur Internet ou site de vente aux enchères). **Mise en application :** 1er octobre 2015	B2C et B2B : la localisation du client (c'est-à-dire l'adresse ou le domicile s'il s'agit d'un particulier et le siège social ou l'établissement principal s'il s'agit d'une entreprise).	10 millions JPY (95 000 USD) Même règle que pour les fournisseurs nationaux
Corée	**Mécanisme de recouvrement de la TVA :** ***Fournitures B2C*** **:** le fournisseur étranger est tenu de s'identifier. L'identification électronique simplifiée est possible ;	**B2C :** localisation du client **B2B :** sans objet	Absence de seuil

Pays	Régime du recouvrement de la TVA sur les fournitures de services et de biens incorporels par des fournisseurs non résidents[2]	Indicateurs utilisés pour déterminer le lieu d'imposition[3]	Seuil4
	(identification « pour paiement uniquement ».) ***Fournitures B2B* : hors champ d'application**. **Critères de distinction des fournitures B2C et B2B :** nature des services fournis. **Fournitures concernées par la règle applicable aux B2C[3] :** « Services électroniques », tels qu'ils sont définis par la loi (applications, jeux, musique, films, documents électroniques, logiciels, etc.). **Mise en application :** 1er juillet 2015		
Lettonie	Régime de l'Union européenne (voir ci-dessous)		
Lituanie	Régime de l'Union européenne (voir ci-dessous)		
Luxembourg	Régime de l'Union européenne (voir ci-dessous)		
Mexique	**Mécanisme de recouvrement de la TVA :** ***Fournitures B2C* :** les consommateurs finaux sont tenus de déclarer les transactions à des fins statistiques. ***Fournitures B2B* :** le client doit autoévaluer la TVA (mécanisme d'autoliquidation). **Critères de distinction des fournitures B2C et B2B :** absence de distinction **Fournitures concernées[4] :** tous les services **Mise en application :** 1980	**B2C et B2B :** Services : consommation ou présence physique du client ; Biens incorporels : résidence de l'acquéreur ou lieu d'utilisation	Absence de seuil
Pays-Bas	Régime de l'Union européenne (voir ci-dessous)		
Nouvelle-Zélande	**Mécanisme de recouvrement de la TVA :** ***Fournitures B2C* :** le fournisseur étranger est tenu de s'identifier. L'identification électronique simplifiés est possible ; (identification « pour paiement uniquement »). ***Fournitures B2B* : hors champ d'application**, mais si les prestations imposables de l'acheteur sont principalement des prestations exonérées de TPS (services financiers notamment) ou si les services sont destinés, en partie, à sa consommation personnelle, le mécanisme d'autoliquidation s'applique. **Fournitures concernées par la règle applicable aux B2C[3] :** services à distance, y compris les services numériques comme les livres électroniques, la musique, les vidéos et téléchargements de logiciels, et les services non numériques comme les services d'assurance générale, de conseil, de comptabilité et les services juridiques. **Critères de distinction des fournitures B2C et B2B :** numéro d'identification à la TPS ou numéro d'immatriculation de l'entreprise en Nouvelle-Zélande. Le « Commissioner of Inland Revenue » peut prescrire ou accepter une autre méthode en raison de la nature du bien ou du service fourni, de la valeur du bien ou du service fourni et des modalités et conditions de la fourniture des services. **Mise en application** 1er octobre 2016	**B2C :** résidence fiscale du client **B2B :** résidence fiscale du client	60 000 NZD (41 000 USD) Même règle que pour les fournisseurs nationaux
Norvège	**Mécanisme de recouvrement de la TVA :** ***Fournitures B2C* :** Le fournisseur est tenu de s'identifier aux fins de la TVA. Une procédure d'identification simplifiée « pour paiement uniquement » (sans représentant fiscal) est possible dans le cadre d'une procédure entièrement électronique. La	B2C : résidence habituelle du client B2B : localisation du client.	50 000 NOK 5 000 USD) Même règle que pour

Pays	Régime du recouvrement de la TVA sur les fournitures de services et de biens incorporels par des fournisseurs non résidents[2]	Indicateurs utilisés pour déterminer le lieu d'imposition[3]	Seuil4
	procédure normale d'identification (assortie du droit de déduire la taxe acquittée en amont) est également accessible. *Fournitures B2B* : le mécanisme d'autoliquidation s'applique. **Opérations concernées par la règle applicable aux B2C[3] :** Télécommunications, radiotélévision et services fournis par voie électronique (services électroniques). **Critères de distinction des fournitures B2C et B2B : n**uméro d'identification à la TVA du client **Mise en application :** 1er juillet 2011		les fournisseurs nationaux
Pologne	Régime de l'Union européenne (voir ci-dessous)		
Portugal	Régime de l'Union européenne (voir ci-dessous)		
République slovaque	Régime de l'Union européenne (voir ci-dessous)		
Slovénie	Régime de l'Union européenne (voir ci-dessous)		
Espagne	Régime de l'Union européenne (voir ci-dessous)		
Suède	Régime de l'Union européenne (voir ci-dessous)		
Suisse*	**Mécanisme de recouvrement de la TVA :** ***Fournitures B2C*** : le fournisseur étranger est tenu de s'identifier aux fins de la TVA selon la procédure normale (pas de procédure d'identification simplifiée ; la désignation d'un agent fiscal est obligatoire). ***Fournitures B2B*** : la plupart des fournitures de services et de biens incorporels importés sont imposées selon le mécanisme d'autoliquidation, sauf si le fournisseur étranger est identifié aux fins de la TVA notamment pour la déclaration des fournitures B2C). ***Fournitures* concernées par la règle applicable aux B2C[3] :** services relatifs aux technologies de l'information et de la communication (TIC). **Critères de distinction des fournitures B2C et B2B :** numéro d'identification à la TVA du client **Mise en application :** 1er janvier 2010	B2C : résidence habituelle du client B2B : localisation du client.	100 000 CHF (101 000 USD) Le seuil fait référence au chiffre d'affaires global du fournisseur.
Turquie	**Mécanisme de recouvrement de la TVA :** ***Fournitures B2C*** : Le fournisseur est tenu de s'identifier aux fins de la TVA. Une procédure d'identification simplifiée (sans représentant fiscal) est possible dans le cadre d'une procédure entièrement électronique. La déduction de la TVA acquittée en amont est possible. ***Fournitures B2B*** : le mécanisme d'autoliquidation s'applique. ***Fournitures* concernées par la règle applicable aux B2C[3] :** services électroniques **Critères de distinction des fournitures B2C et B2B** : numéro d'identification à la TVA du client **Mise en application :** 1er janvier 2018	B2C : résidence habituelle du client B2B : localisation du client.	Absence de seuil
Royaume-Uni	Régime de l'Union européenne (voir ci-dessous)		

Pays	Régime du recouvrement de la TVA sur les fournitures de services et de biens incorporels par des fournisseurs non résidents[2]	Indicateurs utilisés pour déterminer le lieu d'imposition[3]	Seuil4
Union européenne	**Mécanisme de recouvrement de la TVA :** ***Fournitures* B2C** : Un fournisseur extracommunautaire peut choisir de s'identifier aux fins de la TVA via le mécanisme du « guichet unique » par lequel une procédure d'identification simplifiée « pour paiement uniquement » (sans représentant fiscal) est possible dans le cadre d'une procédure entièrement électronique. Fournitures B2B : le mécanisme d'autoliquidation s'applique. **Critères de distinction des fournitures B2C et B2B :** numéro d'identification à la TVA du client. Fournitures concernées par la règle applicable aux B2C : services électroniques, de télécommunication et de radiodiffusion. **Mise en application :** 2003 : fournisseurs extracommunautaires ; 2015 : fournisseurs intracommunautaires.	B2C : résidence habituelle du client B2B : localisation du client.	Absence de seuil

Notes :

1. Dans ce tableau :

L'expression « services et biens incorporels » désigne toute fourniture de services ou de biens incorporels par un fournisseur non-résident (sans établissement d'aucune sorte dans le pays du client).

L'expression « pour paiement uniquement » fait référence à un régime d'enregistrement aux fins de la TVA destiné aux fournisseurs non-résidents, qui ne vise que la collecte de la TVA sur les fournitures de services et biens incorporels importés par ces fournisseurs, sans accorder à ces fournisseurs le droit de déduire la TVA supportée dans la juridiction de taxation (bien qu'un remboursement ou une autre procédure de dégrèvement puisse être prévus).

2. Les fournitures présentées dans ce tableau sont celles qui sont visées par les Principes directeurs internationaux pour la TVA/TPS 3.1 à 3.4 et par le principe 3.6. Les prestations consommées sur place (Principe 3.5) et les fournitures de services et de biens incorporels soumis aux règles spécifiques du lieu d'imposition, notamment les fournitures de services directement liées à des biens immobiliers spécifiques, qui sont couvertes par les principes 3.7 et 3.8, ne sont pas prises en compte dans ce tableau.

3. Certaines juridictions peuvent limiter l'application des Principes directeurs internationaux pour la TVA/TPS 3.1 à 3.4 ou du principe 3.6 à certaines catégories de prestataires de services. D'autres méthodes de recouvrement de la TVA fondées sur le lieu d'imposition peuvent donc s'appliquer aux fournitures qui ne sont pas prises en compte dans cette définition.

4. Le seuil s'applique à l'enregistrement des fournisseurs étrangers dans la juridiction d'imposition. Le montant en monnaie locale est converti en USD selon le taux de change à parité de pouvoir d'achat (PPA) pour le PIB de l'OCDE. Les PPA sont les taux de change qui éliminent les différences de pouvoir d'achat entre les pays en supprimant les différences de prix entre les pays. Ils indiquent le nombre spécifié d'unités monétaires nécessaires dans chaque pays pour acheter le même panier représentatif de produits de consommation et de services, qui coûte 1 USD aux États-Unis. Les taux de conversion des monnaies utilisés dans la publication Tendances des impôts sur la consommation sont les taux PPA pour le PIB (voir l'annexe B).

5. Les données statistiques concernant Israël sont fournies par et sous la responsabilité des autorités israéliennes compétentes. L'utilisation de ces données par l'OCDE est sans préjudice du statut des hauteurs du Golan, de Jérusalem Est et des colonies de peuplement israéliennes en Cisjordanie aux termes du droit international.

Source : Délégations nationales - Situation au 1er janvier 2018.

Tableau annexe 2.A.9. Possibilité de remboursement ou d'exonération de la TVA pour les contribuables étrangers[1]

Juridiction	Accès des entreprises étrangères à un mécanisme de remboursement ou d'exonération de la TVA	Approche	Exigence de réciprocité	Possibilité de déduction de la TVA dans le cadre du régime administratif et d'identification simplifié[2]
Australie	Oui	Remboursement possible pour les entités soumises à un régime d'identification simplifié	Non	Non (identification « pour paiement uniquement »)
Autriche	Oui	Remboursement possible par un mécanisme de remboursement direct (sans identification, ni représentant fiscal) ou d'identification directe à la TVA : • Entreprises établies dans l'UE : remboursements effectués conformément à la directive 2008/9/CE de l'Union européenne ; • Entreprises établies en dehors de l'UE : remboursements effectués conformément à la 13e directive de l'Union européenne.	Non	Non identification « pour paiement uniquement »)
Belgique	Oui	Remboursement possible par un mécanisme de remboursement direct (sans identification, ni représentant fiscal) ou d'identification directe à la TVA : • Entreprises établies dans l'UE : remboursements effectués conformément à la directive 2008/9/CE de l'Union européenne ; • Entreprises établies en dehors de l'UE : remboursements effectués conformément à la 13e directive de l'Union européenne.	Non	Non (identification « pour paiement uniquement »)
Canada	Oui	Exonération par l'application du taux zéro le cas. À défaut, les types d'exonération suivants peuvent être accordés (critère fondé sur les faits et circonstances) : La TVA n'est pas appliquée à une entreprise étrangère au titre d'une fourniture de biens au Canada qui, par ailleurs, serait imposable, dès lors que le fournisseur de cette entreprise étrangère reçoit un « certificat de livraison directe » d'une personne enregistrée aux fins de la TVA qui reçoit physiquement les biens vendus ; Une entreprise étrangère est autorisée à « répercuter » la TVA acquittée lors de l'importation de biens au Canada ou payée à une personne immatriculée à la TVA sur son client ou fournisseur	Non	Sans objet

Juridiction	Accès des entreprises étrangères à un mécanisme de remboursement ou d'exonération de la TVA	Approche	Exigence de réciprocité	Possibilité de déduction de la TVA dans le cadre du régime administratif et d'identification simplifié[2]
		immatriculé à la TVA afin que celui-ci puisse à son tour la récupérer lorsqu'il établit sa déclaration de TVA.		
Chili	Non	Sans objet	Sans objet	Sans objet
République tchèque	Oui	Remboursement possible par un mécanisme de remboursement direct (sans identification, ni représentant fiscal) ou d'identification directe à la TVA : • Entreprises établies dans l'UE : remboursements effectués conformément à la directive 2008/9/CE de l'Union européenne ; • Entreprises établies en dehors de l'UE : remboursements effectués conformément à la 13e directive de l'Union européenne.	Oui : les remboursements ne sont prévus que pour les entreprises établies dans l'UE et pour les pays qui remboursent la TVA aux entreprises tchèques.	Non (identification « pour paiement uniquement »)
Danemark	Oui	Remboursement possible par un mécanisme de remboursement direct (sans identification, ni représentant fiscal) ou d'identification directe à la TVA : • Entreprises établies dans l'UE : remboursements effectués conformément à la directive 2008/9/CE de l'Union européenne ; • Entreprises établies en dehors de l'UE : remboursements effectués conformément à la 13e directive de l'Union européenne.	Non	Non (identification « pour paiement uniquement »)
Estonie	Oui	Remboursement possible par un mécanisme de remboursement direct (sans identification, ni représentant fiscal) ou d'identification directe à la TVA : • Entreprises établies dans l'UE : remboursements effectués conformément à la directive 2008/9/CE de l'Union européenne ; • Entreprises établies en dehors de l'UE : remboursements effectués conformément à la 13e directive de l'Union européenne.	Oui : les remboursements ne sont prévus que pour les entreprises établies dans l'UE et pour les pays qui remboursent la TVA aux entreprises estoniennes.	Non (identification « pour paiement uniquement »)
Finlande	Oui	Remboursement possible par un mécanisme de remboursement direct (sans identification, ni représentant fiscal) ou d'identification directe à la TVA :	Non	Non (identification « pour paiement uniquement »)

Juridiction	Accès des entreprises étrangères à un mécanisme de remboursement ou d'exonération de la TVA	Approche	Exigence de réciprocité	Possibilité de déduction de la TVA dans le cadre du régime administratif et d'identification simplifié[2]
		• Entreprises établies dans l'UE : remboursements effectués conformément à la directive 2008/9/CE de l'Union européenne ; • Entreprises établies en dehors de l'UE : remboursements effectués conformément à la 13e directive de l'Union européenne.		
France	Oui	Remboursement possible par un mécanisme de remboursement direct (sans identification, ni représentant fiscal) ou d'identification directe à la TVA : • Entreprises établies dans l'UE : remboursements effectués conformément à la directive 2008/9/CE de l'Union européenne ; • Entreprises établies en dehors de l'UE : remboursements effectués conformément à la 13e directive de l'Union européenne.	Non	Non (identification « pour paiement uniquement »)
Allemagne	Oui	Remboursement possible par un mécanisme de remboursement direct (sans identification, ni représentant fiscal) ou d'identification directe à la TVA : • Entreprises établies dans l'UE : remboursements effectués conformément à la directive 2008/9/CE de l'Union européenne ; • Entreprises établies en dehors de l'UE : remboursements effectués conformément à la 13e directive de l'Union européenne.	Oui : remboursements prévus uniquement pour les entreprises établies dans l'UE et dans les pays avec lesquels l'Allemagne a signé un accord de réciprocité.	Non (identification « pour paiement uniquement »)
Grèce	Oui	Remboursement possible par un mécanisme de remboursement direct (sans identification, ni représentant fiscal) ou d'identification directe à la TVA : • Entreprises établies dans l'UE : remboursements effectués conformément à la directive 2008/9/CE de l'Union européenne (système électronique) ; • Entreprises établies en dehors de l'UE : remboursements effectués conformément à la 13e directive de l'Union européenne (système sur support papier).	Oui : remboursements prévus uniquement pour les entreprises établies dans l'UE, en Norvège et en Suisse.	Non (identification « pour paiement uniquement »)

Juridiction	Accès des entreprises étrangères à un mécanisme de remboursement ou d'exonération de la TVA	Approche	Exigence de réciprocité	Possibilité de déduction de la TVA dans le cadre du régime administratif et d'identification simplifié[2]
Hongrie	Oui	Remboursement possible par un mécanisme de remboursement direct (sans identification, ni représentant fiscal) ou d'identification directe à la TVA : • Entreprises établies dans l'UE : remboursements effectués conformément à la directive 2008/9/CE de l'Union européenne ; • Entreprises établies en dehors de l'UE : remboursements effectués conformément à la 13e directive de l'Union européenne.	Oui : remboursements prévus uniquement pour les entreprises établies dans l'UE, au Liechtenstein, en Suisse et en Norvège.	Non (identification « pour paiement uniquement »)
Islande	Oui	Remboursement prévu par un mécanisme de remboursement direct (sans identification, ni représentant fiscal).	Non	Sans objet
Irlande	Oui	Remboursement possible par un mécanisme de remboursement direct (sans identification, ni représentant fiscal) ou d'identification directe à la TVA : • Entreprises établies dans l'UE : remboursements effectués conformément à la directive 2008/9/CE de l'Union européenne ; • Entreprises établies en dehors de l'UE : remboursements effectués conformément à la 13e directive de l'Union européenne.	Non	Non (identification « pour paiement uniquement »)
Israël3	Non	Sans objet	Sans objet	Sans objet
Italie	Oui	Remboursement possible par un mécanisme de remboursement direct (sans identification, ni représentant fiscal) ou d'identification directe à la TVA : • Entreprises établies dans l'UE : remboursements effectués conformément à la directive 2008/9/CE de l'Union européenne ; • Entreprises établies en dehors de l'UE : remboursements effectués conformément à la 13e directive de l'Union européenne.	Oui : remboursements prévus uniquement pour les entreprises établies dans l'UE, en Israël, en Norvège et en Suisse.	Non (identification « pour paiement uniquement »)
Japon	Oui	Une entreprise non établie doit désigner un représentant fiscal résident et choisir d'être considérée comme une entreprise imposable.	Non	Non

Juridiction	Accès des entreprises étrangères à un mécanisme de remboursement ou d'exonération de la TVA	Approche	Exigence de réciprocité	Possibilité de déduction de la TVA dans le cadre du régime administratif et d'identification simplifié[2]
Corée	Oui	Remboursement prévu par un mécanisme de remboursement direct (sans identification, ni représentant fiscal).	Oui : Remboursements prévus uniquement pour les entreprises établies dans des pays étrangers, sur une base de réciprocité.	Renseignements non disponibles
Lettonie	Oui	Remboursement possible par un mécanisme de remboursement direct (sans identification, ni représentant fiscal) ou d'identification directe à la TVA : • Entreprises établies dans l'UE : remboursements effectués conformément à la directive 2008/9/CE de l'Union européenne ; • Entreprises établies en dehors de l'UE : remboursements effectués conformément à la 13e directive de l'Union européenne.	Oui : les remboursements ne sont prévus que pour les entreprises établies dans l'UE et pour les pays qui remboursent la TVA aux entreprises lettones.	Non (identification « pour paiement uniquement »)
Lituanie	Oui	Remboursement possible par un mécanisme de remboursement direct (sans identification, ni représentant fiscal) ou d'identification directe à la TVA : • Entreprises établies dans l'UE : remboursements effectués conformément à la directive 2008/9/CE de l'Union européenne ; • Entreprises établies en dehors de l'UE : remboursements effectués conformément à la 13e directive de l'Union européenne.	Oui : les remboursements ne sont prévus que pour les entreprises établies dans l'UE et pour les pays qui remboursent la TVA aux entreprises lituaniennes. Les remboursements sont également prévus pour les entreprises établies dans des pays membres de l'OCDE qui n'appliquent pas la TVA ni une taxe similaire.	Non (identification « pour paiement uniquement »)[2]
Luxembourg	Oui	Remboursement possible par un mécanisme de remboursement direct (sans identification, ni représentant fiscal) ou d'identification directe à la TVA : • Entreprises établies dans l'UE : remboursements effectués conformément à la directive 2008/9/CE de l'Union européenne ; • Entreprises établies en dehors de l'UE : remboursements effectués conformément à la 13e directive de l'Union européenne.	Non	Non (identification « pour paiement uniquement »)
Mexique	Non	Sans objet	Sans objet	Sans objet
Pays-Bas	Oui	Remboursement possible par un mécanisme de remboursement direct (sans identification, ni représentant fiscal) ou d'identification	Non	Non (identification « pour paiement

Juridiction	Accès des entreprises étrangères à un mécanisme de remboursement ou d'exonération de la TVA	Approche	Exigence de réciprocité	Possibilité de déduction de la TVA dans le cadre du régime administratif et d'identification simplifié[2]
		directe à la TVA : • Entreprises établies dans l'UE : remboursements effectués conformément à la directive 2008/9/CE de l'Union européenne ; • Entreprises établies en dehors de l'UE : remboursements effectués conformément à la 13e directive de l'Union européenne.		uniquement »)
Nouvelle-Zélande	Oui	Deux approches possibles concernant les échanges de services internationaux : Taux zéro applicable aux fournitures à des non-résidents qui se trouvent hors de son territoire au moment de l'exécution ; Taux zéro pour toute une gamme d'autres fournitures spécifiques. Depuis le 1er avril 2014, une entreprise non résidente qui n'effectue pas de prestations imposables en Nouvelle-Zélande peut se faire enregistrer pour la TPS et en demander le remboursement en Nouvelle-Zélande. La règle suivante s'applique : (1) l'entreprise non résidente doit s'enregistrer à la TPS ou à la TVA dans son propre pays ; (2) le remboursement de la TPS résultant de la première déclaration de TPS doit être supérieur à 500 NZD ; (3) le droit au remboursement de la TPS sur les intrants n'est possible que si l'entreprise non résidente a payé les dépenses ; (4) l'entreprise non résidente ne peut pas créer un groupe au titre de la TPS avec des entités résidentes en Nouvelle-Zélande sauf si elle est enregistrée au titre de la TPS selon les règles normales ; (5) l'entreprise non résidente ne doit pas fournir des services susceptibles d'être utilisés, en Nouvelle-Zélande, par une personne qui n'est pas enregistrée au titre de la TPS ; (6) l'autorité fiscale n'est tenue légalement de rembourser la TPS que 90 jours après le dépôt de la déclaration de TPS.	Non	Non (identification « pour paiement uniquement ») Les fournisseurs étrangers peuvent cependant choisir d'effectuer un enregistrement complet leur permettant de demander le remboursement de la TPS sur les coûts acquittés en Nouvelle-Zélande.
Norvège	Oui	Remboursement prévu par un mécanisme de remboursement direct (sans identification, ni représentant fiscal).	Non	Non (identification « pour paiement uniquement »)
Pologne	Oui	Remboursement possible par un mécanisme de remboursement direct (sans identification, ni représentant fiscal) ou d'identification directe à la TVA :	Oui : les remboursements ne sont prévus que pour les entreprises établies dans l'UE et pour les pays qui	Non (identification « pour paiement uniquement »)

Juridiction	Accès des entreprises étrangères à un mécanisme de remboursement ou d'exonération de la TVA	Approche	Exigence de réciprocité	Possibilité de déduction de la TVA dans le cadre du régime administratif et d'identification simplifié[2]
		• Entreprises établies dans l'UE : remboursements effectués conformément à la directive 2008/9/CE de l'Union européenne ; • Entreprises établies en dehors de l'UE : remboursements effectués conformément à la 13e directive de l'Union européenne.	remboursent la TVA aux entreprises polonaises.	
Portugal	Oui	Remboursement prévu par un mécanisme de remboursement direct : • Entreprises établies dans l'UE : remboursements effectués conformément à la directive 2008/9/CE de l'Union européenne ; • Entreprises établies en dehors de l'UE : remboursements effectués conformément à la 13e directive de l'Union européenne par la désignation d'un représentant aux fins de la TVA au Portugal.	Oui : les remboursements ne sont prévus que pour les entreprises établies dans l'UE et pour les pays qui remboursent la TVA aux entreprises portugaises.	Non (identification « pour paiement uniquement »)
République slovaque	Oui	Remboursement possible par un mécanisme de remboursement direct (sans identification, ni représentant fiscal) ou d'identification directe à la TVA : • Entreprises établies dans l'UE : remboursements effectués conformément à la directive 2008/9/CE de l'Union européenne ; • Entreprises établies en dehors de l'UE : remboursements effectués conformément à la 13e directive de l'Union européenne.	Oui : les remboursements ne sont prévus que pour les entreprises établies dans l'UE et pour les pays qui remboursent la TVA aux entreprises slovaques.	Non (identification « pour paiement uniquement »)
Slovénie	Oui	Remboursement possible par un mécanisme de remboursement direct (sans identification, ni représentant fiscal) ou d'identification directe à la TVA : • Entreprises établies dans l'UE : remboursements effectués conformément à la directive 2008/9/CE de l'Union européenne ; • Entreprises établies en dehors de l'UE : remboursements effectués conformément à la 13e directive de l'Union européenne.	Oui : les remboursements ne sont prévus que pour les entreprises établies dans l'UE et pour les pays qui remboursent la TVA aux entreprises slovènes.	Non (identification « pour paiement uniquement »)

Juridiction	Accès des entreprises étrangères à un mécanisme de remboursement ou d'exonération de la TVA	Approche	Exigence de réciprocité	Possibilité de déduction de la TVA dans le cadre du régime administratif et d'identification simplifié[2]
Espagne	Oui	Remboursement possible par un mécanisme de remboursement direct (sans identification, ni représentant fiscal) ou d'identification directe à la TVA : • Entreprises établies dans l'UE : remboursements effectués conformément à la directive 2008/9/CE de l'Union européenne ; • Entreprises établies en dehors de l'UE : remboursements effectués conformément à la 13e directive de l'Union européenne.	Oui : remboursements prévus uniquement pour les entreprises établies dans l'UE, au Canada, en Israël, au Japon, à Monaco, en Norvège et en Suisse en désignant un représentant aux fins de la TVA en Espagne.	Non (identification « pour paiement uniquement »)
Suède	Oui	Remboursement possible par un mécanisme de remboursement direct (sans identification, ni représentant fiscal) ou d'identification directe à la TVA : • Entreprises établies dans l'UE : remboursements effectués conformément à la directive 2008/9/CE de l'Union européenne ; • Entreprises établies en dehors de l'UE : remboursements effectués conformément à la 13e directive de l'Union européenne. Les entreprises non établies peuvent demander le remboursement de la TVA en Suède au même titre que les entreprises enregistrées aux fins de la TVA (depuis le 1er janvier 2010).	Non	Non (identification « pour paiement uniquement »)
Suisse	Oui	La Suisse rembourse la TVA acquittée par des entreprises qui ne sont pas établies, ni enregistrées aux fins de la TVA en Suisse ou au Liechtenstein et qui n'ont pas livré de biens ou de services en Suisse ou au Liechtenstein (au titre de fournitures exonérées de taxe, de services pour lesquels le lieu de la prestation est celui du destinataire ou pour la livraison d'électricité via des câbles, de gaz naturel via un réseau de distribution et de chauffage à distance à des personnes assujetties à la taxe sur le territoire suisse).	Oui La réciprocité conditionne les remboursements.	Sans objet
Turquie	Oui	Remboursement prévu par un mécanisme de remboursement direct (sans identification, ni représentant fiscal) pour certaines transactions.	Oui (dépend partiellement de la réciprocité)	Oui

Juridiction	Accès des entreprises étrangères à un mécanisme de remboursement ou d'exonération de la TVA	Approche	Exigence de réciprocité	Possibilité de déduction de la TVA dans le cadre du régime administratif et d'identification simplifié[2]
Royaume-Uni	Oui	Remboursement prévu par un mécanisme de remboursement direct (sans identification, ni représentant fiscal) ou d'identification directe à la TVA : Entreprises établies dans l'UE : remboursements effectués conformément à la directive 2008/9/CE de l'Union européenne ; Entreprises établies en dehors de l'UE : remboursements effectués conformément à la 13e directive de l'Union européenne.	Non	Non (identification « pour paiement uniquement »)

Notes :

1. Les mécanismes d'exonération ou de remboursement de la TVA présentés dans ce tableau n'incluent pas les mécanismes associés aux exportations de marchandises.

2. L'impossibilité de déduire la TVA supportée en amont par les fournisseurs étrangers dans le cadre du régime administratif et d'identification simplifié n'empêche généralement pas les fournisseurs étrangers d'exercer leur droit à l'obtention d'une exonération de cette TVA en amont dans le cadre de la procédure normale. Par exemple, les fournisseurs étrangers inscrits au mini-guichet unique de l'UE peuvent toujours demander des remboursements de TVA dans le cadre de la 13e directive de l'UE.

3. Les données statistiques concernant Israël sont fournies par et sous la responsabilité des autorités israéliennes compétentes. L'utilisation de ces données par l'OCDE est sans préjudice du statut des hauteurs du Golan, de Jérusalem Est et des colonies de peuplement israéliennes en Cisjordanie aux termes du droit international.

Source : Délégations nationales - Situation au 1er janvier 2018.

Tableau annexe 2.A.10. Exonération de la TVA pour les importations de biens de faible valeur[1]

Pays	Monnaie	Seuil en monnaie locale[2]	Seuil en USD[3]
Australie*	AUD	1 000	679
Autriche	EUR	22	27
Belgique	EUR	22	27
Canada	CAD	20	16
Chili	CLP	0	0
République tchèque	EUR	22	43
Danemark	EUR	10	10
Estonie	EUR	22	40
Finlande	EUR	22	24
France*	EUR	0	
Allemagne	EUR	22	28
Grèce	EUR	22	37
Hongrie	EUR	22	51
Islande*	ISK	2 000	14
Irlande	EUR	22	27
Israël*	USD	75	75
Italie	EUR	22	31
Japon	JPY	10 000	100
Corée*	USD	150	150
Lettonie	EUR	22	44
Lituanie	EUR	22	48
Luxembourg	EUR	22	25
Mexique*	USD	300/50	300/50
Pays-Bas	EUR	22	27
Nouvelle-Zélande*	NZD	400	272
Norvège*	NOK	350	34
Pologne*	EUR	22	52
Portugal	EUR	22	37
République slovaque	EUR	22	45
Slovénie	EUR	22	37
Espagne	EUR	22	33
Suède*	EUR	22	25
Suisse*	CHF	65	53
Turquie	TRY	0	0
Royaume-Uni*	GBP	15	22

Notes :

*Voir note pays correspondante.

1. Ce tableau indique les seuils d'assujettissement à la TVA pour les importations de biens de faible valeur livrés par un fournisseur étranger à un acheteur dans le pays donné. Il ne couvre pas d'autres scénarios d'importation tels que l'importation de biens échangés entre particuliers ou l'importation de biens dans les bagages personnels de voyageurs. Les importations de biens soumis à des droits d'accise ne bénéficient généralement pas des exonérations de la taxe.

2. Montants en monnaie locale : pour les États membres de l'Union européenne, le seuil est indiqué en euros (EUR) même pour ceux dont la monnaie nationale n'est pas l'euro (Danemark, Hongrie, Pologne, République tchèque et Suède), à l'exception du Royaume-Uni. Le seuil appliqué dans les pays de l'UE est déterminé en euros par la législation communautaire (Directive 2009/132/CE). Le montant en euro (EUR) est converti en dollar des États-Unis (USD) comme suit : il est d'abord converti dans la monnaie locale au taux de change du marché (moyenne Eurostat 2015) puis en USD au taux de change PPA. Pour Israël, la Corée et le Mexique, la législation nationale n'indique pas le seuil en monnaie locale, mais uniquement en USD. Sauf mention contraire dans les notes par pays, le montant reflète la valeur intrinsèque des marchandises (hors fret, assurance et autres coûts et taxes).

3. Les montants sont convertis en USD selon le taux à parité de pouvoir d'achat (PPA) pour le PIB. (voir l'annexe A).
Source : Délégations nationales - Situation au 1er janvier 2018.

StatLink http://dx.doi.org/10.1787/888933891167

Notes pays concernant le Tableau annexe 2.A.10

Australie. À compter du 1er juillet 2018, l'application de la TPS sera étendue aux biens de faible valeur importés par des consommateurs. Les fournisseurs étrangers qui réalisent un chiffre d'affaires en Australie supérieur ou égal à 75 000 AUD en raison de la vente de ces biens (ainsi que de toutes les autres ventes connectées avec l'Australie) sont tenus de s'enregistrer aux fins de la collecte et du paiement de la TPS sur les biens de faible valeur fournis aux consommateurs en Australie via un système d'enregistrement pour les vendeurs.

France. Un seuil d'exonération de 22 EUR s'applique aux importations de marchandises qui ne relèvent pas des conditions de vente à distance (par correspondance).

Islande. Le seuil ne s'applique qu'à l'importation de biens par livraison express. Un seuil d'exonération de 1 500 ISK s'applique aux importations de biens par des importateurs enregistrés aux fins de la TVA en Islande.

Israël. Le seuil est indiqué en USD dans la législation nationale. Les données statistiques concernant Israël sont fournies par et sous la responsabilité des autorités israéliennes compétentes. L'utilisation de ces données par l'OCDE est sans préjudice du statut des hauteurs du Golan, de Jérusalem Est et des colonies de peuplement israéliennes en Cisjordanie aux termes du droit international.

Corée. Le seuil est indiqué en USD dans la législation nationale. Les colis postaux et envois express sont exonérés si leur valeur ne dépasse pas 150 USD et si la quantité est telle que les autorités douanières reconnaissent que les biens sont destinés à un usage personnel.

Mexique. Le seuil est indiqué en USD dans la législation nationale. Le seuil est fixé à 300 USD si l'importation est assurée par les services postaux et à 50 USD si elle est assurée par des services de messagerie.

Nouvelle-Zélande. Le seuil ne dépend pas de la valeur des biens, mais du montant de la taxe. Les droits de douane et la TVA ne sont pas prélevés si le montant de la taxe due est inférieur ou égal à 60 NZD. Pour faciliter la comparaison, le seuil équivalent, avec le taux de TPS standard sans les droits de douane en vigueur, est indiqué dans le tableau ci-dessus et s'élève à 400 NZD x GST 15 % = 60 NZD.

Norvège. Les coûts de fret et d'assurance sont inclus dans le montant du seuil.

Pologne. Le seuil ne s'applique pas aux biens importés dans le cadre d'une commande par correspondance.

Suède. Le seuil ne s'applique pas aux biens importés dans le cadre d'une commande par correspondance (y compris via les plateformes numériques).

Suisse. Le seuil ne dépend pas de la valeur des biens, mais du montant de la taxe. La TVA n'est pas prélevée si le montant de la taxe due est inférieur ou égal à 5 CHF par déclaration. Pour faciliter la comparaison, le seuil équivalent avec le taux de TVA standard est indiqué dans le tableau ci-dessus et s'élève à 65 CHF × TVA 7.7 %= 5 CHF. En ce qui concerne les biens assujettis à un taux réduit de 2.5 % (par ex., les livres), le montant du seuil serait de 200 CHF au maximum jusqu'à ce que le montant de la taxe de 5 CHF soit atteint.

Royaume-Uni. Il n'y a pas d'allègement sur les biens de faible valeur importés au Royaume-Uni en provenance des îles Anglo-Normandes, qui ont été achetés dans le cadre d'une transaction par correspondance/à distance.

Tableau annexe 2.A.11. Obligations de déclaration électronique des opérations

Pays	Déclaration électronique obligatoire des opérations	Format de la déclaration	Dispositions relatives à la déclaration	Calendrier de déclaration	Date de mise en œuvre
Australie*	Données sur les transactions : oui	Aucun format spécifique n'est exigé.	À la demande (selon l'évaluation des risques)	-	1er janvier 2000
	Caisses enregistreuses électroniques : non	-	-	-	-
Autriche*	Données sur les transactions : oui	Aucun format spécifique n'est exigé (le format SAF-T[2] est autorisé depuis 2009).	Sur demande	-	1er janvier 2000
	Caisses enregistreuses électroniques : oui	Aucun format spécifique n'est exigé.	Systématique (périodique) et sur demande	Annuel	1er avril 2017
Belgique*	Données sur les transactions : non	-	-	-	-
	Caisses enregistreuses électroniques : oui	Aucun format spécifique n'est exigé.	Sur demande	-	1er juillet 2016
Canada	Données sur les transactions : non	-	-	-	-
	Caisses enregistreuses électroniques : non	-	-	-	-
Chili*	Données sur les transactions : oui	Format XML déterminé par l'autorité fiscale	Systématique (accès direct automatisé en temps réel)	À la date d'émission de la facture (Mensuel	1er janvier 2003
	Caisses enregistreuses électroniques : non (en option)	Sous réserve de l'approbation des autorités fiscales.			1er janvier 2014
République tchèque	Données sur les transactions : oui	Déclaration de contrôle	Systématique (périodique)	En même temps que le dépôt de la déclaration de TVA	1er janvier 2016
	Caisses enregistreuses électroniques : non	-	-	-	-
Danemark	Données sur les transactions : oui	Aucun format spécifique n'est exigé.	Sur demande	-	1er mars 2015
	Caisses enregistreuses électroniques : non	-	-		
Estonie	Données sur les transactions : non	-	-	-	-
	Caisses enregistreuses électroniques : non	-	-	-	-
Finlande	Données sur les transactions : non	-	-	-	-
	Caisses enregistreuses	-	-	-	

Pays	Déclaration électronique obligatoire des opérations	Format de la déclaration	Dispositions relatives à la déclaration	Calendrier de déclaration	Date de mise en œuvre
	électroniques : non				
France	Données sur les transactions : oui Caisses enregistreuses électroniques : oui	SAF-T2 Aucun format spécifique n'est exigé.	Sur demande		1er janvier 2014
Allemagne	Données sur les transactions : oui Caisses enregistreuses électroniques : non				
Grèce*	Données sur les transactions : oui Caisses enregistreuses électroniques : oui	Aucun format spécifique n'est exigé. Aucun format spécifique n'est exigé.	Systématique (periodique)	Annuel	1er janvier 2014 1990
Hongrie*	Données sur les transactions : oui Caisses enregistreuses électroniques : non		Systématique (en temps rée)	À la date d'émission de la facture (notification de la facture en temps réel)	1er juillet 2018
Islande	Données sur les transactions : non Caisses enregistreuses électroniques : non	-	-	-	-
Irlande	Données sur les transactions : oui Caisses enregistreuses électroniques : non	Aucun format spécifique n'est exigé. -	Sur demande -	-	-
Israël*	Données sur les transactions : oui Caisses enregistreuses électroniques : ou	PCN874 Aucun format spécifique n'est exigé.	Systématique (periodique) Systématique (periodique)	Mensuel Mensuel	1er janvier 2010 1er janvier 2010
Italie*	Données sur les transactions : oui Caisses enregistreuses électroniques : non	Format XML	Systématique (en temps réel)	En même temps que l'émission de la facture (notification de la facture en temps réel)	1er janvier 2019
Japon	Données sur les transactions : non Caisses enregistreuses électroniques : non	-	-	-	-
Corée*	Données sur les transactions : oui	Format de facturation électronique de la taxe	Systématique (en temps quasi réel)	Le jour suivant l'émission de la facture	1er janvier 2011

Pays	Déclaration électronique obligatoire des opérations	Format de la déclaration	Dispositions relatives à la déclaration	Calendrier de déclaration	Date de mise en œuvre
	Caisses enregistreuses électroniques Oui	Aucun format spécifique n'est exigé.	Systématique (journalier)	Journalier	1er janvier 2005
Lettonie*	Données sur les transactions : oui Caisses enregistreuses électroniques : oui	Aucun format spécifique n'est exigé. Aucun format spécifique n'est exigé.	Sur demande Sur demande	- -	26 octobre 2011 1er juillet 2017
Lituanie	Données sur les transactions : oui Caisses enregistreuses électroniques : non	SAF-T² Logiciel certifié	Systématique Sur demande	Mensuel	1er octobre 2016
Luxembourg*	Données sur les transactions : oui Caisses enregistreuses électroniques : non	SAF-T²	Sur demande		1er janvier 2011
Mexique	Données sur les transactions : oui Caisses enregistreuses électroniques : non	SAF-TI² -	Systématique (automatique, périodique, sur demande) -	En même temps que l'émission de la facture (notification de la facture en temps réel)	1er janvier 2015
Pays-Bas	Données sur les transactions : oui Caisses enregistreuses électroniques : non	SAF-T² -	Sur demande _	- -	1er janvier 2000
Nouvelle-Zélande	Données sur les transactions : oui Caisses enregistreuses électroniques : non	Aucun format spécifique n'est exigé. -	Sur demande -	- -	
Norvège*	Données sur les transactions : oui Caisses enregistreuses électroniques : oui	SAF-T² Exigences légales	Sur demande (pas encore mis en œuvre) Sur demande (pas encore mis en œuvre)		1er janvier 2020 1er janvier 2019
Pologne	Données sur les transactions : oui Caisses enregistreuses électroniques : oui	SAF-T² Logiciel certifié	Systématique et sur demande Sur demande	Mensuel -	1er juillet 2016 1er janvier 2009
Portugal	Données sur les transactions : oui Caisses enregistreuses électroniques : non	SAF-T²	Systématique et sur demande		1er janvier 2008

Pays	Déclaration électronique obligatoire des opérations	Format de la déclaration	Dispositions relatives à la déclaration	Calendrier de déclaration	Date de mise en œuvre
République slovaque	Données sur les transactions : oui	Logiciel spécifique exigé	Systématique	En même temps que la déclaration de TVA	1er janvier 2014
	Caisses enregistreuses électroniques : oui	Logiciel certifié	Systématique	En temps réel	1er janvier 2012
Slovénie	Données sur les transactions : oui	SAF-T[2]	Sur demande	-	1er janvier 2018
	Caisses enregistreuses électroniques : oui	Logiciel certifié	Systématique	En temps réel	2 janvier 2016
Espagne*	Données sur les transactions : oui	XML	Systématique (en temps quasi réel)	Dans un délai de quatre jours suivant l'émission de la facture (temps quasi réel)	1er juillet 2017
	Caisses enregistreuses électroniques : non	-	-		
Suède*	Données sur les transactions : oui	Aucun format spécifique n'est exigé.	Sur demande	-	1985
	Caisses enregistreuses électroniques : oui	Logiciel certifié	Sur demande	-	
Suisse*	Données sur les transactions : oui Caisses enregistreuses électroniques : non	Aucun format spécifique n'est exigé.	Sur demande	-	-
Turquie	Données sur les transactions : non Caisses enregistreuses électroniques : non	-	-	-	-
Royaume-Uni	Données sur les transactions : oui Caisses enregistreuses électroniques : non	Logiciel aux fonctionnalités compatibles	Données de la déclaration de TVA trimestrielle obligatoire uniquement - absence de déclaration des opérations		1er avril 2019

Notes :

*Voir la note pays correspondante.

1. Dans ce tableau, la déclaration électronique des opérations désigne la transmission par des entreprises enregistrées de renseignements détaillés sous forme électronique concernant les différentes opérations imposables, notamment les données comptables, de facturation ou toute autre information permettant aux autorités fiscales de disposer de renseignements sur les biens et services achetés ou vendus par un contribuable. Elle n'inclut pas la fourniture électronique de données volumineuses comme le chiffre d'affaires total ou les montants déductibles, comme les déclarations ou états.

2. SAF-T signifie *Standard Audit File for Tax* (Fichier normalisé d'informations comptables ; mécanisme mis au point par le Forum sur l'administration fiscale de l'OCDE. Ce système implique l'utilisation d'un logiciel comptable pour créer le fichier électronique (SAF-T) contenant les données comptables. Le format SAF-T permet de transférer les données du contribuable à l'administration fiscale dans un format électronique standard. (« Guidance for Developers of Business and Accounting Software Concerning Tax Audit Requirements » disponible à l'adresse suivante : http://www.oecd.org/tax/administration/guidancenote-guidancefordevelopersofbusinessandaccountingsoftwareconcerningtaxauditrequirements.htm). Le plus souvent, une version locale du format SAF-T est créée pour répondre aux besoins locaux.

Source : Délégations nationales ; situation au 1er janvier 2018.

Notes pays Tableau annexe 2.A.11

Australie. ***Des informations électroniques relatives aux opérations*** ne peuvent être exigées du contribuable que si l'évaluation des risques de ses activités met en évidence la nécessité d'informations supplémentaires. Il peut s'agir simplement d'une copie des factures (si possible, au format pdf), d'autres documents justificatifs ou d'un tableur électronique des opérations. Il est rare que l'administration fiscale australienne accède effectivement aux dossiers électroniques du système de l'entreprise.

Autriche. ***Données électroniques relatives aux opérations*** : depuis 2000, il est obligatoire, à la demande des autorités, de fournir les données relatives aux opérations sur des supports de données (dans le cadre d'un contrôle). Depuis 2009, la transmission de données au format SAF-T est autorisée. ***Caisses enregistreuses électroniques :*** l'utilisation de caisses enregistreuses électroniques est obligatoire pour les contribuables dont le chiffre d'affaires net annuel est supérieur ou égal à 15 000 EUR, à condition que le chiffre d'affaires en espèces soit supérieur à 7 500 EUR par an. Le chiffre d'affaires annuel retenu s'élève à 30 000 EUR pour les entreprises actives dans les domaines suivants : ventes d'articles de plein air ; ventes d'articles de ski alpin et de montagne et de chasse en réserve ; ventes dans certains types de tavernes à vin (« Buschenschank ») ; ventes dans les cantines des organisations sans but lucratif. Une exception générale à l'obligation de caisse enregistreuse s'applique aux organismes sans but lucratif, caritatifs et ecclésiastiques ; aux automates en libre-service dont les ventes unitaires sont inférieures à 20 EUR.

Belgique. ***Caisses enregistreuses électroniques :*** l'obligation de disposer d'un système de caisse enregistreuse (SCE) délivrant des tickets de caisse est imposée aux assujettis qui fournissent des services de repas ou de restauration sur une base régulière lorsque leur chiffre d'affaires annuel hors TVA relatif aux prestations de restaurant et de restauration excède 25 000 EUR. Si ce plafond est dépassé, des tickets de caisse du système de caisse enregistreuse (SCE) doivent être délivrés pour toutes les fournitures de repas et de boissons (pendant le repas ou non), y compris pour toutes les ventes de nourriture et de boissons.

Chili. Depuis 2003, il est obligatoire d'utiliser la facturation électronique et de transmettre par voie électronique, à l'administration fiscale, les données relatives aux opérations entre entreprises. En 2017, cette obligation a été étendue à la transmission des autres données comptables dans un dossier électronique conservé par l'administration fiscale. Les données sur les opérations doivent être communiquées aux autorités fiscales en temps réel. Les données de facturation doivent être validées par les autorités fiscales avant d'être considérées comme un document comptable probant (y compris en matière de droit à déduction de la TVA d'amont). Cette obligation s'applique à tous les assujettis. Tout assujetti à la TVA peut utiliser des caisses enregistreuses. L'autorisation préalable des autorités fiscales est obligatoire pour utiliser des pièces justificatives à la place des reçus de TVA non électroniques. Dans ce cas, l'administration fiscale impose que le modèle de caisse enregistreuse soit certifié selon certains critères. L'autorisation est délivrée au cas par cas, à la demande du contribuable.

Danemark. Il est prévu d'adopter, en 2025, une loi imposant aux contribuables appartenant à une catégorie considérée comme à risque d'utiliser des caisses enregistreuses électroniques.

France. Depuis le 1er janvier 2014, les contribuables qui tiennent leur comptabilité au moyen de systèmes informatisés doivent la présenter sous forme de fichiers dématérialisés lors d'un contrôle de l'administration fiscale (ces fichiers doivent répondre à des règles spécifiques). En outre, depuis le 1er janvier 2018, les personnes assujetties à la TVA qui effectuent des livraisons de biens et des prestations de services à destination de clients particuliers et qui enregistrent les règlements au moyen d'un système de caisse électronique sont tenues d'utiliser un logiciel certifié répondant à plusieurs conditions techniques (inaltérabilité, sécurisation, conservation) en vue d'un contrôle par l'administration fiscale. L'utilisation de caisses enregistreuses électroniques n'est cependant pas obligatoire.

Grèce. La délivrance de reçus de vente par des ***caisses enregistreuses électroniques*** (« caisses enregistreuses fiscales ») est obligatoire, sauf pour les contribuables énumérés par le règlement de l'administration fiscale (notamment, les avocats, comptables, agriculteurs, etc.). Les opérations relevant de documents fiscaux émis et reçus doivent être déclarées chaque année. En ce qui concerne en particulier les opérations entre entreprises (B2B) et entre entreprises et organismes publics (B2G), il convient de déclarer le montant cumulé des factures émises et reçues par numéro d'identification fiscale du client/fournisseur et, en cas d'opérations B2C, le montant total des justificatifs de vente au détail émis et reçus. Outre l'obligation mentionnée ci-dessus, les stations-service doivent déclarer en ligne chaque achat/vente de carburant (essence, gasoil).

Hongrie. Les données de facturation relatives aux factures émises par un système de facturation (à partir de 100 000 HUF) doivent être transmises aux autorités fiscales en même temps que la facture émise par le contribuable (déclaration en temps réel).

Israël. ***Transmission des données relatives aux opérations*** : les contribuables (« opérateurs agréés ») dont le chiffre d'affaires est supérieur à 2 500 000 ILS ou qui sont tenus d'utiliser un système de comptabilité en partie double, ou ceux dont le chiffre d'affaires dépasse 1 500 000 ILS et qui sont tenus légalement d'établir un bilan et de désigner un vérificateur, doivent transmettre les données de facturation sur une base mensuelle (avant le 23 du mois suivant) à l'administration fiscale, en respectant le format prescrit (PCN874). ***Caisses enregistreuses électroniques :*** l'utilisation de caisses enregistreuses électroniques certifiées est imposée ou proposée à certains contribuables, selon leur activité et leur chiffre d'affaires. Ainsi, tous les détaillants doivent utiliser des caisses enregistreuses électroniques certifiées (aucun seuil ne s'applique, mais si son chiffre d'affaires est inférieur à 350 000 ILS par an, le détaillant peut choisir d'utiliser, à la place, un registre comptable). Les grossistes dont le chiffre d'affaires ne dépasse pas 10 100 000 ILS peuvent, s'ils le souhaitent, remplacer les factures par des caisses enregistreuses électroniques certifiées pour les transactions en espèces ne dépassant pas 710 ILS. Les prestataires de services de transport peuvent utiliser des caisses enregistreuses électroniques certifiées (absence de seuil). En ce qui concerne les autres services, il est possible d'utiliser des caisses enregistreuses électroniques (absence de seuil) ; si une opération est enregistrée avec un reçu, le reçu remplace les caisses enregistreuses électroniques. Les données statistiques concernant Israël sont fournies par et sous la responsabilité des autorités israéliennes compétentes. L'utilisation de ces données par l'OCDE est sans préjudice du statut des hauteurs du Golan, de Jérusalem Est et des colonies de peuplement israéliennes en Cisjordanie aux termes du droit international.

Italie. À compter du 1er janvier 2019, toutes les entreprises enregistrées aux fins de la TVA, établies en Italie, devront déclarer en temps réel toutes les factures émises. Cette mesure va de pair avec l'obligation d'émettre des factures électroniques (*FatturaPA*). Les factures devront être transmises à l'administration fiscale italienne via la plateforme de facturation électronique, *Sistema di Interscambio* (SdI). Elles devront être approuvées par le système SdI pour être considérées comme valides. La mesure a été déjà appliquée aux fournitures entre entreprises et organismes publics (B2G) et aux livraisons d'essence et de diesel pour le secteur automobile depuis le 1er juillet 2018.

Corée. ***Transmission des données relatives aux opérations*** : tous les opérateurs professionnels et les entreprises individuelles dont le montant total des fournitures de biens et de services a atteint au moins 300 millions KRW au cours de l'exercice fiscal précédent sont tenus d'émettre des factures électroniques pour l'ensemble des livraisons B2B, en respectant le format prescrit. L'administration fiscale doit avoir un accès direct automatisé aux données de facturation, au plus tard un jour après l'émission de la facture par le biais du système de facturation électronique. Les données de facturation doivent être communiquées à l'administration fiscale pour validation avant de pouvoir être considérées comme un document comptable valide, notamment comme justificatif pour la déduction de la TVA en amont. ***Tickets de caisses électroniques :*** les entreprises individuelles qui fournissent des biens et services principalement à des consommateurs doivent émettre des tickets de caisses électroniques et les données relatives aux transactions doivent être transmises chaque jour à l'administration fiscale.

Lettonie. ***Transmission des données relatives aux opérations*** : si un contribuable conserve des registres comptables sous forme électronique, il doit, à la demande de l'administration fiscale, l'autoriser à accéder aux informations en lien avec ses activités économiques, enregistrées sous forme électronique. Le programme informatique de comptabilité doit garantir l'enregistrement des données comptables dans les formats suivants : *MS Excel, dBase/FoxPro, fichiers textes de rapport, fichiers plats, Excel, Access, PDF, Adobe PDF, XML ou sources de données ODBC.* ***Reçus de caisses électroniques*** : dans les lieux de vente ambulante, les contribuables doivent utiliser une caisse enregistreuse prescrite par la loi si le montant cumulé des biens et services fournis atteint 150 000 EUR au cours des 12 mois précédents. En ce qui concerne les activités de transport de voyageurs, les contribuables doivent utiliser des systèmes de caisses enregistreuses prescrits par la loi si la valeur cumulée des opérations réalisées dans une unité structurelle particulière ou un véhicule de transport de voyageurs dépasse 1 500 000 EUR au cours des 12 mois précédents. L'utilisation de caisses enregistreuses prescrites par la loi est obligatoire pour les contribuables enregistrés auprès du registre des assujettis à la TVA du service public letton des recettes, les stations-service et les taxis.

Luxembourg. L'obligation de ***transmission des informations relatives aux opérations*** est appliquée depuis l'exercice 2011. L'obligation de transmettre les données relatives aux opérations à l'administration fiscale dans le format SAF-T ne s'applique pas aux contribuables qui ne sont pas soumis au plan comptable normalisé ; ou qui bénéficient du régime simplifié ; ou dont le chiffre d'affaires est inférieur à

112 000 EUR ou qui n'ont pas un volume raisonnable d'opérations comptables (moins de 500 env.).

Mexique. La facturation électronique est obligatoire depuis le 1er janvier 2014. Depuis le 1er janvier 2015, les données relatives aux opérations doivent être obligatoirement transmises à l'administration fiscale. Les informations de facturation doivent être transmises aux autorités fiscales à la date d'émission de la facture (transmission en temps réel). Cette obligation s'applique à tous les contribuables et couvre les fournitures nationales de biens et les prestations de services B2B et B2C. La transmission périodique des informations relatives aux opérations est également obligatoire pour tous les contribuables (entités fédératives, municipalités, syndicats et entités de l'administration parapublique ; et les contribuables soumis au régime de la location simple, des services professionnels et de l'intégration fiscale sont dispensés de cette obligation).

Norvège. ***Transmission des données relatives aux opérations :*** le règlement norvégien sur la comptabilité prévoit une obligation de communiquer les données comptables dans le format SAF-T. Cette obligation ne s'applique pas aux entreprises qui tiennent une comptabilité électronique. Les nouvelles règles s'appliqueront aux exercices financiers à compter du 1er janvier 2020. D'ici là, l'utilisation du format SAF-T est facultative. Les entreprises dont le chiffre d'affaires annuel est inférieur à 5 millions NOK seront dispensées de cette obligation, sauf si leurs informations comptables sont disponibles par voie électronique. Les entreprises soumises aux obligations comptables ne sont tenues de transmettre les informations comptables au format SAF-T que si les autorités fiscales en font la demande. ***Caisses enregistreuses :*** à compter du 1er janvier 2017, les systèmes de caisses enregistreuses qui sont distribués sur le marché norvégien doivent respecter les exigences imposées par la loi norvégienne sur les systèmes de caisses enregistreuses et les règlementations y afférentes. Les fournisseurs doivent déclarer que les systèmes sont conformes aux nouvelles règles. À compter du 1er janvier 2019, les entreprises soumises à une obligation comptable doivent commencer à utiliser des systèmes de caisses enregistreuses.

Pologne. ***Transmission des données relatives aux opérations :*** les personnes assujetties doivent communiquer chaque mois les données relatives aux opérations aux autorités fiscales, au format SAF-T. Les assujettis qui ne réalisent que des livraisons exonérées de TVA ou qui bénéficient de l'exonération de TVA prévue pour les petites entreprises dont le chiffre d'affaires est inférieur à 200 000 PLN (seuil d'enregistrement) sont dispensés de cette obligation. L'administration fiscale peut également se procurer, sur demande uniquement, des informations électroniques relatives aux opérations auprès de contribuables qui utilisent des programmes informatiques pour tenir leur comptabilité. Cette obligation s'applique également aux programmes de gestion des stocks, de facturation et de relevés bancaires. La transmission de données relatives aux opérations selon le format SAF-T est imposée aux grandes entreprises depuis le 1er juillet 2016, aux PME depuis le 1er janvier 2017 et à tous les contribuables depuis le 1er janvier 2018. ***Caisses enregistreuses électroniques :*** les contribuables dont le chiffre d'affaires annuel de fournitures B2C hors taxe ne dépasse pas 20 000 PLN pendant l'exercice en cours et n'a pas dépassé cette somme au cours de l'exercice fiscal précédent sont dispensés de l'obligation d'utiliser des caisses enregistreuses électroniques (cette dispense ne s'applique pas à certaines catégories de biens et services). Certaines catégories de fournitures sont également dispensées, notamment lorsqu'une facture est émise ou lorsque le paiement est effectué par virement bancaire.

Portugal. ***Transmission des données relatives aux opérations :*** tous les assujettis à la TVA doivent communiquer périodiquement leurs données aux autorités fiscales au format SAF-T, en même temps que les déclarations de TVA. Les contribuables ayant un établissement stable au Portugal, dont les fournitures sont assujetties à la TVA, doivent également transmettre systématiquement les données de facturation à l'administration fiscale au format SAF-T, dans un délai de 20 jours suivant la fin de chaque mois, soit par transmission électronique des données, soit en les déposant directement sur le site web de l'administration fiscale. L'administration fiscale peut également demander la transmission des données comptables selon le format SAF-T à tous les contribuables. Les contribuables soumis à l'impôt sur le revenu des personnes physiques (IRPP) ou à l'impôt sur les sociétés (IS), dont le chiffre d'affaires de l'exercice précédent est inférieur ou égal à 100 000 EUR (petits contribuables), qui émettent des factures selon une législation spécifique, sont tenus d'utiliser exclusivement des programmes de facturation informatiques certifiés préalablement par l'administration fiscale et douanière. ***Déclaration commune simplifiée*** (IES) – depuis 2006, le Portugal a simplifié les procédures comptables et d'information financière des entreprises auprès de différents organismes publics en les regroupant au sein d'une déclaration unique partagée par plusieurs autorités, comme la Banque nationale ou l'Institut national des statistiques. Cette déclaration a été élargie afin de répondre aux besoins de tous les organismes. Compte tenu du fait que le format SAF-T permet de communiquer la plupart des informations comptables nécessaires, il a été décidé de supprimer environ la moitié des formulaires/champs de cette déclaration et de les remplacer par la transmission préalable du fichier SAF-T. Cela permettra à l'administration fiscale de générer, par exemple, le bilan et le compte de résultats de chaque entreprise et de préremplir certains champs restants dans la version allégée de la déclaration commune simplifiée (à compter d'octobre 2018). ***Caisses enregistreuses électroniques :*** l'utilisation d'une caisse enregistreuse électronique certifiée n'est pas obligatoire, mais compte tenu de l'obligation d'émettre une facture pour toute transaction et de l'obligation, pour les petits contribuables, d'utiliser des programmes de comptabilité certifiés, la plupart des contribuables utilisent un logiciel de facturation certifié pour leur système de caisses enregistreuses électroniques.

République slovaque. ***Transmission des données relatives aux opérations :*** Depuis le 1er janvier 2014, les contribuables enregistrés aux fins de la TVA en République slovaque sont tenus de déposer un décompte spécial de contrôle de la TVA, en même temps que leur déclaration de TVA, auprès de l'administration financière. Les états de TVA sont transmis séparément et ne dépendent pas de la déclaration de TVA. Certaines vérifications par recoupement entre les états de TVA et les déclarations de TVA sont intégrées au système d'analyse. ***Caisses enregistreuses électroniques :*** tous les prestataires qui reçoivent des paiements en espèces ou par d'autres moyens de paiement remplaçant l'argent au point de vente ainsi que ceux qui fournissent uniquement les services énumérés dans la loi sont tenus d'utiliser des caisses enregistreuses certifiées. Les données de ces caisses enregistreuses électroniques doivent être communiquées à l'administration fiscale en temps réel.

Espagne. ***Transmission des données relatives aux opérations :*** depuis le 1er juillet 2017, certains contribuables (à savoir, ceux qui sont enregistrés au registre de remboursement mensuel de la TVA ; ceux dont le chiffre d'affaires annuel dépasse 6 millions EUR et les groupes d'entreprises aux fins de la TVA) sont tenus de transmettre à l'administration fiscale des données de facturation en format XML, dans un délai de quatre jours civils suivant l'émission ou la réception de la facture (communication immédiate des informations). Les informations sur les biens d'investissement doivent être également transmises dans le délai imparti pour la dernière période de règlement de l'année.

Suède. L'utilisation de caisses enregistreuses électroniques certifiées est obligatoire pour tous les contribuables dont le chiffre d'affaires annuel dépasse le plafond de 182 000 SEK, à l'exception de certains contribuables comme les chauffeurs de taxi et des ventes de distributeurs automatiques. Les contribuables peuvent demander une dispense de cette obligation d'utilisation de caisses enregistreuses électroniques certifiées.

Suisse. ***Caisses enregistreuses électroniques :*** les données relatives aux différentes opérations doivent être transmises à l'administration fiscale, à sa demande ou lors d'une vérification.

Royaume-Uni. À compter d'avril 2019, dans le cadre de l'initiative « Rendre l'impôt numérique », les entreprises enregistrées aux fins de la TVA, dont le chiffre d'affaires imposable est supérieur au seuil d'enregistrement à la TVA, devront conserver des dossiers numériques et effectuer leurs déclarations de TVA auprès du HMRC à l'aide d'un logiciel aux fonctionnalités compatibles.

Tableau annexe 2.A.12. Application des mécanismes nationaux d'autoliquidation et de paiement fractionné

	Mécanisme national d'autoliquidation[1]	Mécanisme national de paiement fractionné[2]
Australie	Ventes de bâtiments neufs à usage d'habitation	-
Autriche	Livraison d'ordinateurs portables, tablettes, PC, consoles de jeu, téléphones mobiles et circuits intégrés si la facture s'élève au moins à 5 000 EUR ; Livraison de gaz et d'électricité à des revendeurs assujettis ; Livraison de certificats d'énergie électrique et de gaz ; Livraison de quotas d'émissions de CO_2 ; Livraison de certains métaux et d'or d'investissement assujetti ; Livraison de débris, de déchets industriels et non industriels et de déchets de récupération ; Services de construction si le destinataire agit en tant qu'entrepreneur général ou s'il fournit habituellement des services de construction ; Mise à disposition de personnel affecté au secteur de la construction ; Livraison de biens donnés en garantie par une personne redevable de la TVA au profit d'une autre personne en exécution de cette garantie ; Livraison de biens effectuée après la cession d'un droit de réserve de propriété à un cessionnaire qui exerce ce droit ; Livraison de biens immobiliers vendus par un débiteur judiciaire dans une vente forcée à une autre personne.	-
Belgique	Certaines livraisons d'or d'investissement et de produits en or d'une pureté au moins égale à 325 millièmes ; Livraison de travaux en relation avec des biens immobiliers sous plusieurs conditions ; Mise à disposition de personnel affecté au secteur de la construction ; Livraison de quotas d'émissions de CO_2 ;	-
Canada	Certains acheteurs de biens immobiliers sont tenus de procéder à une auto-évaluation (par ex., lorsque le fournisseur est non résident, lorsque l'acheteur est enregistré aux fins de la TPS/TVH et, dans le cas d'un particulier, lorsque le bien n'est pas un immeuble d'habitation) ; À compter du 27 juin 2018, il est proposé que l'auto-évaluation soit requise, de manière générale, pour les livraisons de quotas d'émissions de CO_2 ; Dans certaines circonstances, des personnes peuvent être tenues de procéder à une auto-évaluation de la composante provinciale de la TVH lorsque certains biens ou services sont déplacés d'une province vers une autre.	-
Chili	Livraisons de riz, travaux de construction, déchets, espèces marines, espèces animales, légumineuses, bois, produits sauvages, blé et baies. Le client (qui doit être un contribuable assujetti à la TVA) agit en tant qu'agent chargé de la retenue.	-
République tchèque	Livraison d'or d'investissement assujetti et d'or sous forme de matière première d'une pureté égale ou supérieure à 333 millièmes ; Livraison de catégories désignées de débris et déchets ; Livraison de quotas d'émissions de CO_2 ; Livraison de services de construction et d'assemblage fournis par des personnes assujetties enregistrées aux fins de la TVA tchèque ; Livraison de téléphones mobiles, circuits intégrés, notebooks, tablettes et consoles de jeux vidéo ; Livraison de certains métaux et de produits de base provenant de métaux ; Livraison de céréales et de cultures industrielles, y compris les graines oléagineuses et la betterave sucrière ; Livraison de biens immobiliers avec exercice de l'option de taxation ; Livraison de gaz et d'électricité à des revendeurs assujettis ; Livraison de certificats d'énergie électrique et de gaz ; Livraison de biens effectuée après la cession d'un droit de réserve de	Il existe une méthode spéciale pour garantir le paiement de la TVA, qui peut être utilisée lorsque le bénéficiaire d'une livraison assujettie ne veut pas être déclaré comme conjointement et solidairement responsable des taxes impayées par le fournisseur. De même que dans le mécanisme de paiement fractionné, dans ce cas, le bénéficiaire peut verser la TVA due directement sur le compte du fournisseur au centre des impôts.

	Mécanisme national d'autoliquidation[1]	Mécanisme national de paiement fractionné[2]
	propriété à un cessionnaire qui exerce ce droit ; Livraison de biens immobiliers par le débiteur judiciaire dans une vente forcée à une autre personne ; Mise à disposition de personnel affecté aux services de construction et d'assemblage ; Fourniture de certains services de télécommunications.	
Danemark	Livraison de quotas d'émissions de CO_2 ; Livraison de ferrailles ; Livraison d'or d'investissement ; Livraison de téléphones mobiles, circuits intégrés, consoles de jeux, tablettes et ordinateurs portables.	-
Estonie	Livraison de biens immeubles et d'or d'investissement lorsque le fournisseur a opté pour la taxation de l'opération ; Livraison d'or sous forme de matière première, y compris de produits semi-finis en or (pureté au moins égale à 325 millièmes) ; Livraison de ferraille et de métaux précieux.	-
Finlande	Livraison d'or d'investissement assujetti, d'or sous forme de matière première et de produits en or semi-ouvrés d'une pureté égale ou supérieure à 325 millièmes ; Livraison de quotas d'émissions de CO_2 ; Livraison de ferraille et de déchets ; Services de construction, y compris la mise à disposition de personnel affecté au secteur de la construction.	-
France	Livraison de quotas d'émissions de CO_2 ; Livraison de matériaux usagés, débris et déchets ; Livraisons d'or d'investissement et de produits en or d'une pureté au moins égale à 325 millièmes. Services de construction (limités à certains services fournis sur un bâtiment lorsqu'ils sont effectués par un sous-traitant pour le compte d'une personne assujettie) ; Livraison de gaz et d'électricité à des revendeurs assujettis ; Fourniture de certains services de télécommunications.	-
Allemagne	Livraisons d'actifs gagés par le garant au bénéficiaire de la garantie en dehors du cadre d'une liquidation judiciaire ; Livraisons concernées par la loi relative à l'impôt sur les mutations foncières (en particulier, les transferts de biens immobiliers) ; Si le client est un entrepreneur : fourniture de travaux ou d'autres services relatifs à la construction, la réparation, l'entretien, la modification ou la démolition de structures (sauf à des fins de planification, d'ingénierie et de supervision) et au nettoyage des bâtiments lorsque le client fournit lui-même ces services. Fourniture d'or (à l'état brut ou semi-fini d'une pureté au moins égale à 325 millièmes) ; Livraison de quotas d'émissions de CO_2 ; Livraison de déchets industriels, de métaux ferreux et non ferreux et d'autres déchets ; Livraison d'appareils mobiles, circuits intégrés, consoles de jeu et tablettes si le montant de la transaction est supérieur à 5 000 EUR ; Fourniture d'électricité (applicable, de manière générale, uniquement si le fournisseur et le destinataire sont tous deux considérés comme des revendeurs) et fourniture de gaz (applicable, de manière générale, si le destinataire doit être considéré comme un revendeur) ; Fourniture de métaux précieux et de certains métaux non nobles (par ex., cuivre, nickel, aluminium, plomb, zinc), à l'état brut ou semi-finis, si le montant de la transaction est égal ou supérieur à 5 000 EUR.	-
Grèce	Travaux de construction sur des biens immeubles attribués à des entreprises de travaux publics par les autorités publiques (qui ne sont pas nécessairement des entités de droit public), sous réserve que les autorités publiques soient les propriétaires des travaux et des personnes assujetties avec le droit de déduire la taxe d'amont. Les grands projets selon les	-

	Mécanisme national d'autoliquidation[1]	Mécanisme national de paiement fractionné[2]
	critères des règlements de l'UE sont exemptés du régime d'autoliquidation. Sous réserve que la livraison soit destinée au recyclage, les livraisons suivantes de déchets de récupération : Livraison de métaux ferreux et non ferreux, ferraille (chutes) et autres matériaux usagés Livraison de produits semi-finis fabriqués à partir de métaux ferreux et non ferreux Livraison de résidus et autres matériaux de récupération constitués de métaux ferreux et non ferreux, d'alliages, laitiers, cendres, écailles et résidus industriels contenant des métaux ou des alliages de métaux Livraison de rognures et débris (chutes), déchets et autres matériaux usagés et de récupération en calcin, verre, papier, carton, chiffons, os, cuir (naturel ou artificiel), parchemin, cuirs et peaux bruts, tendons et nerfs, ficelles, cordes et cordages, câbles, caoutchouc et plastiques Livraison de débris (chutes) et déchets provenant de la transformation de matériaux de base Livraison des matériaux susvisés après nettoyage, polissage, sélection, coupe, fragmentation, compression Livraison de quotas d'émission de gaz à effet de serre conformément à la directive 2003/87/CE de l'Union européenne. Livraison de téléphones mobiles, consoles de jeux vidéo, ordinateurs portables et tablettes, sous réserve que l'acquéreur soit une personne assujettie avec le droit de déduire la taxe en amont (c'est-à-dire enregistrée selon le régime normal de TVA).	
Hongrie	Livraison de travaux de construction considérés comme des livraisons de biens ; Construction ou autre activité de transformation ou de réparation qualifiée de service, visant la construction, l'agrandissement, le réaménagement ou toute autre transformation (y compris la démolition) de biens immeubles, sous réserve de l'acquiescement ou de l'autorisation de l'autorité compétente en matière de construction ; Recrutement d'employés et mise à disposition de personnel ; Livraison de débris et déchets ; Livraison d'un bâtiment et du terrain sur lequel il se trouve ou d'une parcelle de terrain incluse (à quelques exceptions près) si le fournisseur a opté pour la taxation de l'opération ; En lien avec des créanciers et des débiteurs, livraison de biens qui ont été donnés en garantie pour couvrir une créance en souffrance en exécution de cette garantie ; Fourniture de biens dont la valeur sur le marché libre est supérieure à 100 000 HUF (334 EUR), qui sont utilisés par la personne assujettie aux fins de son activité si le fournisseur fait l'objet d'une procédure de liquidation ou d'une procédure d'insolvabilité similaire ; Livraison de quotas d'émissions de CO_2 ; Livraison de certains produits agricoles spécifiques tels que le blé, le méteil, le seigle, l'orge, le maïs, le triticale, les fèves de soja, même concassées, les graines de navette ou de colza, même concassées, les graines de tournesol, même concassées ; Livraison de certains produits en fer ou en aciers non alliés, tels que les produits laminés plats en fer ou en acier non alliés, les barres en fer ou en aciers non alliés, les angles, formes et sections (profilés) en fer ou en acier non alliés, le fil en fer ou en aciers non alliés, les tubes, tuyaux et profilés creux en fer ou en aciers non alliés.	-
Islande	-	-
Irlande	Livraison de services de construction fournis par des sous-traitants à des contractants principaux ; Livraison de biens immeubles en exerçant l'option de taxation (notamment la vente par l'administrateur, le liquidateur ou le créancier hypothécaire qui les détient) ; Livraison de matériaux usagés et de ferraille ;	

	Mécanisme national d'autoliquidation[1]	Mécanisme national de paiement fractionné[2]
	Livraison de quotas d'émissions de CO_2 ; Livraison de gaz et d'électricité par une entreprise située en Irlande à un revendeur assujetti exerçant son activité en Irlande ; Livraison de certificats de gaz ou d'électricité par une entreprise située en Irlande à une autre entreprise en Irlande.	
Israël[3]	Une personne qui n'est pas redevable du paiement de la taxe peut, avec l'accord du Directeur des services fiscaux et en respectant ses exigences, en assumer le paiement ; après la date de l'accord, elle sera alors considérée comme la personne redevable du paiement ; Taxe prélevée à un acheteur, si l'acheteur est un revendeur, un organisme sans but lucratif ou une institution financière et s'il a procédé à une vente immobilière qui est une transaction occasionnelle ; Vente de débris de métaux ; Un revendeur, un organisme sans but lucratif ou une institution financière qui reçoivent les types de services indiqués ci-après de la part d'une personne dont la source de revenu principale est constituée de salaires, prestations ou pensions, doit s'acquitter de la taxe afférente au service concerné sauf si la personne qui fournit le service a reçu une facture faisant ressortir le montant de la taxe ; il s'agit des services suivants : Performances artistiques ; construction ou préparation de décors ; préparation, contrôle, organisation et supervision d'examens ; conférences, etc.. Services des professions suivantes : agronome, architecte, ingénieur d'exécution, détective privé, avocat au tribunal rabbinique, technicien, prothésiste dentaire, conseiller dans le domaine organisationnel, scientifique, fiscal et de la gestion, économiste, ingénieur, etc..	
Italie	Livraisons assurées par des sous-traitants dans le secteur du bâtiment ; Mise à disposition de personnel affecté au secteur de la construction ; Livraison de biens immobiliers avec exercice de l'option de taxation ; Livraison de matériaux usagés, débris, déchets et services spécifiques ; Livraison d'or d'investissement, y compris sous la forme de produits semi-finis et d'or d'une pureté au moins égale à 325 millièmes (or dit « industriel ») ; Livraison de ferraille ; Livraison de téléphones mobiles, tablettes, ordinateurs personnels et circuits intégrés sous certaines conditions ; Livraison de quotas d'émissions de CO_2 ; Livraison de gaz et d'électricité à des revendeurs assujettis ; Livraison de certificats d'énergie électrique et de gaz.	Vente de biens et de services aux autorités publiques ou aux organismes publics, entreprises publiques, entreprises cotées à la bourse italienne (FTSE-MIB).
Japon		-
Corée	-	En ce qui concerne les livraisons de lingots d'or (pureté égale ou supérieure à 99.5 %) et de produits en or d'occasion (pureté égale ou supérieure à 58.5 %), de cuivre, d'or et de ferraille, le fournisseur doit ouvrir un compte bancaire destiné aux transactions d'or et de débris et le prix d'achat (hors taxe) doit être versé sur le compte bancaire désigné du fournisseur. Parallèlement, le bénéficiaire doit également déposer le montant de TVA correspondant sur un compte désigné par le Directeur de l'administration fiscale nationale.
Lettonie	Livraison de bois et de services liés à la fourniture de bois ; Livraison de services de construction ; Livraison de débris de métaux et de services liés à la fourniture de débris de métaux ; Livraison de téléphones mobiles, circuits intégrés, tablettes et ordinateurs portables ; Livraison de céréales et de cultures industrielles (y compris les graines oléagineuses), y compris les mélanges de ces produits qui ne sont	-

	Mécanisme national d'autoliquidation[1]	Mécanisme national de paiement fractionné[2]
	généralement pas utilisés, en l'état, pour la consommation finale ; Fourniture de métaux précieux bruts et semi-finis, lorsqu'ils ne sont pas couverts par un programme spécial relatif à l'or d'investissement, métaux précieux bruts et semi-finis et plaquage en métaux précieux ainsi que les débris et déchets de plaquage en métaux ou métaux précieux ; Livraison de consoles de jeu ; Livraison de produits de métaux ; Livraison de produits de construction ; Livraison d'appareils ménagers électriques et électroniques.	
Lituanie	Livraison de bois Livraison de services de construction Livraison de débris et déchets de métaux ferreux, de résidus et autres matériaux de récupération constitués de métaux ferreux et non ferreux Livraison par une personne assujettie dans le cadre d'une procédure d'insolvabilité Livraison de travaux d'amélioration essentiels (significatifs) au propriétaire d'un bâtiment. TVA calculée sur les actifs repris comme apport en nature ou à la suite de la restructuration d'une autre entité enregistrée aux fins de la TVA.	
Luxembourg	Livraison de quotas d'émissions de CO_2 ;	
Mexique	Le mécanisme national d'autoliquidation s'applique aux : entreprises qui reçoivent des services personnels indépendants d'individus ou louent des biens auprès d'eux, acquièrent des déchets à utiliser pour leurs activités commerciales ou industrielles, reçoivent des services de la part d'agents travaillant à la commission qui sont des personnes et utilisent des services de transport terrestre motorisé de biens prêtés à des personnes et à des entreprises, institutions de crédit qui acquièrent des actifs sous forme de paiements en nature ou de procédure judiciaire ou fiduciaire, et individus ou entités qui acquièrent ou ont l'usage ou la jouissance temporaires d'actifs corporels transférés ou concédés par des résidents étrangers n'ayant pas d'établissement permanent au Mexique.	
Pays-Bas	Livraison de travaux de construction (y compris de construction navale), notamment les travaux de réparation, nettoyage, entretien, transformation et démolition effectués en relation avec des biens immeubles, ainsi que la délivrance de travaux immobiliers ; Mise à disposition de personnel affecté au secteur de la construction ; Livraison de biens immobiliers avec exercice de l'option de taxation ; Livraison de matériaux usagés, débris, déchets et services spécifiques ; Livraison de biens donnés en garantie par une personne assujettie au profit d'une autre personne en exécution de cette garantie ; Livraison de biens immobiliers par le débiteur judiciaire dans une vente forcée à une autre personne ; Livraison de quotas d'émissions de CO_2 ; Livraison d'appareils mobiles, circuits intégrés, ordinateurs portables, consoles de jeu et tablettes sous réserve que le montant de la transaction soit supérieur à 10 000 EUR.	-
Nouvelle-Zélande	Si la livraison de terres a été soumise à tort à un taux zéro et si l'erreur de traitement a été constatée après le règlement, le bénéficiaire de la livraison est redevable de la TPS.	
Norvège	Livraison de quotas d'émissions de CO_2 ; Livraison d'or d'investissement assujetti (d'une pureté égale ou supérieure à 325 millièmes) ;	
Pologne	Livraison de débris et déchets de métaux, et de matériaux métalliques ; Livraison de quotas d'émission de CO_2 ; Livraison de téléphones mobiles (y compris les smartphones), consoles de jeux vidéo, tablettes, notebooks et ordinateurs portables ; Livraison de microprocesseurs ; Services de construction fournis par des sous-traitants ; Fourniture de métaux non ferreux à l'état brut (aluminium, plomb, zinc,	En ce qui concerne les livraisons B2B, le client peut choisir de payer la TVA afférente à la livraison sur le « compte de TVA » du client (tous les contribuables ont automatiquement un compte de TVA associé à leur compte bancaire) séparément du montant net.

	Mécanisme national d'autoliquidation[1]	Mécanisme national de paiement fractionné[2]
	étain, nickel) ; Fourniture de métaux bruts et semi-finis, notamment l'or sous forme de matière première et les produits intermédiaires contenant de l'or et certains produits en acier.	
Portugal	Livraison de matériaux usagés, débris de métaux, déchets et services spécifiques ; Livraison de biens immobiliers avec exercice de l'option de taxation ; Travaux relatifs à des biens immobiliers (tels que les travaux de réparation, nettoyage, entretien, transformation et démolition, y compris la délivrance de travaux immobiliers) ; Livraison d'or d'investissement assujetti et d'or sous forme de matière première d'une pureté égale ou supérieure à 325 millièmes ; Livraison de quotas d'émissions de CO_2.	
République slovaque	Livraison de certains travaux de construction comprenant la livraison de bâtiments (construction) et la livraison de certains biens nécessitant une installation ou un assemblage ; Livraison de biens immobiliers avec exercice de l'option de taxation ; Livraison de biens qui sont donnés en garantie d'une somme d'argent par un créancier dans le cadre de l'exécution de cette garantie ; Livraison, en République slovaque, d'un bâtiment ou d'une partie de bâtiment que le fournisseur, en tant que débiteur reconnu par le tribunal ou une autre autorité compétente de l'État, a vendu dans le cadre d'une procédure d'exécution légale ; Livraison de biens effectuée après la cession d'un droit de réserve de propriété à un cessionnaire qui exerce ce droit ; Livraison d'or d'investissement, d'or sous forme de matière première ou de produits semi-finis en or d'une pureté au moins égale à 325 millièmes entre des personnes assujetties ; Livraison de débris et déchets de métaux ; Livraison de quotas d'émissions de CO_2 ; Livraison de céréales et de graines oléagineuses, graines, pailles et fourrages qui ne sont généralement pas destinés, en l'état, à la consommation finale ; Livraisons de fer et d'acier ; Livraison de téléphones mobiles, à savoir des dispositifs conçus ou adaptés pour être utilisés en connexion avec un réseau sous licence fonctionnant à des fréquences spécifiques, qu'ils aient ou non une autre utilisation, si la base d'imposition de la facture en échange de la livraison de ces téléphones mobiles est égale ou supérieure à 5 000 EUR ; Livraison de circuits intégrés comme les microprocesseurs et les unités de traitement centrales, avant leur incorporation dans des produits destinés à l'utilisateur final, si la base d'imposition de la facture est égale ou supérieure à 5 000 EUR ; Livraison de travaux de construction, y compris les travaux de réparation, nettoyage, entretien, transformation et démolition effectués en relation avec des biens immeubles, ainsi que délivrance de travaux immobiliers considérée comme étant une livraison de biens.	
Slovénie	Livraison de travaux de construction (y compris les travaux de réparation, nettoyage, entretien et démolition effectués en relation avec des biens immeubles) ; Mise à disposition de personnel participant aux activités visées ; Livraison de certains biens immeubles lorsque le fournisseur a opté pour la taxation de l'opération ; Livraison de certains déchets, débris, matériaux usagés et services ; Livraison de quotas d'émission de gaz à effet de serre.	
Espagne	Travaux de construction, y compris la mise à disposition du personnel pour les réaliser, dans le cadre du développement, de la construction ou de la rénovation de biens immeubles ; Livraison de quotas d'émissions de CO_2 ; Livraison de débris et déchets de métaux ;	

	Mécanisme national d'autoliquidation[1]	Mécanisme national de paiement fractionné[2]
	Livraison d'or d'investissement et d'or sous forme de matière première ou de produits semi-finis en or d'une pureté au moins égale à 325 millièmes ; Livraison d'immeubles dans certaines situations ; Livraison de biens immeubles suite à une procédure de faillite ; Livraison de biens immeubles dans le cadre de la réalisation d'une sûreté ou de l'obligation d'un acquéreur de régler la créance garantie ; Livraison de téléphones mobiles, consoles de jeux vidéo, ordinateurs portables et tablettes, uniquement si le client est le revendeur des biens (négociant pratiquant la revente de ces biens de manière habituelle) ou, à défaut, si le montant total des livraisons à un négociant dépasse 10 000 EUR. Livraison d'argent, de platine et de palladium.	
Suède	Livraison de travaux de construction, y compris les travaux de réparation, nettoyage, entretien, transformation et démolition effectués en relation avec des biens immeubles, ainsi que la délivrance de travaux immobiliers ; Mise à disposition de personnel affecté au secteur de la construction ; Livraison de quotas d'émissions de CO_2 ; Livraison de matériaux usagés, débris, déchets et services spécifiques ; Livraisons d'or d'investissement et de produits en or d'une pureté au moins égale à 325 millièmes.	
Suisse	-	-
Turquie	Fourniture de locations de biens meubles par des personnes non assujetties à des personnes assujetties ; Livraison d'œuvres scientifiques, artistiques et littéraires fournies par des personnes assujetties. Fourniture de prestations de services publicitaires par des personnes non assujetties à des personnes assujetties ;	Certains bénéficiaires de services spécifiques en nombre limité sont tenus de retenir à la source un pourcentage de la TVA qui leur a été facturée par le prestataire de service et de le reverser directement à l'administration fiscale (*retenue à la source partielle*). Il s'agit, entre autres, des services suivants : (a) services de supervision de la construction de bâtiments, (b) débris de métaux, verre, plastique et papier (dans les cas où le fournisseur renonce à l'exonération de TVA), (c) maintien des services de conseil, de surveillance et d'audit et (d) services de réparation des machines, équipements et autres actifs fixes.
Royaume-Uni	Livraisons d'or d'investissement et de produits en or d'une pureté au moins égale à 325 millièmes. Livraison de quotas d'émissions de CO_2 ; Livraison de téléphones mobiles et de circuits intégrés si le montant des biens fournis dépasse 5 000 GBP (TVA incluse). La limite de montant ne s'applique pas aux services ; Livraison de gaz via un système de gaz naturel situé au Royaume-Uni ou via un réseau connecté à un tel système ou à l'électricité ; Fourniture en gros de services électroniques de communication.	

Notes :

1 Dans ce tableau, sont considérés comme un « mécanisme national d'autoliquidation » les régimes dans lesquels le client, et non le fournisseur des biens, services ou biens incorporels, est redevable du paiement de la TVA à l'administration fiscale sur une livraison nationale (c'est-à-dire sur une livraison dans laquelle le fournisseur et le client sont établis dans la même juridiction que celle de la livraison). Le fournisseur ne facture pas la TVA au client.

2. Dans ce tableau, un « mécanisme national de paiement fractionné » est un mécanisme dans le cadre duquel le fournisseur reste tenu de facturer la TVA au client sur la fourniture nationale de biens, services ou biens incorporels, mais le client paie directement (une partie de) la TVA aux autorités fiscales ou sur un « compte de TVA » spécifique (bloqué) qui peut appartenir au fournisseur ou au client.

Source : délégations nationales ; situation au 1er janvier 2018.

Chapitre 3. Sélection d'accises appliquées dans les pays de l'OCDE

Ce chapitre présente les principales caractéristiques de certains droits d'accise et leurs effets sur les recettes, le comportement des consommateurs et les marchés. Il décrit l'impact des accises ad quantum et des droits ad valorem et leur interaction. Il présente le détail des droits qui frappent la bière, le vin, les boissons alcooliques, le tabac et les huiles minérales dans les pays de l'OCDE.

3.1. Introduction

Les droits d'accise peuvent s'appliquer à un grand nombre de produits, mais les accises sur l'alcool, le tabac et les hydrocarbures existent dans tous les pays de l'OCDE et procurent des recettes conséquentes aux États. Ces dernières décennies, les pouvoirs publics ont de plus en plus souvent utilisé ces taxes, non seulement comme une source de recettes, mais aussi pour influencer le comportement du consommateur lorsque la consommation de certains produits est considérée comme nuisible à la santé ou à l'environnement.

Ce chapitre présente une vue d'ensemble des principales caractéristiques des droits d'accise et de l'évolution de leur usage par les pouvoirs publics dans certains domaines (section 3.2). Il examine ensuite en détail la structure des taux d'accise frappant trois grandes catégories de produits : les boissons alcooliques (section 3.3), les produits du tabac (section 3.4) et les huiles minérales (section 3.5). Il se poursuit par l'examen de l'impact des différences de taux d'accise entre les pays sur le commerce transfrontalier (section 3.6) et sur leurs effets redistributifs (section 3.7).

3.2. Principales caractéristiques des accises et évolution des recettes

À la différence d'autres impôts généraux sur la consommation (dont les taxes sur la valeur ajoutée – TVA[1]), les accises ne frappent que des biens spécifiques. De nombreux produits peuvent y être soumis, par exemple le chocolat, le café ou encore le jus d'orange, mais ce chapitre ne porte que sur trois grandes catégories de produits, soumises aux droits d'accise dans tous les pays de l'OCDE : les boissons alcooliques, les huiles minérales et les produits du tabac.

Avant de décrire ces trois catégories de produits et d'examiner le traitement qui leur est réservé dans différents pays, il est utile de rappeler certaines caractéristiques générales des accises :

- Les accises sont généralement calculées une base qui dépend du poids, du volume, de la concentration ou de la quantité de produit, parfois combiné avec sa valeur. Il existe également des accises dont la base est exclusivement constituée par le prix.
- Les accises ne sont normalement dues qu'au moment de la mise à la consommation : les marchandises peuvent donc faire l'objet de transferts de propriété sans donner lieu à la perception d'une accise si elles restent stockées dans un environnement contrôlé ou si le transfert s'opère entre des opérateurs agréés.
- Le régime des accises ne s'applique qu'à un petit nombre d'assujettis, exerçant une activité dans la fabrication, le commerce de gros ou l'importation des trois grandes catégories de produits précitées.

Contrairement à la TVA, qui est recouvrée au moyen d'un mécanisme de paiement fractionné impliquant tous les acteurs de la chaîne de valeur jusqu'au consommateur final (chapitre 2), les droits d'accise ne sont en principe acquittés qu'une seule fois, en l'occurrence par l'opérateur agréé au moment de la mise à la consommation. Au sein de l'Union européenne, la circulation entre États membres des produits soumis aux accises s'effectue dans le cadre d'un régime de suspension des droits d'accise jusqu'à la mise sur le marché. Aux États-Unis, l'administration fédérale et de nombreux États et autorités locales appliquent des accises, si bien qu'il existe à la fois des accises fédérales et des accises locales. Les premières sont recouvrées par l'administration fiscale fédérale (Internal Revenue Service), tandis que les États peuvent fixer leurs propres règles et leurs propres taux.

En principe, les droits d'accise sont inclus dans l'assiette de la TVA, c'est-à-dire que la TVA est généralement perçue sur la valeur taxes comprises des produits soumis à accises. Dès lors, toute augmentation du taux des droits d'accise entraîne une augmentation des accises, mais aussi du montant de la TVA.

La part relative des accises dans les recettes fiscales totales est en baisse constante depuis 1975, puisqu'elle est passée de 10.5 % en moyenne à 7.8 % en 2016 (tableau annexe 3.A.9). Au-delà de cette moyenne calculée pour la zone OCDE, il existe de fortes disparités entre pays, les accises représentant 2.6 % des recettes fiscales totales en Nouvelle-Zélande contre 18.2 % en Turquie. Dans la majorité des pays de l'OCDE (20 pays sur 36), le poids des droits d'accise dans les recettes fiscales totales est compris entre 5 % et 10 %, tandis qu'il est inférieur à 5 % dans huit pays (Australie, Canada, États-Unis, Islande, Israël, Nouvelle-Zélande, Suède et Suisse) et supérieur à 10 % dans huit pays (Estonie, Grèce, Lettonie, Lituanie, Mexique, Pologne, Slovénie et Turquie).

Les droits d'accise partagent pratiquement les mêmes grandes caractéristiques dans tous les pays de l'OCDE et poursuivent des objectifs similaires en termes de recettes et d'influence sur le comportement des consommateurs. Toutefois, leurs taux et leur structure sont très variables d'un pays à l'autre, si bien qu'il n'est pas aisé de donner un ordre de grandeur de la charge fiscale qui pèse sur les produits concernés. Bien que les taxes (autres que la TVA) sur les boissons alcooliques et le tabac soient quasi-exclusivement des droits d'accise, leur structure peut considérablement varier d'un pays à l'autre. Par exemple, la bière produite par les petites brasseries peut être soumise à un taux d'accise réduit par rapport à celui normalement appliqué à la bière. De même, l'application de taux différents à des produits substituables (cigarettes et tabac à rouler) peut rendre la situation plus complexe. De même, les droits d'accise sur les carburants ne donnent qu'une image partielle de la politique fiscale appliquée au secteur du transport, celle-ci englobant également les péages routiers, les taxes sur l'immatriculation et l'utilisation des véhicules, les taxes sur l'assurance, etc.

Les sections suivantes fournissent de plus amples informations sur les principales différences en matière de structure des droits d'accise et sur leur utilisation croissante en tant que moyen d'influer sur les comportements.

3.2.1. Accises ad valorem et accises ad quantum

Le montant des recettes tirées des droits d'accise et leur impact économique dépendent non seulement du taux des droits et de la base à laquelle ils sont appliqués, mais aussi de leur structure. Il existe deux grands modes de taxation : une taxation *ad valorem* et une taxation *ad quantum*. L'accise *ad quantum* (ou « spécifique ») est un montant fixe appliqué par unité de produit (par exemple 1 USD par litre), si bien qu'elle est assimilable à une taxe sur le volume des ventes. L'accise *ad valorem* est proportionnelle au prix du produit (par exemple 20 % du prix de vente) et s'analyse donc en un impôt sur la valeur des ventes. Dans certains cas (par exemple les droits d'accise sur le tabac, présentés dans le tableau annexe 3.A.4), les droits d'accise peuvent être prélevés sur la base d'une formule mixte associant droits *ad valorem* et *ad quantum*. L'application d'accises *ad quantum* suppose une définition précise de la nature et des caractéristiques de la matière imposable (par exemple, un litre d'essence sans plomb avec un indice 94 RON), tandis qu'une accise *ad valorem* repose simplement sur le prix du bien taxé.

La plupart des produits taxés sont définis par plusieurs caractéristiques (volume, poids, concentration, indice d'octane, teneur en alcool ou en carbone, etc.). Alors que l'accise *ad quantum* n'est pas influencée par les caractéristiques qui n'ont pas été jugées pertinentes pour la détermination de la base d'imposition, l'accise *ad valorem* dépend de l'ensemble des caractéristiques qui sont reflétées dans le prix. Selon leur structure, les accises n'ont pas les mêmes effets sur la production et la consommation. Ainsi, un droit d'accise *ad quantum* sur la bière (par exemple, par pourcentage d'alcool pur par volume) peut inciter les brasseurs à concevoir des variétés de bière, notamment des variétés relativement haut de gamme, pouvant être vendues à un prix plus élevé tout en restant soumises à un droit d'accise identique à celui qui frappe une variété moins chère. À l'inverse, un droit *ad valorem* peut dissuader les producteurs de réaliser des améliorations coûteuses de la qualité de leurs produits ou inciter les consommateurs à se tourner vers des produits moins chers. Les droits *ad quantum* peuvent être plus faciles à administrer, parce qu'il suffit, pour les calculer, de déterminer la quantité physique du produit taxé. En outre, ils engendrent un flux de recettes plus prévisible, les recettes ne variant pas en fonction du prix du produit (Health Organization Regional Office for Europe, 2015[1]). Cependant, les accises *ad valorem* suivent mieux le rythme de l'inflation que les accises *ad quantum* (même s'il est aussi possible d'indexer les droits *ad quantum* sur l'inflation). En outre, les études empiriques laissent penser qu'en cas d'augmentation des droits *ad quantum*, la hausse est souvent répercutée à plus de 100 % sur les consommateurs (en d'autres termes, la hausse des prix est supérieure à celle de l'accise), tandis que les hausses de droits *ad valorem* ne sont souvent que partiellement répercutées (Sassi and Belloni, 2014[2]).

Du point de vue de la redistribution, il peut être plus judicieux d'opter pour une taxation *ad valorem*. En effet, si l'on admet que les personnes les plus aisées achètent des produits plus onéreux, ce type de droit pèse plus sur les ménages situés en haut de l'échelle des revenus que sur ceux qui se trouvent en bas. La situation n'est toutefois pas aussi simple qu'il n'y paraît car l'effet des accises sur la répartition du revenu dépendend aussi des comportements de consommation, si bien que même lorsque les droits d'accise sont calculés *ad valorem*, ils représentent parfois une charge moins lourde en proportion du revenu pour les personnes aisées que pour les ménages modestes. L'impôt progressif sur le revenu des personnes physiques, qui établit un lien direct entre le montant de l'impôt dû et le revenu, est probablement un instrument plus efficace pour atteindre des objectifs redistributifs (Brys et al., 2016[3]) (voir également la partie 3.6 ci-après).

Si la taxe a vocation à exercer un effet dissuasif à la fois sur l'achat de produits chers et sur l'achat de produits bon marché ou à maximiser les recettes tirées des accises frappant ces deux catégories de produits, il peut être judicieux d'associer des droits *ad quantum* et *ad valorem*. Lorsqu'il existe d'importants écarts de prix au niveau d'un produit, un droit d'accise *ad quantum* a une probabilité moins forte de réduire la consommation du produit coûteux et permettra d'en retirer moins de recettes qu'un droit *ad valorem*. De plus, les consommateurs relativement aisés, plus susceptibles de consommer des produits chers, risquent d'être moins sensibles que les ménages plus modestes à l'application d'une taxe donnée (bien que les droits *ad quantum* puissent réduire les différentiels de prix). Il faudra donc alourdir la charge fiscale totale pesant sur ces produits coûteux pour influer sur les comportements. À cette fin, il peut être envisagé d'associer un droit *ad valorem* et un droit *ad quantum*, ce qui est une pratique courante pour la taxation des produits du tabac (voir la section 3.3 ci-après).

Le dosage « optimal » entre la composante *ad valorem* et la composante *ad quantum* de l'accise dépend des produits concernés, de la structure du marché et de l'objectif des pouvoirs publics, si bien qu'aucune combinaison n'est optimale dans l'absolu (KEEN, 1998[4]).

3.2.2 L'utilisation des accises pour influer sur les comportements

Quelle que soit la raison qui a motivé leur instauration, les accises exercent une influence sur le comportement des consommateurs. En ce qui concerne les boissons alcooliques et le tabac, par exemple, l'argument mis en avant est que leur consommation est dangereuse pour la santé et que l'augmentation des accises contribue à la réduire.

Dans le cas des huiles minérales, l'application de droits d'accise par les pouvoirs publics n'a pas seulement pour but de collecter des recettes : de plus en plus, elle est aussi motivée par des considérations de sécurité énergétique et par la volonté de corriger les externalités sociales de la consommation d'énergie, en particulier son coût pour l'environnement et la santé. Ces dix dernières années, les préoccupations liées à l'environnement et à la santé ont joué un rôle croissant dans les décisions relatives à la nature et à l'application de taxes sur la consommation d'énergie, en particulier s'agissant de la taxation des transports (chapitre 4). Des travaux de l'OCDE (OCDE, 2010[5]) confirment la supériorité des écotaxes par rapport à nombre d'autres instruments de politique environnementale en termes d'efficacité pour l'environnement, d'efficience économique, de capacité à rapporter des recettes publiques et de transparence. En outre, les écotaxes ont été utilisées avec succès dans divers domaines tels que l'élimination des déchets, la pollution de l'eau et les émissions atmosphériques. Les travaux de l'OCDE montrent aussi que la manière dont une taxe est conçue et mise en œuvre est déterminante (OECD, 2011[6]).

Dans le même ordre d'idées, l'application de droits d'accise à la consommation d'énergie est justifiée par le fait que ces droits constituent un moyen efficace (et peu coûteux) d'atténuation du réchauffement climatique. En 2015, la consommation d'énergie était à l'origine de 80 % des émissions de gaz à effet de serre (AIE, 2018[7]), mais l'application d'accises sur les sources d'énergie fossiles majore le prix de ce type d'énergie et réduit la demande. Si ces droits d'accise sont calculés en fonction de l'intensité en carbone de l'énergie, ils favorisent aussi le remplacement progressif des sources fossiles par des formes d'énergie à moins forte intensité en carbone. Dans le cas de l'électricité par exemple, les producteurs peuvent renoncer au charbon au profit du gaz naturel, qui produit moins de carbone, ou de l'énergie solaire ou éolienne, qui n'en produit pas.

Les droits d'accise sur l'énergie proprement dits, les taxes carbone (qui sont aussi souvent perçues sous la forme de droits d'accise) et les permis d'émission négociables attribuent un prix à l'intensité en carbone de l'énergie. Ce prix est également connu sous le nom de taux effectif d'imposition du carbone. Une récente étude de l'OCDE sur les taux effectifs d'imposition du carbone (OCDE, 2018[8]) montre que 42 pays membres de l'OCDE ou du G20, à l'origine de 80 % des émissions mondiales, ont désormais recours à la tarification des émissions de carbone dues à la consommation d'énergie et évalue le chemin parcouru depuis 2012. Le prix du carbone, mesuré par le taux effectif d'imposition du carbone, augmente, fût-ce lentement. Les progrès réalisés dans ce domaine peuvent être mesurés par rapport à l'estimation du coût économique total des émissions de carbone. Actuellement, l'estimation basse de ce coût s'établit à 30 EUR par tonne de CO_2. D'après l'étude de l'OCDE, l'écart entre le prix réel du carbone et ce coût de référence a diminué, passant de 83 % en moyenne en 2012 à 79.5 % en 2015, et devrait continuer de diminuer pour s'établir à 76.5 % en 2018. De nouvelles mesures de tarification de l'énergie pourraient entraîner une diminution supplémentaire sensible de cet écart. À ce jour, les droits d'accise sur l'énergie constituent la majeure partie du taux effectif d'imposition du carbone.

3.3. Boissons alcooliques

Il existe dans le monde une grande variété de boissons alcooliques, qui peuvent être obtenues par distillation ou fermentation de divers ingrédients (raisins, pommes, malt, riz, etc.). La nomenclature douanière combinée propose une classification des boissons alcooliques à laquelle les différentes catégories d'accise sont étroitement liées. Elle comprend six grandes catégories de boissons alcooliques : bières de malt (code 22.03) ; vins de raisins frais, y compris les vins enrichis en alcool (code 22.04) ; vermouths et autres vins de raisins frais préparés à l'aide de plantes ou de substances aromatiques (code 22.05) ; autres boissons fermentées (cidre, poiré, hydromel, par exemple), mélanges de boissons fermentées et mélanges de boissons fermentées et de boissons non alcooliques (code 22.06) ; alcool éthylique non dénaturé d'un titre alcoométrique volumique de 80 % vol. ou plus ; eaux-de-vie, liqueurs et autres boissons spiritueuses (code 22.07) et alcool éthylique non dénaturé d'un titre alcoométrique volumique de moins de 80 % vol. (code 22.08). Il existe inévitablement des subdivisions au sein de chacune de ces grandes catégories mais l'utilisation de cette nomenclature reconnue sur le plan international permet d'assurer une cohérence et contribue à éviter l'utilisation de définitions contradictoires pour l'application des taux. Les États membres de l'Union européenne appliquent en outre une structure harmonisée pour fixer les droits d'accise sur l'alcool et les boissons alcooliques (directive du Conseil 92/83/CEE). Sauf indication contraire dans les notes pays, les tableaux annexes 3.A.1 et 3.A.2 portent sur les produits correspondant aux codes 22.03 et 22.04, et le tableau annexe 3.A.3 sur les produits ne figurant pas dans les tableaux annexes 3.A.1 et 3.A.2.

La taxation de l'alcool ayant une longue histoire, plusieurs méthodes et indicateurs ont été mis au point au fil du temps pour évaluer la teneur d'un produit en alcool. Actuellement, l'indicateur couramment utilisé pour mesurer la quantité d'alcool (éthanol) contenue dans une boisson alcoolisée est le titre alcoométrique volumique. Il est égal au nombre de litres d'éthanol pur contenu dans 100 litres d'une solution à 20 °C, exprimé en pourcentage du volume total. Dans les tableaux 3.A.1 et 3.A.2, qui présentent un panorama des droits d'accise frappant la bière et le vin, le titre alcoométrique est exprimé en pourcentage par volume (% vol.) Dans certains pays, pour calculer les accises applicables à la bière, on exprime la teneur en alcool de la bière en degrés Plato (indicateur qui mesure la densité du moût, exprimée en pourcentage d'extrait par unité de masse). Pour que les données relatives aux accises soient comparables entre pays, dans le tableau 3.A.1, les droits par degré Plato appliqués dans ces pays ont été convertis en droits par pourcentage d'alcool par volume. Il n'existe pas de taux précis pour la conversion des degrés Plato en pourcentage d'alcool par volume, mais à des fins fiscales, on suppose que 1 % vol. est équivalent à 2.5° Plato. Dans le tableau 3.A.1, on a donc multiplié les taux d'accise exprimés par degré Plato par 2.5 pour obtenir les taux par pourcentage d'alcool par volume pour les pays concernés.

Les droits d'accise sur les boissons alcooliques sont appliqués selon deux grandes méthodes : ils peuvent être *ad quantum*, dépendant alors de la teneur en alcool du produit, ou *ad valorem* et reposer ainsi sur la valeur du produit. Ces deux méthodes sont généralement associées, le droit comprenant une composante liée au volume (qui dépend de la teneur en alcool) et une composante liée à la valeur du produit. Le Mexique se démarque des autres pays en ce que les droits d'accise sur les boissons alcooliques dépendent exclusivement de leur valeur ; le taux appliqué à la bière est progressif en fonction du degré d'alcool du produit.

Les tableaux annexes 3.A.1, 3.A.2 et 3.A.3, qui présentent respectivement les droits d'accise appliqués à la bière, au vin et à d'autres boissons alcooliques, montrent que le calcul de ces droits est souvent complexe. Du fait qu'il existe différentes sous-catégories et divers taux particuliers (par exemple pour les produits peu alcooliques ou la bière produite par les petites brasseries) et que les droits sont parfois calculés à la fois en fonction de la valeur et de la nature des produits, il est difficile de fournir des indications précises sur les écarts de prix pour le consommateur. Ces trois tableaux mettent cependant en évidence de fortes disparités entre les pays : ainsi, l'accise sur la bière (tableau annexe 3.A.1) est comprise entre environ 2 USD par degré d'alcool et par hectolitre (Allemagne et Luxembourg) et 39 USD en Finlande et même 64 USD en Israël. L'accise sur le vin non pétillant (tableau annexe 3.A.2) est comprise entre zéro (Allemagne, Autriche, Espagne, Hongrie, Israël, Italie, Luxembourg, Portugal, République slovaque, République tchèque, Slovénie et Suisse) et plus de 7 USD par litre (Norvège).

3.4. Produits du tabac

À l'origine, les taxes sur le tabac ont, comme celles sur l'alcool, été instaurées parce qu'elles constituaient un moyen efficient de collecter des recettes publiques. Pratiquement tous les pays taxent les produits du tabac depuis des décennies, voire, dans certains cas, des siècles. Ces produits se caractérisent par une élasticité de la demande aux prix relativement faible (en d'autres termes, une hausse modérée des prix ne se traduit pas par une baisse équivalente de la consommation), par la faiblesse du nombre de producteurs et par l'importance de la consommation, si bien qu'ils constituent une cible particulièrement intéressante pour l'application d'accises et autres types de taxes. Les effets néfastes du tabac sur la santé n'étant plus à prouver, la fiscalité sur le tabac est de plus en plus utilisée pour faire reculer le tabagisme. Une récente étude de l'Organisation mondiale de la santé (WHO, 2017[9]) montre l'efficacité de la hausse des taxes et du prix du tabac sur la réduction de sa consommation.

Comme les boissons alcooliques et les huiles minérales, les produits du tabac se divisent en sous-catégories – cigarettes, cigares, tabac à rouler les cigarettes et tabac à pipe. Par ailleurs, de nouveaux produits apparus ces dix dernières années, par exemple les produits de tabac chauffés et les systèmes électroniques d'administration de nicotine, peuvent être soumis à des taux spécifiques.

Alors que les accises appliquées aux boissons alcooliques et aux huiles minérales sont presque exclusivement des droits *ad quantum*, dans la plupart des pays, les accises qui frappent les produits du tabac comprennent des éléments *ad quantum* et des éléments *ad valorem*.

Il peut également exister des disparités au sein d'un même pays lorsque celui-ci a une structure fédérale ; c'est par exemple le cas aux États-Unis, où les droits d'accise locaux sur les cigarettes (qui s'ajoutent aux droits fédéraux) sont compris entre 0.17 USD par paquet de 20 cigarettes dans le Missouri et 4.35 USD dans l'État de New York (FTA, 2018[10]).

À noter que les taux ou montants de chaque taxe (accise *ad valorem* ou *ad quantum*, TVA ou autres droits) par type de produit du tabac tels qu'ils figurent dans le tableau annexe 3.A.4 ne permettent pas à eux seuls d'évaluer l'intégralité de la charge fiscale qui pèse sur ces produits. De fait, lorsque la structure des accises est mixte (l'accise comportant une composante *ad valorem* et une composante *ad quantum*), une taxe *ad valorem* élevée appliquée à une catégorie de produits peut être contrebalancée par une accise spécifique faible (ou *vice versa*). Les accises *ad valorem* peuvent être calculées sur différentes bases (prix à la production, prix à l'importation, prix de détail). Il faut en outre évaluer l'effet cumulé de la TVA et des droits d'accise, etc.

Le calcul de la charge fiscale totale (CFT) pour le consommateur final en pourcentage du prix de vente au détail (PVD) d'un produit donné fournit donc une idée plus précise des niveaux d'imposition relatifs. Pour l'illustrer, le tableau annexe 3.A.5 présente, pour les pays de l'OCDE, la charge fiscale totale (accise *ad quantum* + accise *ad valorem* + TVA) qui pèse sur les cigarettes en pourcentage du prix de vente au détail d'un paquet de 20 cigarettes (pour la méthode de calcul, voir la note 1 du tableau annexe 3.A.5). Il montre que la charge fiscale totale qui pèse sur un paquet de 20 cigarettes est très variable d'un pays à l'autre, puisqu'elle varie de 43.01 % du PVD (moyenne nationale des taxes fédérales et locales) aux États-Unis et 58.89 % en Australie à 89.13 % au Chili et 85.59 % en Grèce. Elle est supérieure à 50 % du PVD dans tous les pays de l'OCDE (sauf aux États-Unis) et supérieure à 80 % dans huit pays (Chili, Finlande, France, Grèce, Israël, Pologne, Royaume-Uni et Turquie).

Le tableau annexe 3.A.5 met également en évidence d'importantes différences de prix hors taxes, les prix variant en fonction de la structure du marché, du lieu géographique (en particulier en fonction de la possibilité ou non d'achats transfrontaliers) et de la structure des taxes applicables.

La fixation du taux d'une taxe sur le tabac dépend de l'objectif de politique publique assigné à cette taxe. Lorsqu'elle a principalement pour but de permettre le recouvrement de recettes, son taux est fixé en fonction du montant de recettes visé et de l'élasticité-prix de la demande des produits taxés. Un taux moyen peut suffire à produire des recettes stables sans entraîner de difficultés importantes en termes d'économie politique. Si elle est censée influer sensiblement sur le comportement des consommateurs, il faut probablement fixer un taux plus élevé pour atteindre les objectifs sanitaires visés. Dans le cas précis du tabac, les travaux de recherche (Goodchild, Perucic and Nargis, 2016[11]) montrent que des taxes et des prix plus élevés font reculer à la fois la prévalence (certains fumeurs cessant de fumer) et l'intensité du tabagisme (les fumeurs fumant moins), en particulier au sein des populations vulnérables (jeunes et ménages modestes). Une hausse de la fiscalité du tabac a des conséquences financières plus lourdes pour les fumeurs les plus aisés, qui diminuent moins leur consommation, tandis que l'essentiel des effets économiques et sanitaires positifs de la diminution du tabagisme concernent les populations défavorisées, dont la consommation diminue davantage lorsque la fiscalité s'alourdit. Il peut cependant être difficile d'appliquer un taux élevé en raison de facteurs d'économie politique (pressions exercées par les fabricants, opposition de la population, etc.). L'affectation des recettes tirées des taxes (ou d'une partie d'entre elles) au financement d'objectifs de santé spécifiques, par exemple de programmes de promotion de la santé et/ou d'activités de lutte contre le tabagisme, peut être un moyen de renforcer l'adhésion de la population, mais réduit la latitude budgétaire des pouvoirs publics. De plus, les risques d'achats transfrontaliers et de contrebande entre pays pratiquant des prix très différents peuvent rendre difficile l'application de taxes élevées dans certains pays s'il n'existe pas une coopération régionale efficace.

3.5. Les huiles minérales

En général, les huiles minérales sont réparties en plusieurs catégories en fonction de leurs caractéristiques techniques. Les principales catégories sont l'essence sans plomb, le carburant diesel et le fioul lourd. Certains pays de l'OCDE soumettent aussi d'autres produits énergétiques, comme le gaz naturel, l'électricité et le charbon, à un régime de droits d'accise ou à des taxes spécialement applicables aux produits énergétiques, par exemple une taxe carbone.

Les recettes tirées de ces taxes sont conséquentes dans la zone OCDE, parce que la consommation d'énergie y est très forte et les taux d'imposition souvent élevés dans bon nombre de pays. Malgré d'importantes disparités entre pays, le taux d'imposition des produits énergétiques par rapport au niveau de référence est très élevé comparativement à celui observé pour d'autres impôts. Pour le supercarburant sans plomb par exemple, la charge fiscale totale (principalement composée d'un droit d'accise et de la TVA) est supérieure à 100 % du prix hors taxes dans tous les pays de l'OCDE sauf en Australie, au Canada, au Chili, au Japon, aux États-Unis, au Mexique et en Nouvelle-Zélande (tableau annexe 3.A.6).

La directive européenne 2003/96/CE définit le cadre en vigueur au sein de l'Union européenne pour la taxation des produits énergétiques dans les États membres. Elle vise à réduire les distorsions de concurrence entre les huiles minérales et les autres formes d'énergie, ainsi qu'à limiter la concurrence fiscale à laquelle peuvent se livrer les États membres en jouant sur les différences de taux d'imposition de l'énergie. Elle a aussi pour but d'encourager une utilisation plus efficiente de l'énergie. Elle fixe des règles communes pour la taxation d'un ensemble de produits énergétiques, notamment de nombreux produits pétroliers, du charbon et du gaz naturel, ainsi que pour la taxation de la consommation d'électricité. Elle définit pour chaque produit des minima de taxation exprimés en fonction du volume, du poids ou du contenu énergétique. Par exemple, les minima applicables aux carburants utilisés pour le transport routier sont les suivants : 0.359 EUR par litre pour l'essence sans plomb ; 0.330 EUR par litre pour le gazole et 0.125 EUR par kilogramme pour le gaz de pétrole liquéfié (GPL). Elle ne précise pas quelles taxes doivent être utilisées pour atteindre ce niveau minimum. Ces taxes peuvent être diverses – accises, taxe carbone, taxe sur l'énergie, etc.

La publication de l'OCDE intitulée *Taxing Energy Use* (OCDE, 2013[12]) fournit un panorama complet des différentes taxes spéciales appliquées à l'énergie dans 42 pays membres de l'OCDE ou du G20. Elle montre que ces taxes sont très hétérogènes et sont en général trop faibles pour protéger l'environnement. Les taxes sur le transport routier sont nettement plus élevées que celles appliquées dans d'autres secteurs, mais restent le plus souvent trop faibles pour couvrir les externalités du transport routier. Par ailleurs, elles sont généralement plus lourdes dans les pays où le PIB par habitant est relativement élevé. Entre 2012 et 2015, certains pays ont commencé à supprimer les taux réduits appliqués au diesel comparativement à l'essence. En dehors de ces initiatives, le principe pollueur-payeur ne semble pas avoir joué un rôle plus important dans la fiscalité de l'énergie en 2015 qu'en 2012.

Les huiles minérales se distinguent par le fait que, plus que dans d'autres domaines, les accises sont utilisées pour faire évoluer le comportement des consommateurs. Bien que les accises sur les carburants existent depuis des années, leur instauration a initialement été motivée principalement, voire exclusivement, par des objectifs sans lien avec l'environnement (par exemple par la volonté de recouvrer des recettes fiscales ou, dans certains cas, de financer des projets d'infrastructures). Lorsque l'essence sans plomb, moins nocive pour l'environnement, est apparue sur le marché, elle était moins compétitive sur le marché de détail que l'essence avec plomb parce que plus chère à la production. La fiscalité sur l'énergie a permis d'y remédier en abaissant le prix à la pompe de l'essence sans plomb. L'essence avec plomb a aujourd'hui disparu du marché et n'est même plus autorisée à la vente. Par contre, l'application de taxes plus faibles au GPL utilisé comme carburant a eu un effet beaucoup moins net sur le comportement des consommateurs. Les caractéristiques de ce produit (qui n'est pas liquide à température ambiante à pression atmosphérique, est plus difficile à stocker et nécessite des stations dotées d'équipements spéciaux) ont fait obstacle à son essor. Le GPL est globalement très peu utilisé par rapport au diesel et à l'essence.

En principe, les accises appliquées aux carburants utilisés dans le secteur des transports sont beaucoup plus élevées que celles qui frappent les huiles minérales et, plus généralement, les énergies fossiles utilisées dans d'autres secteurs (OCDE, 2013[12]). Plusieurs raisons peuvent expliquer cet écart, par exemple l'élasticité-prix plus faible de la base d'imposition dans le secteur des transports, l'utilisation d'accises pour couvrir (plus ou moins directement) certains coûts externes propres à ce secteur (en particulier les embouteillages), des considérations liées à l'équité. C'est par exemple au nom de l'équité qu'un taux d'imposition plus faible est appliqué au fioul domestique qu'au diesel utilisé dans les transports (Flues and Thomas, 2015[13]). La grande majorité des pays de l'OCDE (à l'exception de la Grèce, de la Hongrie, d'Israël et des Pays-Bas) taxent moins le fioul domestique que le diesel utilisé comme carburant, bien que ces deux produits soient plus ou moins identiques (tableau annexe 3.A.8).

Dans la plupart des pays, le taux des droits d'accise demeure moins élevé pour le diesel que pour l'essence. Seule la Suisse applique un droit d'accise plus lourd sur le diesel que sur l'essence, et seulement deux autres pays – l'Australie et le Royaume-Uni – appliquent le même droit d'accise aux deux carburants. Du point de vue de l'environnement, cette situation est pour le moins paradoxale, le diesel étant plus polluant que l'essence sans plomb, notamment parce qu'il émet beaucoup plus d'oxydes d'azote (NOx) [2] et de particules. Sous l'effet du durcissement de la réglementation relative aux véhicules, cette différence s'estompe pour les nouveaux véhicules, mais les écarts entre les cycles d'essai et les performances sur route suscitent des inquiétudes ; de surcroît, le parc de véhicules reste pour l'heure dominé par les véhicules diesel plus anciens et plus polluants (Harding, 2014[14]).

La prise en compte des droits d'accise appliqués aux carburants automobiles ne permet pas, à elle seule, de mesurer la charge fiscale globale pesant sur le transport automobile. Les véhicules peuvent aussi être soumis à des taxes basées sur la distance, à des taxes de stationnement, à des péages, à des droits d'immatriculation et à des taxes de circulation récurrentes que beaucoup de pays modulent en fonction du type de carburant utilisé ou des émissions de CO_2 par unité de distance (chapitre 4). De surcroît, l'utilisation de véhicules d'entreprise bénéficie souvent d'un traitement fiscal plus favorable – voire, parfois, beaucoup plus favorable – que l'utilisation d'autres types de véhicules (Harding, 2014[15]).

Les taux indiqués dans les tableaux annexes 3.A.6 à 3.A.8 sont extraits d'une publication de l'Agence internationale de l'énergie et peuvent englober dans certains pays, outre les droits d'accise, diverses taxes telles que les redevances destinées à financer la constitution de stocks d'urgence.

3.6. Effets sur le commerce transfrontalier

Les écarts de taux d'accise entre pays résultent souvent des traditions nationales, des politiques sociales, environnementales et de santé, de la production locale et des besoins de financement de l'État. Ils ne sont pas sans incidence sur la circulation transfrontalière des marchandises. La création de marchés intégrés (comme l'Union européenne) et la suppression des contrôles aux frontières ont permis de prendre conscience du fait que les différences de taux d'accise entre pays voisins étaient telles que le jeu du marché en était affecté. En pareil cas, les achats transfrontaliers peuvent être lourds de conséquences pour les entreprises et contraindre ainsi les autorités fiscales concernées à rapprocher leurs taux d'accise de ceux des pays limitrophes. Les écarts entre pays voisins peuvent également favoriser la « contrebande » transfrontalière (McKee Laura MacLehose Ellen Nolte et al., 2004[16]). Même si certains estiment que le jeu des mécanismes du marché devrait favoriser une convergence des taux, une telle orientation serait contradictoire avec d'autres aspects des politiques publiques lorsque des critères tels que la santé sont pris en compte pour la définition des taux.

3.7. Effets des accises sur la redistributivité

Les effets des accises sur la redistributivité du système fiscal préoccupent beaucoup de responsables publics. Leur étude permet de mieux calibrer les effets redistributifs du système fiscal dans son ensemble. Bien que les accises réduisent la demande des produits qui y sont soumis, et donc les dépenses des ménages pour ces biens au fil du temps, leur augmentation peut exercer une pression immédiate sur leur budget lorsuqe des mesures compensatoires ne sont pas introduites. L'impact des droits d'accise sur les ménages aux revenus les plus faibles dépend des politiques spécifiques en la matière. Flues et Van Dender ((Flues and van Dender, 2017[17]) ont montré que l'utilisation d'un tiers seulement des recettes additionnelles tirées d'une augmentation des taxes sur l'énergie pour augmenter les transferts financiers vers les ménages ferait plus que compenser la l'augmentation de leur facture énergétique. répartition du revenu varie selon les biens auxquels ils sont appliqués.

L'effet redistributif des accises dépend des biens auxquels elles s'appliquent. Une récente étude portant sur 20 pays de l'OCDE majoritairement européens montre que l'effet cumulé des droits d'accise sur le tabac, l'alcool et les carburants est régressif, qu'il soit mesuré en pourcentage du revenu ou des dépenses (OCDE/KIPF, 2014[18]). À l'inverse, des travaux consacrés à l'effet redistributif des accises sur les carburants routiers démontrent que ces accises ne sont pas régressives (Flues and Thomas, 2015[13]). Ces résultats impliquent qu'à mesure que leur revenu augmente, les ménages consacrent une part de leur revenu et de leurs dépenses plus faible aux accises sur le tabac et l'alcool. La charge fiscale exacte peut varier selon la structure des accises. Par exemple, si les ménages aisés consomment des alcools et du tabac plus chers que les ménages plus modestes, ils auront à supporter une charge fiscale plus lourde si l'accise est calculée en fonction de la valeur du produit *(ad valorem)* que si elle dépend de la quantité consommée. Le caractère non régressif des taxes sur les carburants peut s'expliquer à la fois par le fait que les ménages modestes ont une probabilité plus faible de posséder une voiture et par le fait que ceux qui ont une voiture l'utilisent moins.

Notes

[1] La TVA peut également porter le nom de taxe sur les biens et services (TPS). Par commodité, toutes les taxes sur la valeur ajoutée sont dénommées TVA dans ce chapitre.

[2] Le terme générique oxydes d'azote (NOx) englobe les divers oxydes d'azote produits durant la combustion, considérés comme d'importants polluants de l'air.

References

AIE (2018), *CO2 Emissions from Fuel Combustion 2018*, AIE, Paris, https://dx.doi.org/10.1787/co2_fuel-2018-en. [7]

Brys, B. et al. (2016), "Tax Design for Inclusive Economic Growth", *OECD Taxation Working Papers*, No. 26, Éditions OCDE, Paris, https://dx.doi.org/10.1787/5jlv74ggk0g7-en. [3]

Flues, F. and A. Thomas (2015), "The distributional effects of energy taxes", *OECD Taxation Working Papers*, No. 23, Éditions OCDE, Paris, https://dx.doi.org/10.1787/5js1qwkqqrbv-en. [13]

Flues, F. and K. van Dender (2017), "The impact of energy taxes on the affordability of domestic energy", *OECD Taxation Working Papers*, No. 30, Éditions OCDE, Paris, https://dx.doi.org/10.1787/08705547-en. [17]

FTA (2018), "State excise taxes rates on cigarettes FTA", https://www.taxadmin.org/assets/docs/Research/Rates/cigarette.pdf. [10]

Goodchild, M., A. Perucic and N. Nargis (2016), "Modelling the impact of raising tobacco taxes on public health and finance", *Bulletin of the World Health Organization*, Vol. 94/4, pp. 250-257, http://dx.doi.org/10.2471/blt.15.164707. [11]

Harding, M. (2014), "Personal Tax Treatment of Company Cars and Commuting Expenses : Estimating the Fiscal and Environmental Costs", *OECD Taxation Working Papers*, No. 20, Éditions OCDE, Paris, https://dx.doi.org/10.1787/5jz14cg1s7vl-en. [15]

Harding, M. (2014), "The Diesel Differential : Differences in the Tax Treatment of Gasoline and Diesel for Road Use", *OECD Taxation Working Papers*, No. 21, Éditions OCDE, Paris, https://dx.doi.org/10.1787/5jz14cd7hk6b-en. [14]

Health Organization Regional Office for Europe, W. (2015), *AK Using price policies to promote healthier diets*, http://www.euro.who.int/pubrequest. [1]

KEEN, M. (1998), "The Balance between Specific and Ad Valorem Taxation", *Fiscal Studies*, Vol. 19/1, pp. 1-37, http://dx.doi.org/10.1111/j.1475-5890.1998.tb00274.x. [4]

McKee Laura MacLehose Ellen Nolte, M. et al. (2004), *Health policy and European Union enlargement*, http://www.openup.co.uk. [16]

OCDE (2018), *Effective Carbon Rates 2018 : Pricing Carbon Emissions Through Taxes and Emissions Trading*, Éditions OCDE, Paris, https://dx.doi.org/10.1787/9789264305304-en. [8]

OCDE (2013), *Taxing Energy Use : A Graphical Analysis*, Éditions OCDE, Paris, https://dx.doi.org/10.1787/9789264183933-en. [12]

OCDE (2010), *La fiscalité, l'innovation et l'environnement*, Éditions OCDE, Paris, https://dx.doi.org/10.1787/9789264087651-fr. [5]

OCDE/KIPF (2014), *The Distributional Effects of Consumption Taxes in OECD Countries*, Études de politique fiscale de l'OCDE, No. 22, Éditions OCDE, Paris, https://dx.doi.org/10.1787/9789264224520-en. [18]

OECD (2011), *Environmental Taxation A Guide for Policy Makers*, OECD, http://www.oecd.org/env/tools-evaluation/48164926.pdf. [6]

Sassi, F. and A. Belloni (2014), "Corrigendum to 'Fiscal incentives, behavior change and health promotion: what place in the health-in-all-policies toolkit?'", *Health Promotion International*, Vol. 29/4, pp. 794-794, http://dx.doi.org/10.1093/heapro/dau092. [2]

WHO (2017), *Report on the global tobacco epidemic 2017*, https://www.who.int/tobacco/global_report/2017/en/. [9]

Annexe 3.A. Tableaux

Tableau annexe 3.A.1. Impôts sur la bière

Pays	Monnaie	Droit spécifique par hectolitre par % vol[1]		Taux réduit applicable aux petites brasseries indépendantes			Droit d'accise sur la bière à faible degré d'alcool. Accise par hectolitre de produit		Taux de TVA	Taux d' imposition progressifs en fonction du degré d'alcool
		Monnaie nationale	USD	Production annuelle (hl)	Monnaie nationale	USD	Monnaie nationale	USD	%	
Australie*	AUD	Note pays		Note pays			Note pays		10.0	Oui
Autriche	EUR	5.00	5.62	< 12 500	3	3.37	_	_	20.0	Non
				< 25 000	3.5	3.93			20.0	
				< 37 500	4	4.49			20.0	
				= 50 000	4.5	5.06			20.0	
Belgique	EUR	5.01	5.63	≤ 12 500	4.36	4.90	_	_	21.0	Non
				≤ 25 000	4.50	5.06			21.0	
				≤ 50 000	4.65	5.22			21.0	
				≤ 75 000	4.79	5.38			21.0	
				≤ 200 000	4.94	5.55			21.0	
Canada*	CAD	Note pays		Note pays			Note pays		5.0/13.0 15.0	Oui
Chili*	CLP	Note pays		Note pays			Note pays		19.0	Non
République tchèque	CZK	80.00	3.42	≤ 10 000	40.00	1.71	_	_	21.0	Non

Pays	Monnaie	Droit spécifique par hectolitre par % vol[1]		Taux réduit applicable aux petites brasseries indépendantes			Droit d'accise sur la bière à faible degré d'alcool. Accise par hectolitre de produit		Taux de TVA	Taux d' imposition progressifs en fonction du degré d'alcool
		Monnaie nationale	USD	Production annuelle (hl)	Monnaie nationale	USD	Monnaie nationale	USD	%	
				≤ 50 000	48.00	2.06			21.0	
				≤ 100 000	56.00	2.39			21.0	
				≤ 150 000	64.00	2.74			21.0	
				≤ 200 000	72.00	3.08			21.0	
Danemark*	DKK	56.02	8.49	≤ 3 700	Note pays		0.00	0.00	25.0	Non
				≤ 20 000	Note pays				25.0	
				< 200 000	Note pays				25.0	
Estonie	EUR	16.92	19.01	≤ 6 000	8.46	9.51	_	_	20.0	Non
Finlande*	EUR	35.55	39.94	≤ 5 000	17.78	19.98	8.00	8.88	24.0	Non
				≤ 30 000	24.89	27.97			24.0	
				≤ 55 000	28.44	31.96			24.0	
				≤ 100 000	32.00	35.96			24.0	
France*	EUR	7.42	8.34	≤ 200 000	3.71	4.17	3.70	4.16	20.0	Non
Allemagne	EUR	1.97	2.21	≤ 5 000	1.10	1.24	_	_	19.0	Non
				≤ 10 000	1.32	1.48			19.0	
				≤ 20 000	1.54	1.73			19.0	
				≤ 40 000	1.65	1.85			19.0	
Grèce	EUR	12.50	14.04	≤ 200 000	6.25	7.02	_	_	24.0	Non
Hongrie	HUF	1620.00	5.90	≤ 200 000	810.00	2.95	-	-	27.0	Non
Islande*	ISK	Note pays		_	_	_	Note pays	_	11.0	Oui
Irlande*	EUR	22.55	25.34		Note pays		Note pays		23.0	Oui
Israël*	ILS	231.00	64.17	_	_	_	Note pays		17.0	Non
Italie*	EUR	7.55	8.48	_	_	_	Note pays	_	22.0	Non
Japon*	JPY	Note pays					_	_	8.0	Non
Corée*	KRW	Note pays					Note pays		10.0	Non
Lettonie*	EUR	4.50	5.06	≤ 10 000	2.25	2.53	-	-	21.0	Non

Pays	Monnaie	Droit spécifique par hectolitre par % vol[1]		Taux réduit applicable aux petites brasseries indépendantes			Droit d'accise sur la bière à faible degré d'alcool. Accise par hectolitre de produit		Taux de TVA	Taux d' imposition progressifs en fonction du degré d'alcool
		Monnaie nationale	USD	Production annuelle (hl)	Monnaie nationale	USD	Monnaie nationale	USD	%	
Lituanie	EUR	7.11	7.99	-	-	-	-	-	21.0	Non
Luxembourg*	EUR	1.98	2.22	≤ 50 000	0.98	1.10	-	-	17.0	Non
				≤ 200 000	1.12	1.26	-	-	17.0	
Mexique*	MXN	26.50 %					-	-	16.0	Oui
Pays-Bas*	EUR	Note pays		-	-	-	-	-	21.0	Oui
Nouvelle-Zélande*	NZD	29.05	20.61				Note pays		15.0	Non
Norvège*	NOK	Voir note					Note pays		25.0	Oui
Pologne*	PLN	19.48	5.15	Note pays			-	-	23.0	Non
Portugal*	EUR	Voir note		Note pays			Note pays		23.0	Oui
République slovaque	EUR	3.59	4.03	≤ 200 000	2.65	2.98	-	-	20.0	Non
Slovénie*	EUR	12.10	13.60	20 000	6.05	6.80	-	-	22.0	Non
Espagne*	EUR	Note pays		-	-	-	Note pays		21.0	Oui
Suède	SEK	202.00	23.63	-	-	-	-	-	25.0	Non
Suisse*	CHF	Note pays					Note pays		7.7	Oui
Turquie*	TRY	134.98	2.37	-	-	-	-	-	18.0	Non
Royaume-Uni*	GBP	19.08	24.46	Note pays			8.42	10.79	20.0	Non
États-Unis*	USD	Note pays					-	-		Non

* Voir les notes pays relatives au Tableau annexe 3.A.1.

Note : Conversion de la monnaie nationale en USD : les taux de conversion sont les taux moyens du marché (2017) publiés dans les Statistiques monétaires mensuelles de l'OCDE (stats.oecd.org).

1. % vol = pourcentage d'alcool pur par volume à 20°C. Dans certains pays, le taux des droits d'accise applicables à la bière est calculé par hectolitre par degré Plato. Pour plus de commodité, tous les montants sont convertis en % vol. Il n'existe pas de table de conversion précise entre degrés Plato et % vol mais, à des fins fiscales, on admet souvent que 1 % vol équivaut à 2.5 degrés Plato. Par conséquent, les taux exprimés en degrés Plato ont été multipliés par 2.5 pour obtenir le % vol.

Source : Délégations nationales. Situation au 1er janvier 2018.

StatLink http://dx.doi.org/10.1787/888933890198

Notes pays relatives au Tableau annexe 3.A.1

Australie. Les taux des droits d'accise applicables à la bière en récipients individuels de capacité inférieure ou égale à 48 litres sont les suivants : 42.84 AUD par litre d'alcool lorsque le volume d'alcool n'excède pas 3 %, 49.90 AUD lorsque le volume d'alcool est supérieur à 3 % mais n'excède pas 3.5 % et 49.90 AUD au-delà de 3.5 %. Les taux applicables à la bière en récipients individuels de capacité supérieure à 48 litres sont les suivants : 8.57 AUD par litre d'alcool lorsque le volume d'alcool n'excède pas 3 %, 26.83 AUD lorsque le volume d'alcool est supérieur à 3 % mais n'excède pas 3.5 %, et 33.15 AUD au-delà de 3.5 %. Ces taux s'appliquent depuis le 1er août 2018. Des taux réduits s'appliquent également à la bière produite à des fins non commerciales qui utilisent un équipement professionnel ; ces taux sont de 3.01 AUD par litre d'alcoolpour la bière n'excédant pas 3%. Chaque taux est calculé à partir d'un seuil égal à 1.15 % par volume. Les bières ne titrant pas plus de 1.15 % par volume d'alcool sont exonérées d'accises. Les taux sont ajustés en fonction de l'inflation chaque année en février et en août. Les brasseurs indépendants reçoivent un remboursement égal à 60 % de l'accise acquittée, dans la limite de 30 000 AUD par exercice budgétaire, au titre de la bière vendue sans intermédiaire.

Canada. Les taux des droits d'accise s'appliquent par hectolitre de produit (non par degré d'alcool par hectolitre). Les autorités provinciales et territoriales appliquent également à la bière diverses taxes et majorations. Les taux des droits d'accise fédéraux applicables à la bière ou à la liqueur de malt sont les suivants : (1) 31.84 CAD par hectolitre au-delà de 2.5 % vol. ; (2) 15.92 CAD par hectolitre à partir de 1.2 % vol. et jusqu'à 2.5 % vol. ; (3) 2.643 CAD par hectolitre jusqu'à 1.2 % vol. Les taux réduits suivants sont appliqués aux 75 000 premiers hectolitres de bière ou de liqueur de malt produits au cours d'une année donnée par les brasseurs titulaires d'une licence : (1) 90 % sur les 2 000 premiers hectolitres, (2) 80 % sur les 3 000 hectolitres suivants, (3) 60 % sur les 10 000 hectolitres suivants, (4) 30 % sur les 35 000 hectolitres suivants, et (4) 15 % sur les 25 000 hectolitres suivants.

Chili. La vente de boissons alcooliques (vin, bière, boissons distillées et autres boissons alcooliques) est soumise à la TVA au taux de 19 % et à une surtaxe sur la vente ou l'importation de boissons alcooliques. La surtaxe est appliquée à la bière au taux de 20.5 % et ne dépend pas du titre alcoométrique. Cette taxe est appliquée à l'assiette de la TVA, à savoir au prix de vente (hors TVA), et frappe les transactions entre grossistes. S'agissant de ces transactions, la taxe versée au vendeur est déductible de la taxe sur les ventes due à chaque étape de la chaîne de valeur (y compris l'importation) jusqu'à la vente au détaillant final. La surtaxe n'est pas perçue sur la vente du détaillant au consommateur final et le détaillant ne peut pas récupérer la taxe qu'il a versée en amont.

Danemark. Les taux réduits suivants sont appliqués aux petites brasseries indépendantes : pour une production n'excédant pas 3 700 hectolitres, la réduction est de 77.08 DKK par hectolitre ; pour une production supérieure à 3 700 hectolitres mais n'excédant pas 20 000 hectolitres (X), la réduction est de 259.81/(X + 6.83) DKK par hectolitre ; pour une production inférieure à 200 000 hectolitres, la réduction est de 22.02-(X/9083) DKK par hectolitre. Un droit supplémentaire frappe les produits qui contiennent un mélange de bière et de boisson non alcoolique. Taux : 9.38 DKK par litre de mélange dont le titre alcoométrique n'excède pas 10 % vol. et 16.39 DKK par litre lorsque le titre est supérieur à 10 % vol. La bière titrant moins de 2.8 % vol. est exonérée de droits d'accise.

Finlande. La bière titrant moins de 0.5 % vol. est exonérée de droits d'accise.

France. La bière ayant un titre alcoométrique supérieur à 18 % vol. est frappée d'un droit supplémentaire de 2.97 EUR par degré par hectolitre destiné à financer le système de protection sociale.

Islande. En Islande, le droit s'établit à 119.6 ISK par centilitre d'alcool par litre moins 2.25 centilitres. Par exemple, un litre de bière titrant 6 % vol. contient 6 centilitres d'alcool par litre. En conséquence, le droit perçu sur un litre de bière titrant 6 % vol. s'obtient à partir de la formule suivante : (6-2.25) * 119.6 = 448.5 ISK par litre. L'application de cette formule revient à exonérer de droits la bière titrant moins de 2.25 % vol.

Irlande. La bière brassée par de petites brasseries indépendantes ne produisant pas plus de 30 000 hectolitres par an donne lieu à une exonération ou à un remboursement partiels de 50 % de la taxe frappant les produits alcoolisés (droits d'accise). Dans la loi de finances 2017, le volume à ne pas dépasser a été porté de 30 000 à 40 000 hectolitres mais le volume maximum pris en compte pour l'application de l'exonération ou du remboursement partiels est resté inchangé, à 30 000. Le droit est nul pour la bière peu alcoolisée (jusqu'à 1.2 % vol.) et s'établit à 11.27 EUR pour la bière titrant plus de 1.2 % vol. et moins de 2.8 % vol.

Israël. Le montant du droit a été fixé à 231 ILS le 1er janvier 2018. Il est ajusté chaque année en fonction de l'évolution de l'indice des prix à la consommation. Aucun droit n'est appliqué à la bière contenant moins de 2 % d'alcool. (ou moins de 3.8 % si elle est commercialisée dans des bouteilles réutilisables). Les données statistiques concernant Israël sont fournies par et sous la responsabilité des autorités israéliennes compétentes. L'utilisation de ces données par l'OCDE est sans préjudice du statut des hauteurs du Golan, de Jérusalem Est et des colonies de peuplement israéliennes en Cisjordanie aux termes du droit international.

Italie. La bière contenant moins de 0.5 % d'alcool par volume est exonérée.

Japon. Les droits d'accise s'établissent à 22 000 JPY par hectolitre de produit. Les taux réduits suivants s'appliquent aux petits brasseurs (ne produisant pas plus de 100 000 hectolitres d'alcool par an) pour les 2 000 premiers hectolitres : (a) 18 700 JPY par hectolitre si la production annuelle de bière n'excède pas 10 000 hectolitres ; (b) 20 350 JPY par hectolitre si la production annuelle de bière est supérieure à 10 000 hectolitres mais ne dépasse pas 13 000 hectolitres (mesure temporaire).

Corée. La taxe sur les alcools appliquée à la bière est égale à 72 % du prix à la production. Outre la taxe sur les alcools, une taxe d'enseignement (30 % du montant de la taxe sur les alcools perçue) est également appliquée.

Lettonie. Depuis le 1er mars 2018, l'accise s'établit à 6.8 EUR par % vol. par hectolitre ; ce montant est réduit à 3.4 EUR par % vol. par hectolitre pour les petites brasseries indépendantes (mais ne peut pas être inférieur à 12.5 EUR par hectolitre). Le taux réduit consenti aux petites brasseries indépendantes (production annuelle n'excédant pas 50 000 hectolitres) s'applique aux 10 000 premiers hectolitres de bière produits.

Lituanie. La bière titrant moins de 0.5 % vol. est exonérée de droits d'accise.

Luxembourg. Les taux applicables aux petites brasseries (dont la production annuelle est inférieure à 200 000 hectolitres) varient entre 0.40 EUR et 0.45 EUR. Un droit supplémentaire égal à 600 EUR par hectolitre est perçu sur les bières confectionnées (« alcopops »).

Mexique. Les taux, appliqués sur une base *ad valorem*, sont les suivants : 26.5 % pour la bière et les autres boissons alcooliques jusqu'à 14 degrés Gay-Lussac (° GL) ; 30 % au-delà de 14° GL et jusqu'à 20° GL ; 53 % au-delà de 20° GL. Un mécanisme a été mis en place pour lutter contre l'utilisation de récipients à usage unique : les assujettis doivent acquitter soit le montant *ad valorem* applicable soit un forfait de 3 MXN par litre (minoré de 1.26 MXN par litre pour les assujettis utilisant des récipients réutilisables) si ce second montant est plus élevé.

Pays-Bas. Aux Pays-Bas, la plupart des bières ont une densité comprise entre 11 et 15° Plato ; la bière la plus courante a une densité de 12° Plato, et le taux du droit d'accise s'établit à 37.96/12 = 3.16 EUR par degré Plato. Les taux d'accise par hectolitre de produit sont les suivants : a) jusqu'à 7° Plato, 8.83 EUR ; b) de 7° à 11° Plato : 28.49 EUR ; c) de 11° à 15° Plato : 37.96 EUR ; d) 15° Plato ou plus : 47.48 EUR. Les taux applicables aux petites brasseries (dont la production annuelle n'excède pas 200 000 hectolitres) sont les suivants : a) jusqu'à 7° Plato, le taux mentionné ci-dessus ; b) de 7° à 11° Plato : 26.35 EUR ; c) de 11° à 15° Plato : 35.11 EUR ; d) 15° Plato ou plus : 43.92 EUR. Pour la bière ne contenant pas plus de 0.5 % d'alcool, une taxe sur la consommation de 8.83 EUR par hectolitre est applicable et le taux de TVA est de 6 %.

Nouvelle-Zélande. Le taux des accises sur la bière titrant plus de 2.5 % vol. est de 29.054 NZD par litre d'alcool contenu dans le produit fini. Le taux appliqué à la bière titrant plus de 1.15 % vol. et jusqu'à 2.5 % vol. est de 0.43573 NZD par litre de produit. La bière titrant moins de 1.15 % vol. n'est pas soumise à accise.

Norvège. Les taux des droits d'accise sont les suivants par hectolitre de produit : a) 0.0-0.7 % vol. : zéro ; b) 0.7-2.7 % vol. : 339 NOK ; c) 2.7-3.7 % vol. : 1 274 NOK ; d) 3.7-4.7 % vol. : 2 207 NOK. La bière titrant plus de 4.7 % vol. est soumise à un droit de 494 NOK par degré d'alcool et par hectolitre.

Pologne. Exemption des droits d'accise pour les petites brasseries : 1) production n'excédant pas 200 000 hectolitres par an : 50 % du montant du droit d'accise calculé sur la base du taux normal appliqué à la bière ; au-delà de 200 000 hectolitres par an : la totalité de la production annuelle est frappée d'un droit d'accise au taux normal, sans possibilité d'exemption ; les règles ci-dessus s'appliquent également en cas de coopération de plusieurs producteurs. 2) Achat intracommunautaire ou importation de bière par des entités respectant les critères définis par la loi : 50 % du montant du droit d'accise calculé sur la base du taux normal appliqué à la bière.

Portugal. Les taux d'accise frappant la bière sont les suivants par hectolitre de produit : (a) plus de 0.5 % vol. et jusqu'à 1.2 % vol. : 8.34 EUR ; (b) plus de 1.2 % vol. et jusqu'à 2.8 % vol. : 10.44 EUR ; (c) plus de 2.8 % vol. et jusqu'à 4.4 % vol. : 16.70 EUR ; (d) plus de 4.4 % vol. et jusqu'à 5.2 % vol. : 20.89 EUR ; (e) plus de 5.2°% vol. et jusqu'à 6 % vol. : 25.06 EUR ; (f) plus de 6 % vol. : 29.30 EUR (taux en vigueur au 31 mai 2018). Les taux applicables aux petites brasseries (production annuelle n'excédant pas 200 000 hectolitres) sont de 50 % du taux normal.

Slovénie. Taux réduit applicable aux petites brasseries (production annuelle n'excédant pas 20 000 hectolitres) : 6.05 EUR par hectolitre par % vol. Exemption de la bière produite pour la consommation personnelle si la production annuelle est inférieure à 500 litres.

Espagne. Les taux d'accise selon le degré d'alcool sont les suivants : la bière est exonérée en deçà de 1.2 % vol. ; elle est soumise à un droit de 2.75 EUR par hectolitre entre 1.2 % vol. et 2.8 % vol., de 7.48 EUR par hectolitre entre 2.8 % vol. et 11° Plato, de 9.96 EUR par hectolitre au-delà de 11° Plato et jusqu'à 15° Plato, de 13.56 EUR par hectolitre au-delà de 15° Plato et jusqu'à 19° Plato et de 0.91 EUR par hectolitre et par degré Plato au-delà de 19° Plato. Il n'y a pas de taxe sur la bière à Ceuta et Melilla (deux villes espagnoles situées en Afrique du Nord).

Suisse. Taux par hectolitre : bière légère (jusqu'à 10° Plato) : 16.88 CHF, bière normale et spéciale (de 10.1 à 14° Plato) : 25.32 CHF, bière forte (à partir de 14.1° Plato) : 33.76 CHF. Les réductions accordées aux petites brasseries sont comprises entre 40 % (pour les brasseries ne produisant pas plus de 15 000 hectolitres par an) et 0 % (pour les brasseries produisant au moins 55 000 hectolitres par an). La bière titrant plus de 15 % vol. est fiscalement considérée comme une boisson alcoolique (taxée à raison de 2 900 CHF par hectolitre d'alcool pur).

Turquie. La taxe ne peut pas être inférieure à 134.98 TL par degré par hectolitre. Si le montant obtenu à partir du taux (63 %) est inférieur à ce montant minimum, c'est celui-ci qui doit être acquitté.

Royaume-Uni. La bière titrant moins de 1.2 % vol. est exonérée de droit d'accise.
Un droit applicable aux bières légères est perçu sur les bières titrant entre 1.2 % vol. et 2.8 % vol.
Depuis le 1er octobre 2011, un droit spécial frappe toutes les bières fortes titrant plus de 7.5 % vol.. Ce droit s'ajoute au droit général sur la bière.
Les petites brasseries indépendantes bénéficient de taux réduits :

- production n'excédant pas 5 000 hectolitres – 50 % du taux normal ;
- production annuelle supérieure à 5 000 hectolitres mais n'excédant pas 30 000 hectolitres – taux obtenu en appliquant la formule : production annuelle-2 500/production annuelle x taux normal
- production supérieure à 30 000 hectolitres et n'excédant pas 60 000 hectolitres – taux obtenu en appliquant la formule : production annuelle - (2500-8.33 % de la fraction de la production annuelle excédant 30 000 hl)/production annuelle x taux normal.

Les petites brasseries ne peuvent solliciter aucune réduction du taux applicable aux bières légères.

États-Unis. La moyenne pondérée des droits d'accise fédéraux et des droits appliqués par les États est de 22 USD par hectolitre de produit. L'accise fédérale s'établit à 18 USD par fût (un fût correspond à 1.1735 hectolitres). Les petites brasseries locales qui produisent moins de 2 millions de fûts de bière par année civile paient 7.00 USD de droits fédéraux par fût sur les 60 000 premiers fûts. Il n'existe pas de barème progressif en fonction du degré d'alcool ni de TVA fédérale.

Union européenne. La Directive 92/83/CEE prévoit que la bière ayant un contenu alcoolique de moins de 0.5%abv n'est pas considérée comme bière imposable dans l'UE.

Tableau annexe 3.A.2. Impôts sur le vin

Monnaie		Vin non pétillant			Vin pétillant			Vin à faible degré d'alcool (inférieur à 8.5 % vol)		
		Accise par hectolitre de produit		TVA	Accise par hectolitre de produit		TVA	Accise par hectolitre de produit		TVA
		Monnaie nationale	USD	%	Monnaie nationale	USD	%	Monnaie nationale	USD	%
Australie*	AUD	Note pays	-	10.00	Note pays	-	10.00	Note pays	-	10.00
Autriche	EUR	0.00	0.00	20.00	100.00	112.36	20.00	0.00	0.00	20.00
Belgique	EUR	74.91	84.17	21.00	256.32	288.40	21.00	23.91	26.87	21.00
Canada*	CAD	63.00	48.46	5.0/13.0 15.0	63.00	48.46	5.0/13.0 15.0	Note pays	-	5.0/13.0 15.0
Chili*	CLP	Note pays	-	19.00	Note pays	-	19.00	Note pays	-	19.00
République tchèque	CZK	0.00	0.00	21.00	2340.00	100.04	21.00	0.00	0.00	21.00
Danemark*	DKK	1161.00	175.91	25.00	1496.00	226.67	25.00	534.00	80.91	25.00
Estonie*	EUR	147.82	166.09	20.00	147.82	166.09	20.00	84.41	94.84	20.00
Finlande*	EUR	383.00	430.34	24.00	383.00	430.34	24.00	Note pays	-	24.00
France*	EUR	3.78	4.25	20.00	9.35	10.51	20.00	3.78	4.25	20.00
Allemagne*	EUR	0.00	0.00	19.00	136.00	152.81	19.00	0.00	0.00	19.00
Grèce	EUR	20.00	22.47	24.00	20.00	22.47	24.00	20.00	22.47	24.00
Hongrie*	HUF	0.00	0.00	27.00	16460.00	59.97	27.00	0.00	0.00	27.00
Islande*	ISK	Note pays	-	11.00	Note pays	-	11.00	Note pays	-	11.00
Irlande*	EUR	424.84	477.35	23.00	849.68	954.70	23.00	141.57	159.07	23.00
Israël*	ILS	0.00	0.00	17.00	Voir note	-	17.00	0.00	0.00	17.00
Italie	EUR	0.00	0.00	22.00	0.00	0.00	22.00	0.00	0.00	22.00
Japon	JPY	8000.00	71.31	8.00	8000.00	71.31	8.00	8000.00	71.31	8.00
Corée*	KRW	Note pays	-	10.00	Note pays	-	10.00	Note pays	-	10.00
Lettonie*	EUR	78.00	87.64	21.00	78.00	87.64	21.00	Note pays		21.00
Lituanie*	EUR	164.67	185.02	21.00	164.67	185.02	21.00	65.46	73.55	21.00
Luxembourg*	EUR	0.00	0.00	14 ou 17	0.00	0.00	17.00	0.00	0.00	14.00
Mexique*	MXN	26.5 %/30 %	-	16.00	26.5 %/30 %	-	16.00	26.5 %	-	16.00
Pays-Bas*	EUR	88.30	99.21	21.00	88.30	99.21	21.00	44.24	49.71	21.00
Nouvelle-Zélande*	NZD	Note pays	-	15.00	Note pays	-	15.00	Note pays	-	15.00
Norvège*	NOK	5928.00	716.81	25.00	5928.00	716.81	25.00	Note pays	-	25.00
Pologne	PLN	158.00	41.80	23.00	158.00	41.80	23.00	158.00	41.80	23.00
Portugal	EUR	0.00	0.00	13.00	0.00	0.00	23.00	0.00	0.00	23.00
République slovaque*	EUR	0.00	0.00	20.00	79.65	89.49	20.00	0.00	0.00	20.00
Slovénie	EUR	0.00	0.00	22.00	0.00	0.00	22.00	0.00	0.00	22.00
Espagne*	EUR	0.00	0.00	21.00	0.00	0.00	21.00	0.00	0.00	21.00
Suède*	SEK	Note pays	-	25.00	Note pays	-	25.00	Note pays	-	25.00
Suisse*	CHF	0.00	0.00	7.70	0.00	0.00	7.70	0.00	0.00	7.70
Turquie*	TRY	663.63	181.82	18.00	4483.51	1228.36	18.00	663.63	181.82	18.00

Monnaie		Vin non pétillant			Vin pétillant			Vin à faible degré d'alcool (inférieur à 8.5 % vol)		
		Accise par hectolitre de produit		TVA	Accise par hectolitre de produit		TVA	Accise par hectolitre de produit		TVA
		Monnaie nationale	USD	%	Monnaie nationale	USD	%	Monnaie nationale	USD	%
Royaume-Uni*	GBP	288.65	370.06	20.00	369.72	474.00	20.00	88.93	114.01	20.00
États-Unis*	USD	47.00	47.00	-	116.00	116.00	-	Note pays	-	-

* Voir les notes pays relatives au Tableau annexe 3.A.2.

*Note :*Conversion de la monnaie nationale en USD : les taux de conversion sont les taux moyens du marché (2017) publiés dans les Statistiques monétaires mensuelles de l'OCDE (stats.oecd.org).

Source : Délégations nationales. Situation au 1er janvier 2018.

StatLink http://dx.doi.org/10.1787/888933890217

Notes pays relatives au Tableau annexe 3.A.2

Australie. Tous les vins (vins non pétillants, pétillants et à faible degré d'alcool) sont soumis à la taxe d'égalisation sur le vin (WET), égale à 29 % du prix de gros final (hors TPS). Une remise de la WET versée ou du montant qui aurait été versé si l'acheteur n'avait pas fait valoir son droit de remise s'applique aux producteurs éligibles dans la limite de 350 000 AUD par exercice budgétaire.

Canada. (1) Un droit de 0.63 CAD par litre s'applique au vin titrant plus de 7 % vol., de 0.301 CAD par litre au vin dont le titre alcoométrique est supérieur à 1.2 % vol. mais n'excède pas 7 % vol. et de 0.0209 CAD par litre au vin ne titrant pas plus de 1.2 % vol. (2) Les vins enrichis en alcool titrant plus de 22.9 % vol. n'entrent pas dans la catégorie des vins (ils font partie des spiritueux). Les autorités provinciales et territoriales perçoivent également divers majorations et droits sur le vin.

Chili. Une surtaxe de 20.5 % est appliquée à la vente ou à l'importation de vin, de vin pétillant, de champagne, de cidre et d'autres boissons alcoolisées (entre autres). Cette taxe est appliquée à l'assiette de la TVA, à savoir au prix de vente (hors TVA), et frappe les transactions entre grossistes. S'agissant de ces transactions, la taxe versée au vendeur est déductible de la taxe sur les ventes due à chaque étape de la chaîne de valeur (y compris l'importation) jusqu'à la vente au détaillant final. La surtaxe n'est pas perçue sur la vente du détaillant au consommateur final et le détaillant ne peut pas récupérer la taxe qu'il a versée en amont ; de même, elle n'est pas perçue sur la vente de vin en vrac réalisée par un producteur à un détaillant assujetti.

Danemark. Le taux appliqué aux vins forts, titrant plus de 15 % vol. et jusqu'à 22 % vol., s'établit à 1 555 DKK par hectolitre. Celui appliqué aux vins moyennement alcoolisés, titrant plus de 6 % vol. et jusqu'à 15 % vol., s'établit à 1 161 DKK par hectolitre et celui appliqué aux vins à faible degré d'alcool, titrant plus de 1.2 % vol. et jusqu'à 6 % vol., s'établit à 534 DKK par hectolitre. Les droits appliqués au vin pétillant correspondent à ceux appliqués au vin non pétillant majorés de 335 DKK par hectolitre. Un droit supplémentaire frappe les mélanges de vin et de boisson non alcoolisée. Taux : 7.13 DKK par litre de mélange ne titrant pas plus de 10 % vol. et 11.50 DKK par litre de mélange titrant plus de 10 % vol.

Estonie. Le vin à faible degré d'alcool est celui qui ne titre pas plus de 6 % vol.

Finlande. Les taux des accises sur le vin à faible degré d'alcool sont les suivants : a) plus de 1.2 % vol. et jusqu'à 2.8 % vol. : 24 EUR ; b) plus de 2.8 % vol. et jusqu'à 5.5 % vol. : 187 EUR ; c) plus de 5.5 % vol. et jusqu'à 8 % vol. : 268 EUR.

France. Un taux réduit s'applique aux catégories de vin à faible degré d'alcool suivantes : cidre, poiré, hydromel et pétillant de raisin.

Allemagne. Taux d'accise applicable au vin pétillant ayant un faible titre alcoométrique, inférieur à 6 % vol. : 51 EUR. Les taux applicables aux produits intermédiaires dont le titre alcoométrique est compris entre 1.2 % vol. et 22 % vol. sont les suivants : plus de 15 % vol. et moins de 22 % vol. : 153 EUR par hectolitre ; jusqu'à 15 % vol. : 102 EUR par hectolitre ; jusqu'à 15 % vol. et pétillant : 136 EUR par hectolitre.

Hongrie. Les taux applicables aux autres boissons fermentées (principalement les vins de fruits) sont les suivants : a) boissons non pétillantes : 9 870 HUF par hectolitre de produit, b) boisson pétillante : 16 460 HUF par hectolitre de produit, c) boisson à faible degré d'alcool : 0 HUF par hectolitre de mélange non pétillant contenant plus de 50 % de vin et d'eau minérale gazeuse, ne contenant pas d'arômes ajoutés et ne titrant pas plus de 8.5 % vol. Le taux appliqué aux produits intermédiaires s'établit à 25 520 HUF par hectolitre de produit.

Islande. En Islande, le droit s'établit à 108.95 ISK par centilitre d'alcool par litre moins 2.25 centilitres pour le vin ne titrant pas plus de 15 % vol. Par exemple, un litre de vin titrant 15 % vol. contient 15 centilitres d'alcool par litre. En conséquence, le droit perçu sur un litre de vin titrant 15 % vol. s'obtient à partir de la formule suivante : (15-2.25) x 108.65 = 15 389.11 ISK par litre.

Irlande. Le taux applicable au vin à faible degré d'alcool s'applique au vin titrant moins de 5.5 % vol. Le taux applicable au vin non pétillant titrant plus de 15 % vol. s'établit à 616.45 EUR. Le taux applicable au vin non pétillant titrant plus de 5.5 % vol. mais ne titrant pas plus de 15 % vol. s'établit à 424.84 EUR.

Israël. Les données statistiques concernant Israël sont fournies par et sous la responsabilité des autorités israéliennes compétentes. L'utilisation de ces données par l'OCDE est sans préjudice du statut des hauteurs du Golan, de Jérusalem Est et des colonies de peuplement israéliennes en Cisjordanie aux termes du droit international.

Corée. La taxe sur les alcools appliquée au vin est égale à 30 % du prix à la production (ou du prix à l'importation). En outre, la taxe d'enseignement (10 % du montant de la taxe sur les alcools) est également prélevée. Ces taux sont applicables aux vins pétillants et non pétillants quel que soit leur degré d'alcool.

Lettonie. Depuis le 1er mars 2018, l'accise sur le vin (non pétillant et pétillant) s'établit à 92 EUR par hectolitre. Il n'existe pas de taux spécifique pour le vin à faible degré d'alcool (non pétillant) (titrant moins de 8.5 % vol.).

Lituanie. Le vin à faible degré d'alcool englobe le vin pétillant et non pétillant titrant moins de 8.5 % vol.

Luxembourg. Le taux de TVA réduit (14 %) s'applique au vin non pétillant ne titrant pas plus de 13 % vol. Un droit supplémentaire égal à 600 EUR par hectolitre est perçu sur les boissons confectionnées (« alcopops »).

Mexique. Les taux, appliqués sur une base *ad valorem* et non par hectolitre de produit, sont les suivants : 26.5 % pour la bière et les autres boissons alcoolisées jusqu'à 14 degrés Gay-Lussac (° GL) ; 30 % au-delà de 14° GL et jusqu'à 20° GL ; 53 % au-delà de 20° GL.

Pays-Bas. Le taux de TVA appliqué au vin ayant un titre alcoométrique inférieur à 1.2 % vol. est de 6 %.

Nouvelle-Zélande. Le taux d'accise qui frappe le vin non enrichi s'établit à 2.9054 NZD par litre de produit.

Norvège. Le taux mentionné dans le tableau est celui qui s'applique aux vins titrant 12 % vol. Pour les vins dont le titre alcoométrique est compris entre 4.7 et 22 % vol., le taux des droits d'accise est de 494 NOK par degré d'alcool et par hectolitre.

République slovaque. Le taux de 54.16 EUR par hectolitre s'applique aux boissons fermentées pétillantes ne titrant pas plus de 8.5 % vol. Le taux applicable aux produits intermédiaires est de 84.24 EUR par hectolitre.

Espagne. Les produits intermédiaires – produits auxquels de l'alcool distillé a été ajouté – dont le titre alcoométrique est compris entre 1.2 % vol. et 22 % vol. sont taxés comme suit : titre supérieur à 1.2 % vol. et inférieur à 15 % vol. : 36.65 EUR par hectolitre ; autres : 61.08 EUR par hectolitre.

Suède. Les taux des droits d'accise pour les vins à faible degré d'alcool (pétillants et non pétillants) sont les suivants : a) moins de 2.25 % vol. : 0 SEK ; b) 2.25 %-4.5 % vol. : 919 SEK ; c) 4.5 %-7 % vol. : 1 358 SEK ; d) 7 %-8.5 % vol. : 1 869 SEK ; e) 8,5-15 % vol. : SEK 2 618 ; f) 15.0-18.0 % vol. : 5 479 SEK.

Suisse. En général, le vin naturel obtenu à partir de raisin frais qui titre plus de 18 % vol. et les autres vins titrant plus de 15 % vol. sont taxés comme des boissons alcooliques (1 450 CHF par hectolitre d'alcool pur). Tous les vins titrant plus de 22 % vol. sont imposés comme des boissons alcooliques (2 900 CHF par hectolitre d'alcool pur).

Turquie. Le taux d'accise s'établit à 0 %.

Royaume-Uni. Les taux réduits des droits d'accise applicables aux boissons faiblement alcooliques (catégorie des vins) sont les suivants : a) au-delà de 1.2 % vol. et jusqu'à 4 % vol. : 88.93 GBP par hectolitre ; b) au-delà de 4 % et jusqu'à 5.5 % vol. : 122.30 GBP; et c) vin pétillant peu alcoolisé titrant plus de 5.5 % vol. mais moins de 8.5 % vol. : 279.46 GBP ; d) vin pétillant et produits à base de vin ne titrant pas moins de 8.5 % vol. mais pas plus de 15 % vol. : 369.72 GBP. Le taux appliqué au vin titrant entre 15 % vol. et 22 % vol. est de 384.82 GBP. Les taux des droits sur le vin ont été modifiés le 13 mars 2017 et sont désormais les suivants : le taux des droits d'accise sur le vin non pétillant s'établit à 288.65 EUR ; les taux réduits appliqués aux boissons faiblement alcooliques sont les suivants (catégorie des vins) : au-delà de 1.2 % vol. et jusqu'à 4 % vol. : 88.93 GBP ; b) au-delà de 4 % et jusqu'à 5.5 % vol. : 122.30 GBP et c) vin pétillant peu alcoolique titrant plus de 5.5 % vol. mais moins de 8.5 % vol. : 279.46 GBP ; d) vin pétillant et produits à base de vin ne titrant pas moins de 5.5 % vol. mais pas plus de 15 % vol. : 369.72 GBP. Le taux appliqué au vin titrant entre 15 % vol. et 22 % vol. est de 384.82 GBP.

États-Unis. La moyenne pondérée des droits d'accise fédéraux et des droits appliqués par les États est de 47 USD par hectolitre de produit pour le vin non pétillant jusqu'à 14 % vol. et de 116 USD pour le vin pétillant. Les droits d'accise fédéraux sont les suivants : a) jusqu'à 14 % vol. : 1.07 USD par gallon ; b) de 14 à 21 % vol. : 1.57 USD par gallon ; c) de 21 à 24 % vol. : 3.15 USD par gallon ; d) vin gazéifié : 3.30 USD par gallon ; et e) vin pétillant : 3.40 USD par gallon. 26.42 gallons des États-Unis = 1 hectolitre. Il n'y a pas de TVA fédérale.

Tableau annexe 3.A.3. Impôts sur les boissons alcooliques

Monnaie		Taxe par hectolitre d'alcool pur			
		Accise		Taux de TVA %	Taux applicable aux petites distilleries
		Monnaie nationale	USD		
Australie*	AUD	8105.00	6187.02	10.00	Non
Autriche*	EUR	1200.00	1348.31	20.00	Oui
Belgique	EUR	2992.79	3362.69	21.00	Non
Canada*	CAD	1193.00	917.69	5.0/13.0/15.0	Non
Chili*	CLP	Note pays	-	19.00	Non
République tchèque	CZK	28500.00	1218.47	21.00	Non
Danemark*	DKK	15000.00	2272.73	25.00	Non
Estonie	EUR	2508.00	2817.98	20.00	Non
Finlande*	EUR	4785.00	5376.40	24.00	Non
France*	EUR	1741.04	1956.22	20.00	Non
Allemagne*	EUR	1303.00	1464.04	19.00	Oui
Grèce*	EUR	2450.00	2752.81	24.00	Non
Hongrie*	HUF	333385.00	1214.61	27.00	Oui
Islande*	ISK	1474000.00	13798.91	11.00	Non
Irlande*	EUR	4257.00	4783.15	23.00	Non
Israël*	ILS	8424.00	2340	17.00	Non
Italie*	EUR	1032.52	1160.13	22.00	Non
Japon*	JPY	Note pays	-	8.00	Non
Corée*	KRW	Voir note	-	10.00	Non
Lettonie*	EUR	1450.00	1629.21	21.00	Non
Lituanie*	EUR	1665.04	1870.83	21.00	Non
Luxembourg	EUR	1041.15	1169.83	17.00	Non
Mexique*	MXN	53%	-	16.00	Non
Pays-Bas*	EUR	1686.00	1894.38	6.0/21.0	Non
Nouvelle-Zélande*	NZD	Note pays	-	15.00	Non
Norvège	NOK	75800.00	9165.66	25.00	Non
Pologne	PLN	5704.00	1508.99	23.00	Non
Portugal*	EUR	1386.93	1558.35	23.00	Oui
République slovaque*	EUR	1080.00	1213.48	20.00	Non
Slovénie*	EUR	1320.00	1483.15	22.00	Oui
Espagne*	EUR	913.28	1026.16	21.00	Oui
Suède	SEK	51659.00	6031.46	25.00	Non
Suisse*	CHF	2900.00	2929.29	7.70	Oui
Turquie*	TRY	18439.82	5052.01	18.00	Non
Royaume-Uni*	GBP	2874.00	3084.02	20.00	Non
États-Unis*	USD	995.00	995.00	-	Non

* Voir les notes pays relatives au Tableau annexe 3.A.3.

Note : Conversion de la monnaie nationale en USD : les taux de conversion sont les taux moyens du marché (2017) publiés dans les Statistiques monétaires mensuelles de l'OCDE (stats.oecd.org).

1. Boissons alcooliques autres que celles figurant dans les Tableau annexe 3.A.1 et Tableau annexe 3.A.2.

Source : Délégations nationales ; situation au 1er janvier 2018.

StatLink http://dx.doi.org/10.1787/888933890236

Notes pays relatives au Tableau annexe 3.A.3

Australie. Un droit d'accise de 84.51 AUD par litre d'alcool est appliqué aux spiritueux et autres boissons soumises aux droits d'accise (exception faite de la bière). Un taux réduit, de 78.93 AUD par litre l'alcool, s'applique au brandy (obtenu par distillation de vin de raisin). Ces taux s'appliquent à compter du 1er août 2018 et sont ajustés chaque année en février et août en fonction de l'inflation. Les brasseurs indépendants peuvent obtenir un remboursement égal à 60 % des accises versées dans la limite de 30 000 AUD par exercice budgétaire.

Autriche. Pour les petites distilleries ne produisant pas plus de 4 hectolitres d'alcool pur par an, le taux des droits s'établit à 648 EUR (soit 54 % du taux normal).

Canada. (1) Les spiritueux sont soumis à un droit d'accise à raison de 11.930 CAD par litre d'alcool éthylique pur. Les spiritueux qui ne contiennent pas plus de 7 % d'alcool éthylique pur sont soumis à un droit d'accise au taux de 0.301 CAD par litre. (2) La bière titrant plus de 11.9 % vol. est assimilée à un spiritueux. Les autorités provinciales et territoriales perçoivent également divers majorations et droits sur les spiritueux.

Chili. Une surtaxe est appliquée à la vente ou à l'importation de boissons alcooliques. Les taux appliqués sont les suivants : 31.5 % sur les liqueurs, les eaux de vie, les vermouths, le pisco, le whisky et d'autres boissons alcooliques obtenues par distillation ; 20.5 % sur la bière, le vin, le vin pétillant, le champagne, le cidre et d'autres boissons alcooliques. Cette taxe est appliquée à l'assiette de la TVA, à savoir au prix de vente (hors TVA), et frappe les transactions entre grossistes. S'agissant de ces transactions, la taxe versée au vendeur est déductible de la taxe sur les ventes due à chaque étape de la chaîne de valeur (y compris l'importation) jusqu'à la vente au détaillant final. La surtaxe n'est pas perçue sur la vente du détaillant au consommateur final et le détaillant ne peut pas récupérer la taxe qu'il a versée en amont ; de même, elle n'est pas perçue sur la vente de vin en vrac réalisée par un producteur à un détaillant assujetti.

République tchèque. Un taux réduit, égal à 14 300 CZK par hectolitre d'alcool pur, s'applique aux distilleries exploitées par de petits récoltants de fruits ne produisant pas plus de 30 litres de spiritueux de fruits par an et par ménage. Un droit d'accise de 2 340 CZK par hectolitre de produit s'applique aux produits intermédiaires.

Danemark. Un droit supplémentaire frappe les mélanges de spiritueux et de boisson non alcoolisée. Il s'élève à 4.21 DKK par litre de mélange.

Finlande. Les taux des accises sont les suivants : (a) CN – code 2208, titre alcoométrique compris entre 1.2 % vol. et 2.8 % vol. : 880 EUR ; (b) autres produits : 4 785 EUR.

France. Droit supplémentaire destiné à financer le système de protection sociale : 559.02 EUR par hectolitre d'alcool pur.

Allemagne. Les taux applicables aux petites distilleries sont de 730 EUR ou 1 022 EUR. Un droit supplémentaire, égal à 5 550 EUR par hectolitre d'alcool pur, frappe les alcopops.

Grèce. Le droit appliqué à l'ouzo est de 1 225 EUR par hectolitre d'alcool pur.

Hongrie. Un taux réduit de 50 % s'applique à l'alcool éthylique produit par des distilleries de récoltants de fruits à partir de fruits qui leur sont fournis par des ménages de récoltants. L'application du taux réduit est limitée à 43 litres d'alcool pur par an et par ménage de récoltants, destinés à la consommation personnelle du ménage.

Islande. Le taux d'accise indiqué dans le tableau est celui applicable aux boissons alcooliques autres que la bière ou le vin titrant jusqu'à 15 % vol. Il s'établit à 147 ISK par centilitre d'alcool.

Irlande. Le tableau présente la taxe qui frappe les spiritueux par hectolitre d'alcool pur. Cependant, les autres boissons fermentées et les boissons intermédiaires sont imposées comme suit : autres boissons fermentées (cidre et poiré), pétillantes ou non, ne titrant pas plus de 2.8 % vol. : 47.23 EUR par hectolitre ; boissons pétillantes ou non pétillantes titrant plus de 2.8 % vol. mais n'excédant pas 6 % vol. : 94.46 EUR par hectolitre ; boissons pétillantes et non pétillantes titrant plus de 6 % vol. mais n'excédant pas 8.5 % vol. : 218.44 EUR par hectolitre ; boissons titrant plus 8.5 % vol. : 309.84 EUR par hectolitre (boissons non pétillantes) et 619.70 EUR par hectolitre (boissons pétillantes). Autres boissons fermentées (que le cidre et le poiré), pétillantes ou non, ne titrant pas plus de 5.5 % vol. : 141.57 EUR par hectolitre ; boissons titrant plus de 5.5 % vol. : 424.84 EUR par hectolitre (boissons non pétillantes) et 849.68 EUR par hectolitre (boissons pétillantes). Boissons intermédiaires : boissons non pétillantes ne titrant pas plus de 15 % vol. : 424.84 EUR par hectolitre ; boissons non pétillantes titrant plus de 15 % vol. : 616.45 EUR par hectolitre ; boissons pétillantes : 849.68 EUR par hectolitre.

Israël. Les données statistiques concernant Israël sont fournies par et sous la responsabilité des autorités israéliennes compétentes. L'utilisation de ces données par l'OCDE est sans préjudice du statut des hauteurs du Golan, de Jérusalem Est et des colonies de peuplement israéliennes en Cisjordanie aux termes du droit international.

Italie. Des droits frappent les boissons titrant plus de 1.2 % vol. Un droit de 88.67 EUR s'applique aux produits intermédiaires.

Japon. Les droits d'accise sont les suivants : a) whisky et brandy (40 % vol.) : 40 000 JPY ; b) spiritueux (37 % vol.) : 37 000 JPY ; c) Shochu groupe A et B (25 % vol.) : 25 000 JPY.

Corée. Le droit d'accise sur les alcools s'appliquant sur une base *ad valorem*, il ne varie pas en fonction du titre alcoométrique. Pour le whisky, le brandy, les alcools distillés en général, les liqueurs, le soju dilué et le soju distillé, son taux est de 72 % et le taux de la taxe d'enseignement est de 30 %.

Lettonie. À compter du 1er mars 2018, le taux du droit d'accise s'établit à 1 670 EUR par hectolitre d'alcool pur.

Lituanie. Les produits intermédiaires sont frappés d'un droit égal à 185.82 EUR par hectolitre de produit lorsqu'ils titrent moins de 15 % vol. et à 264.52 EUR par hectolitre au-delà de 15 % vol.

Luxembourg. Un droit supplémentaire égal à 600 EUR par hectolitre est perçu sur les boissons confectionnées (« alcopops »).

Mexique. Les taux, appliqués sur une base *ad valorem* et non par hectolitre de produit, sont les suivants : 26.5 % pour les boissons alcooliques jusqu'à 14 degrés Gay-Lussac (° GL) ; 30 % au-delà de 14° GL et jusqu'à 20° GL ; 53 % au-delà de 20° GL.

Pays-Bas. Le taux de TVA sur les spiritueux à faible teneur en alcool (moins de 1.2 %) est de 6 %.

Nouvelle-Zélande. Pour les boissons alcooliques ayant un titre alcoométrique compris entre 9 et 14 % vol., le droit d'accise s'établit à 2.9054 NZD par litre. Au-delà de 14 % vol., le droit est de 52.916 NZD par litre d'alcool pur (exception faite du vin non enrichi et du vermouth, taxés à raison de 2.7870 NZD par litre de produit).

Portugal. Les produits intermédiaires sont soumis à un droit de 76,10 EUR par hectolitre ; alcool éthylique/spiritueux : 1 386.93 EUR par hectolitre (montants applicables au 31 mai 2018). Un taux réduit égal à 50 % du taux normal est appliqué aux petites distilleries.

République slovaque. Un taux réduit égal à 50 % du taux national du droit d'accise frappant l'alcool éthylique est appliqué à l'alcool éthylique produit par des distilleries exploitées par des récoltants de fruits. Ce taux s'applique dans la limite de 43 litres d'alcool éthylique par an, destinés à la consommation personnelle du récoltant.

Slovénie. Le montant du droit s'élève à 1 320 EUR par hectolitre d'alcool pur. Pour les petits producteurs ne produisant pas plus de 150 litres de spiritueux par an, le taux des droits s'établit à 660 EUR par hectolitre.

Espagne. Le droit d'accise pour les îles Canaries est de 714.63 EUR par hectolitre d'alcool pur. Un régime spécial est appliqué aux petites distilleries, auxquelles un taux de 799.19 EUR par hectolitre (ou 622.23 EUR dans les îles Canaries) est appliqué.

Suisse. Si certaines conditions sont remplies, les agriculteurs ne sont pas imposés sur l'alcool produit pour leur consommation personnelle. Les petits producteurs bénéficient d'une réduction de 30 % pour les 30 premiers litres d'alcool pur produits chaque année. Le taux normal s'établit à 2 900 CHF par hectolitre. Un taux spécial de 1 450 CHF par hectolitre est appliqué à certains types de vin. Un taux spécial de 11 600 CHF par hectolitre est appliqué aux alcopops (l'alcopop, également dénommé boisson prête à consommer, est un mélange d'alcool et de soda).

Turquie. Le taux d'accise est nul. Si le montant de la taxe calculé à partir du taux indiqué est inférieur au montant minimum indiqué dans le tableau, c'est ce montant minimum qui doit être acquitté.

Royaume-Uni. Toutes les boissons titrant plus de 22 % sont fiscalement considérées comme des spiritueux. La plupart des autres boissons obtenues en mélangeant des spiritueux avec d'autres types d'alcool sont également fiscalement considérées comme des spiritueux. Les taux appliqués au cidre et au poiré sont les suivants : le taux frappant le cidre et le poiré non pétillants dont le titre alcoométrique est supérieur à 1.2 % mais n'excède pas 7.5 % vol. s'établit à 40.38 GBP, celui appliqué au cidre et au poiré non pétillants titrant plus de 7.5 % mais moins de 8.5 % vol. est de 61.04 GBP, celui appliqué au cidre et au poiré pétillants dont le titre alcoométrique est supérieur à 1.2 % mais n'excède pas 5.5 % vol. est de 279.46 GBP et celui appliqué au cidre et au poiré pétillants dont le titre est supérieur à 5.5 % mais n'excède pas 8.5 % vol. est de 279.46 GBP.

États-Unis. La moyenne pondérée des droits d'accise fédéraux et des droits appliqués par les États est de 995 USD par hectolitre. Le droit d'accise fédéral est de 13.50 par *« proof gallon »*. Un *« proof gallon »* est un gallon américain (3.785 litres) contenant 50 % d'alcool. Il n'y a pas de TVA fédérale.

Tableau annexe 3.A.4. Impôts sur le tabac

Monnaie		Cigarettes			Cigares[2]			Tabac à rouler pour cigarettes			TVA
		Accise spécifique par 1 000		Accise *ad valorem*	Accise spécifique par 1 000		Accise *ad valorem*	Accise spécifique par 1 000 grammes		Accise *ad valorem*	
		Monnaie nationale	USD	% du PVD[1]	Monnaie nationale	USD	% du PVD[1]	Monnaie nationale	USD	% du PVD[1]	%
Australie*	AUD	530.96	405.31	0.00	Note pays	-	0.00	663.72	506.66	0.00	10.00
Autriche*	EUR	58.00	65.17	37.50	0.00	0.00	13.00	0.00	0.00	56.00	20.00
Belgique	EUR	64.60	72.58	40.04	0.00	0.00	10.00	42.35	47.58	31.50	21.00
Canada*	CAD	107.80	82.92	00.00	Note pays	-	Note pays	134.75	103.65	00.00	5.0/13.0/15.0
Chili*	CLP	46323.00	71.41	30.00	0.00	0.00	52.60	0.00	0.00	59.70	19.00
République tchèque	CZK	1460.00	62.42	27.00	1710.00	73.11	-	2236.00	95.60	-	21.00
Danemark*	DKK	1182.50	179.17	1.00	500.00	75.76	10.00	788.50	119.47	0.00	25.00
Estonie*	EUR	69.50	78.09	30.00	151.00	169.66	10.00	76.84	86.34	0.00	20.00
Finlande*	EUR	53.75	60.39	52.00	10.00	11.24	34.00	36.25	40.73	52.00	24.00
France	EUR	48.75	54.78	49.70	19.00	21.35	23.00	67.50	75.84	37.74	20.00
Allemagne	EUR	98.20	110.34	21.69	14.00	15.73	1.47	48.49	54.48	14.76	19.00
Grèce	EUR	82.50	92.70	26.00	0.00	0.00	35.00	170.00	191.01	0.00	24.00
Hongrie*	HUF	15700.00	57.20	25.00	0.00	0.00	14.00	14000.00	51.01	0.00	27.00
Islande*	ISK	24552.50	229.85	0.00	Note pays	-	0.00	27300.00	255.57	0.00	24.00
Irlande*	EUR	309.04	347.24	9.04	Note pays	-	0.00	335.34	376.79	0.00	23.00
Israël*	ILS	395.00	109.72	Note pays	0.00	0.00	Note pays	454.02	126.12	0.00	17.00
Italie	EUR	19.36	21.75	59.10	0.00	0.00	23.00	0.00	0.00	58.50	22.00
Japon*	JPY	12244.00	109.15	0.00	12244.00	109.15	0.00	12244.00	109.15	0.00	8.00
Corée*	KRW	145450.00	128.64	64.64	Note pays	-	0.00	103200.00	91.28	0.00	10.00
Lettonie*	EUR	67.00	75.28	20.00	73.00	82.02	-	66.00	74.16	-	21.00
Lituanie*	EUR	56.00	62.92	25.00	33.00	37.08	-	60.24	67.69	-	21.00
Luxembourg	EUR	18.89	20.22	46.65	0.00	0.00	10.00	15.85	17.81	33.15	17.00
Mexique*	MXN	350.00	18.55	40.28	Note pays	-	Note pays	Note pays	-	Note pays	16.00
Pays-Bas	EUR	173.10	194.49	5.00	0.00	0.00	6.00	106.65	119.83	0.00	21.00
Nouvelle-Zélande*	NZD	Note pays	-	0.00	Note pays	-	0.00	Note pays	-	0.00	15.00

Monnaie		Cigarettes			Cigares[2]			Tabac à rouler pour cigarettes			TVA
		Accise spécifique par 1 000		Accise *ad valorem*	Accise spécifique par 1 000		Accise *ad valorem*	Accise spécifique par 1 000 grammes		Accise *ad valorem*	
		Monnaie nationale	USD	% du PVD[1]	Monnaie nationale	USD	% du PVD[1]	Monnaie nationale	USD	% du PVD[1]	%
Norvège	NOK	2590.00	313.18	0.00	2590.00	313.18	0.00	2590.00	313.18	0.00	25.00
Pologne*	PLN	206.76	54.70	31.41	393.00	103.97	-	141.29	37.38	31.41	23.00
Portugal*	EUR	94.89	106.62	15.00	0.00	0.00	25.00	80.00	89.89	15.00	23.00
République slovaque*	EUR	61.80	69.44	23.00	71.11	79.90	-	73.90	83.03	0.00	20.00
Slovénie*	EUR	71.32	80.13	22.61	0.00	0.00	6.30	42.00	46.62	37.00	22.00
Espagne	EUR	24.10	27.08	51.00	0.00	0.00	15.80	22.00	24.72	41.50	21.00
Suède	SEK	1540.00	180.12	1.00	1360.00	159.06	0.00	1884.00	220.35	0.00	25.00
Suisse*	CHF	118.32	119.52	25.00	5.60	5.66	1.00	38.00	38.38	25.00	7.70
Turquie*	TRY	242.90	66.55	65.25	242.90	66.55	40.00	242.90	66.55	65.25	18.00
Royaume-Uni*	GBP	189.49	242.94	16.50	236.37	303.04	0.00	185.74	238.13	0.00	20.00
États-Unis*	USD	135.00	135.00	Note pays	Note pays	-	-	Note pays	-	-	-

* Voir les notes pays relatives au tableau 3.A.4.

Note : Conversion de la monnaie nationale en USD : les taux de conversion sont les taux moyens du marché (2015) publiés dans les Statistiques monétaires mensuelles de l'OCDE (stats.oecd.org).

1. PVD = prix de vente au détail.

2. Cigares. Le Danemark et le Japon taxent les cigares par 1 000 pièces et non au poids. Un cigare est supposé peser 3 grammes au Danemark et 1 gramme au Japon.

Source : Délégations nationales. Situation au 1er janvier 2018.

StatLink http://dx.doi.org/10.1787/888933890255

Notes pays relatives au Tableau annexe 3.A.4

Australie. Le taux d'accise de 0.80726 AUD par pièce s'applique aux cigarettes ou aux cigares (roulés) dont la teneur en tabac par pièce n'excède pas 0.8 gramme. Les autres produits du tabac sont frappés d'un droit d'accise égal à 1076.35 AUD par kilogramme de tabac. Ces taux s'appliquent à partir du 1er septembre 2018.

Autriche. Les cigares sont taxés à raison de 13 % du prix de vente au détail (PVD), au minimum 100 EUR pour 1 000 pièces. Le droit d'accise minimum appliqué au tabac à rouler s'établit à 100 EUR par kilogramme. Le droit d'accise minimum appliqué aux cigarettes s'établit à 98 % du total des droits d'accise frappant les cigarettes imposées sur la base du prix moyen pondéré de vente au détail.

Canada. Le droit d'accise appliqué aux cigares s'élève à 23.46235 CAD par millier d'unités. S'y ajoute un droit supplémentaire égal à 0.08434 CAD par cigare ou 84 % du prix de vente si ce second montant est plus élevé. Chaque province ou territoire prélève également sur tous les produits du tabac une taxe dont le taux est variable. Les prix de vente au détail sont majorés de la TPS/TVH et dans certains cas, lorsque la TVH n'est pas applicable, d'une taxe provinciale sur les ventes.

Chili. La vente de produits du tabac est soumise à la TVA au taux de 19 % et à une taxe sur la vente ou l'importation de tabac manufacturé, de cigarettes et de cigares. La taxe appliquée au tabac manufacturé est égale à 59.7 % du prix de vente. La taxe sur les cigarettes s'établit à 30 % du prix de vente du paquet plus un taux supplémentaire égal à 0.0010304240 d'une unité fiscale mensuelle par cigarette contenue dans le paquet (une unité fiscale mensuelle représente environ 47 019 CLP ou 76.48 USD). Le taux appliqué aux cigares s'établit à 52.6 %. L'accise est prélevée sur le prix de vente au consommateur final majoré de la TVA et de la taxe perçue sur le tabac manufacturé, les cigarettes et les cigares.

Danemark. Le droit d'accise applicable aux autres tabacs à fumer est de 738.5 DKK pour 1 000 grammes pour le tabac de coupe grossière.

Estonie. Les cigarettes sont soumises à un droit d'accise minimum de 113.38 EUR par millier d'unités. Pour les cigars et les cigarillos le montant d'accise minimum s'élève à 211 EUR par 1000 unités.

Finlande. Les droits d'accise indiqués sont ceux en vigueur au 1er janvier 2018. Le papier à cigarette est soumis à un droit d'accise égal à 60 % du PVD. Les autres tabacs à fumer sont soumis à un droit égal à 46.50 EUR par kilogramme et 48 % du PVD. Le droit d'accise minimum pour les cigarettes s'établit à 235.50 EUR par millier d'unités et 143.50 EUR par kilogramme pour le tabac à rouler fine coupe. À compter du 1er juillet 2018, le droit d'accise sur les cigarettes s'établit à 58 EUR par millier de cigarettes et 52 % du PVD. Le droit d'accise minimum s'établit à 248 EUR par millier de cigarettes. Le droit d'accise sur les cigares s'établit à 15 EUR par millier de cigares et il est égal à 34 % du PVD. Pour le tabac à rouler fine coupe destiné à rouler les cigarettes, il s'établit à 39.00 EUR par kilogramme et 52 % du PVD. Le droit d'accise minimum pour le tabac à rouler fine coupe destiné à rouler les cigarettes s'établit à 151 EUR par kilogramme. Les autres tabacs à fumer sont soumis à un droit égal à 51.50 EUR par kilogramme et 48 % du PVD.

France. Le montant minimum des droits d'accise s'établit à 210 EUR par millier de cigarettes, à 92 EUR par millier de cigares et à 167 EUR pour 1 000 grammes de tabac à rouler les cigarettes.

Hongrie. Le droit d'accise minimum s'établit à 28 000 HUF par millier d'unités pour les cigarettes, à 4 000 HUF par millier d'unités pour les cigares et les cigarillos. La TVA, assise sur le prix de vente au détail taxes comprises, est perçue au taux de 21.26 %.

Islande. Pour les cigares, il n'existe pas de droit d'accise spécifique par unité. Le taux s'établit à 27 300 ISK pour 1 000 grammes de cigares (soit un taux identique à celui applicable au tabac à rouler).

Irlande. Le taux des droits d'accise appliqués aux cigarettes s'établit à 309.04 EUR par millier de cigarettes, auxquels s'ajoute un montant égal à 9.04 % du prix de vente au détail ou à 344.07 EUR par millier de cigarettes si ce second montant est plus élevé. Le taux du droit d'accise sur les cigares s'établit à 355.238 EUR par kilogramme. Celui sur le tabac à rouler fine coupe à 335.238 EUR par kilogramme. Celui sur le tabac à rouler fine coupe à 335.342 EUR par kilogramme. Les autres tabacs à fumer sont soumis à un droit d'accise de 246.449 EUR par kilogramme.

Israël. Les accises sont calculées sur un pourcentage du prix de gros au taux de 270 % pour les cigarettes et 90 % pour les cigares. Les données statistiques concernant Israël sont fournies par et sous la responsabilité des autorités israéliennes compétentes. L'utilisation de ces données par l'OCDE est sans préjudice du statut des hauteurs du Golan, de Jérusalem Est et des colonies de peuplement israéliennes en Cisjordanie aux termes du droit international.

Japon. La taxe comprend un élément national, un élément préfectoral et un élément municipal. Au 1er octobre 2018, le droit d'accise s'établissait à 13 244 JPY pour 1 000 unités (cigarettes, cigares) ou pour 1 000 grammes (tabac à rouler les cigarettes).

Corée. Le droit d'accise sur les cigares est de 294 800 KRW pour 1 000 grammes. Depuis 2015, la taxe nationale (taxe sur la consommation individuelle) est perçue sur le tabac.

Lettonie. À compter du 1er juillet 2018, l'accise spécifique est de 74.60 EUR par millier de cigarettes et 20 % du PVD. Le droit d'accise minimum s'établit à 109.20 EUR par millier de cigarettes.

Lituanie. Le montant minimum du droit d'accise appliqué aux cigarettes s'établit à 90 EUR pour 1 000 unités. Depuis le 1er mars 2018, le droit d'accise spécifique applicable aux cigarettes s'établit à 59 EUR pour 1 000 unités et le droit d'accise minimum est de 96 EUR pour 1 000 cigarettes. Le droit d'accise applicable aux cigares et cigarillos est fixé par kilogramme et s'établit à 37 EUR par kilogramme à compter du 1er mars 2018.

Luxembourg. Toute modification des droits d'accise sur les produits du tabac s'applique en principe au 1er février. Le droit d'accise minimum s'élève à 116 EUR pour 1 000 cigarettes. Il est de 50 EUR par kilogramme de tabac à rouler les cigarettes et de 23.50 EUR pour 1 000 cigares.

Mexique. Un droit *ad valorem* égal à 160 % du prix à la production ou du prix d'importation est appliqué à toutes les catégories. Un taux réduit de 30.4 % s'applique aux cigares ou au tabac à rouler dès lors qu'ils sont manufacturés à la main. Le droit *ad valorem* s'applique au niveau du producteur ou de l'importateur mais il est assis sur le prix de détail. Une taxe supplémentaire de 0.35 MXN doit être acquittée pour chaque cigarette importée ou vendue. Cette taxe s'applique aussi aux cigares et autres tabacs (0.35 MXN par 0.75 gramme), sauf aux produits manufacturés à la main.

Nouvelle-Zélande. Le taux d'accise pour 1 000 cigarettes dont le contenu en tabac n'excède pas 0.8 kilogramme s'établit à 738.13 NZD. Lorsque le contenu en tabac excède 0.8 kilogramme pour 1 000 cigarettes, le taux est de 1 051.83 NZD. Pour les autres produits, comme le tabac à priser, les cigares et les cigarillos, le taux d'accise pour 1 000 grammes de contenu en tabac est de 922.64 NZD.

Pologne. Depuis le 1er janvier 2015, le droit d'accise sur les cigares est calculé par kilogramme.

Portugal. Les taux ci-après sont applicables depuis le 1er janvier 2018. Le taux du droit d'accise sur les cigarettes est réduit et ramené à (1) 34.00 EUR et 40 % pour les cigarettes vendues aux Açores et fabriquées par de petits producteurs des Açores ou de Madère ; (2) 78.37 EUR et 20 % pour les cigarettes vendues à Madère et fabriquées par de petits producteurs des Açores ou de Madère.

République slovaque. La taxe sur le tabac à rouler les cigarettes s'applique également à d'autres tabacs à fumer. Le droit d'accise appliqué aux cigares est de 71.11 EUR par kilogramme.

Slovénie. Le droit d'accise minimum s'élève à 111 EUR pour 1 000 cigarettes. Le droit d'accise minimum s'établit à 92 EUR par kilogramme de tabac à rouler les cigarettes. Pour les cigares, il est de 42 EUR par kilogramme.

Suisse. Si le PVD de 1 000 cigarettes s'établit à 375 CHF ou moins, le droit d'accise minimum (spécifique + *ad valorem*) s'établit à 212.10 CHF par millier d'unités. Le droit d'accise minimum perçu pour 1 000 grammes de tabac à rouler les cigarettes (spécifique + *ad valorem*) s'établit à 80 CHF pour 1 000 grammes.

Turquie. La taxe minimale s'établit à 242.90 TL par millier de cigarettes. Le droit spécifique est de 0.3246 TL par paquet de cigarettes. Le montant de la taxe sur les cigarettes et autres produits du tabac obtenu en appliquant la taux ne peut pas être inférieur au montant minimum. Après avoir calculé la taxe en appliquant cette règle, il faut ajouter le droit spécifique pour un paquet de cigarettes.

Royaume-Uni. Le taux d'accise spécifique applicable aux cigares est exprimé par kilogramme et non pour 1 000 unités. Il existe des taux spéciaux pour les « autres tabacs à fumer » et les « autres tabacs à mâcher », qui s'établissent actuellement dans les deux cas à 119.13 GBP par kilogramme.

États-Unis. Les taxes varient beaucoup d'un État à l'autre. La moyenne pondérée des taxes fédérales et des taxes appliquées par les États par millier de cigarettes est de 135.00 USD. Les droits d'accise spécifiques fédéraux applicables au tabac sont les suivants : 50.33 USD par millier pour les cigarettes courtes (ne pesant pas plus de 3 livres, soit 1.36 kilogrammes, par millier) ; 105.69 USD pour les cigarettes longues ; 50.33 USD pour les petits cigares dont le poids n'excède pas 3 livres par millier ; les gros cigares sont soumis à un impôt de 52.75 % du prix à la production dans la limite de 402.60 USD par millier ; 24.78 USD par livre (54.63 USD par kilogramme) pour le tabac à rouler. Certains États appliquent également une taxe *ad valorem*.

Tableau annexe 3.A.5. Charge fiscale en pourcentage du prix total des cigarettes

Pays	Prix hors taxe USD[2]	Accise spécifique % du PVD[3]	Accise *ad valorem* % du PVD[4]	TVA/TPS/TVD % du PVD[5]	Total de la taxe % du PVD	Prix d'un paquet de 20 cigarettes[6]		
						Monnaie	Prix (PVD en monnaie locale)	Prix (PVD en USD)
Australie	6.62	49.80	0.00	9.09	58.89	AUD	21.00	16.09
Autriche	1.13	24.36	37.50	16.67	78.52	EUR	4.76	5.27
Belgique	1.57	14.33	45.84	17.36	77.53	EUR	6.32	6.99
Canada*	2.62	57.24	0.00	8.97	66.21	CAD	10.29	7.77
Chili	0.35	43.16	30.00	15.97	89.13	CLP	2178.00	3.22
République tchèque	0.76	33.95	27.00	17.36	78.31	CZK	86.00	3.52
Danemark	1.65	53.75	1.00	20.00	74.75	DKK	44.00	6.54
Estonie	0.96	30.53	30.00	16.67	77.20	EUR	3.80	4.20
Finlande	1.02	13.56	52.00	19.35	84.91	EUR	6.12	6.77
France	1.53	13.93	49.70	16.67	80.30	EUR	7.00	7.74
Allemagne	1.79	32.73	21.69	15.97	70.39	EUR	5.47	6.05
Grèce	0.65	40.24	26.00	19.35	85.59	EUR	4.10	4.54
Hongrie	1.08	27.26	25.00	21.26	73.52	HUF	1152.00	4.09
Islande	4.56	36.18	0.00	19.35	55.53	ISK	1240.00	10.26
Irlande	2.60	50.36	9.20	18.70	78.26	EUR	10.80	11.95
Israël*	1.58	22.19	46.18	14.53	82.90	ILS	35.60	9.27
Italie	1.38	6.88	51.03	18.03	75.94	EUR	5.20	5.75
Japon	1.49	55.65	0.00	7.41	63.06	JPY	440.00	4.04
Corée	1.01	64.76	0.00	9.03	73.85	KRW	4500.00	3.88
Lettonie	0.67	37.47	25.00	17.36	79.83	EUR	3.00	3.32
Lituanie	0.86	32.70	25.00	17.36	75.06	EUR	3.10	3.44
Luxembourg	1.68	7.07	46.65	17.00	70.72	EUR	5.20	5.75
Mexique	0.90	13.50	40.28	13.79	67.58	MXN	51.84	2.78
Pays-Bas	2.04	54.01	0.83	17.36	72.20	EUR	6.63	7.33
Nouvelle-Zélande	5.51	58.81	0.00	13.04	71.85	NZD	28.11	19.56
Norvège	4.39	46.04	0.00	20.00	66.04	NOK	108.60	12.93

Pays	Prix hors taxe USD[2]	Accise spécifique % du PVD[3]	Accise *ad valorem* % du PVD[4]	TVA/TPS/TVD % du PVD[5]	Total de la taxe % du PVD	Prix d'un paquet de 20 cigarettes[6]		
						Monnaie	Prix (PVD en monnaie locale)	Prix (PVD en USD)
Pologne	0.74	31.13	31.41	18.67	81.25	PLN	13.28	3.93
Portugal	1.40	37.85	17.00	18.70	73.55	EUR	4.80	5.31
République slovaque	0.71	39.54	23.00	16.67	79.21	EUR	3.10	3.43
Slovénie	1.10	35.29	21.18	18.03	74.51	EUR	3.90	4.31
Espagne	1.16	9.94	51.00	17.36	78.29	EUR	4.85	5.37
Suède	2.32	47.50	1.00	20.00	68.50	SEK	63.16	7.38
Suisse	3.38	28.45	25.00	7.41	60.86	CHF	8.50	8.63
Turquie	0.79	1.89	65.25	15.25	82.39	TRY	13.50	4.47
Royaume-Uni	2.18	47.33	16.50	16.67	80.50	GBP	8.30	11.20
États-Unis	3.66	37.81	0.00	5.20	43.01	USD	6.43	6.43

* Au Canada et aux États-Unis, les estimations de la moyenne nationale calculées par les prix et les taxes reflètent le fait que différents taux sont appliqués par les États/provinces en plus de la taxe fédérale en vigueur.

* Israël : les données statistiques concernant Israël sont fournies par et sous la responsabilité des autorités israéliennes compétentes. L'utilisation de ces données par l'OCDE est sans préjudice du statut des hauteurs du Golan, de Jérusalem Est et des colonies de peuplement israéliennes en Cisjordanie aux termes du droit international.

Notes :

1. La part des impôts est exprimée en pourcentage du prix de vente au détail (PVD) pour un paquet de 20 cigarettes. Le PVD correspond au prix moyen pondéré, c'est-à-dire au prix moyen payé par le consommateur calculé à partir des prix des différentes marques et pondéré par les ventes de chaque marque dans le pays. Lorsque le prix moyen pondéré n'est pas disponible, le PVD correspond au prix moyen de la marque de cigarettes la plus vendue sur le marché (voir l'annexe D). Ce tableau reflète la situation en 2016 parce qu'il repose sur des taxes et prix annuels moyens (au 1er juillet 2016) qui n'étaient pas connus pour l'année 2017 à la date de publication.
2. Le prix hors taxe inclut les marges du producteur et du distributeur. Il est estimé en déduisant le total de la taxe du PVD.
3. Accise spécifique : une accise spécifique est une taxe sur un bien spécifique produit ou importé dans un pays et calculée sous forme d'un montant forfaitaire par unité de produit. Le montant indiqué dans ce tableau est exprimé en pourcentage du PVD.
4. Accise *ad valorem* : une accise *ad valorem* est une taxe sur un bien produit ou importé dans un pays et calculée en pourcentage de la valeur d'une transaction (exemple : 50 % du PVD).
5. TVA/TPS : taxe sur la valeur ajoutée ou taxe sur les biens et services (voir le chapitre 1). TVD : taxe de vente au détail au Canada (dans certaines provinces) et aux États-Unis. Le montant indiqué dans ce tableau est exprimé en pourcentage du PVD.
6. Prix d'un paquet de 20 cigarettes de la marque la plus vendue (annexe C).
7. Dans ce tableau, les montants en monnaie nationale sont convertis en USD à l'aide des taux moyens du marché (2016) publiés dans les Statistiques monétaires mensuelles de l'OCDE (stats.oecd.org).

Source : Organisation mondiale de la santé et délégués nationaux.

StatLink http://dx.doi.org/10.1787/888933890274

Tableau annexe 3.A.6. Impôts sur le supercarburant sans plomb (par litre) 2017

Pays	Monnaie	Prix hors taxe[2]		Accise[3]		Taux de TVA[4]	Montant de la TVA	Total de la taxe	Prix total	Total de la taxe en % du prix total
		Monnaie nationale	USD	Monnaie nationale	USD	%	USD	USD	USD	
Australie	AUD	0.948	0.726	0.403	0.309	10.00	0.104	0.412	1.139	36.2
Autriche*	EUR	0.499	0.563	0.493	0.556	20.00	0.224	0.779	1.342	58.1
Belgique	EUR	0.571	0.644	0.605	0.682	21.00	0.278	0.960	1.604	59.9
Canada*	CAD	0.812	0.626	0.255	0.196	11.97	0.098	0.295	0.920	32.0
Chili*	CLP	372.97	0.575	289.76	0.447	19.00	0.109	0.556	1.130	49.1
République tchèque	CZK	12.170	0.521	12.840	0.549	21.00	0.225	0.774	1.295	59.8
Danemark*	DKK	4.428	0.671	4.594	0.696	25.00	0.342	1.037	1.708	60.7
Estonie	EUR	0.529	0.596	0.512	0.579	20.00	0.235	0.812	1.408	57.7
Finlande*	EUR	0.474	0.534	0.696	0.785	24.00	0.317	1.109	1.636	67.3
France*	EUR	0.498	0.561	0.651	0.734	20.00	0.259	0.993	1.554	63.9
Allemagne*	EUR	0.500	0.564	0.655	0.738	19.00	0.247	0.986	1.550	63.6
Grèce	EUR	0.517	0.583	0.700	0.789	24.00	0.329	1.118	1.701	65.7
Hongrie*	HUF	157.990	0.576	122.674	0.447	27.00	0.276	0.723	1.299	55.7
Islande*	ISK	92.060	0.862	75.550	0.707	24.00	0.376	1.084	1.945	55.7
Irlande	EUR	0.531	0.599	0.588	0.663	23.00	0.290	0.953	1.552	61.4
Israël*	ILS	2.180	0.606	3.016	0.838	17.00	0.224	1.062	1.667	63.7
Italie	EUR	0.531	0.599	0.728	0.821	22.00	0.312	1.133	1.732	65.4
Japon*	JPY	71.500	0.637	56.600	0.505	8.00	0.091	0.596	1.233	48.3
Corée	KRW	896.350	0.793	781.890	0.692	10.00	0.148	0.840	1.633	51.4
Lettonie	EUR	0.524	0.591	0.436	0.492	21.00	0.227	0.719	1.310	54.9
Lituanie*	EUR	0,500	0.562	0.434	0.488	21.00	0.220	0.708	1.270	55.8
Luxembourg*	EUR	0.539	0.608	0.462	0.521	17.00	0.192	0.713	1.320	54.0
Mexique*	MXN	15.380	0.813	0.000	0.000	16.00	0.130	0.130	0.943	13.8
Pays-Bas	EUR	0.509	0.574	0.786	0.886	21.00	0.305	1.185	1.758	67.5
Nouvelle-Zélande*	NZD	1.025	0.729	0.665	0.473	15.00	0.180	0.653	1.381	47.3
Norvège*	NOK	5.350	0.647	6.230	0.753	25.00	0.350	1.103	1.750	63.0
Pologne*	PLN	2.102	0.556	1.669	0.442	23.00	0.230	0.671	1.227	54.7

Portugal	EUR	0.548	0.618	0.652	0.735	23.00	0.311	1.046	1.664	62.9
République slovaque*	EUR	0.579	0.653	0.514	0.579	20.00	0.246	0.826	1.479	55.9
Slovénie*	EUR	0.471	0.531	0.564	0.636	22.00	0.257	0.893	1.424	62.7
Espagne*	EUR	0.552	0.622	0.461	0.520	21.00	0.240	0.760	1.382	55.0
Suède*	SEK	4.988	0.583	6.175	0.722	25.00	0.326	1.049	1.632	64.3
Suisse	CHF	0.704	0.715	0.731	0.742	8.0	0.117	0.859	1.573	54.6
Turquie	TRY	2.332	0.639	2.377	0.652	18.00	0.232	0.884	1.523	58.0
Royaume-Uni	GBP	0.410	0.528	0.580	0.746	20.00	0.255	1.001	1.529	65.5
États-Unis*	USD	0.492	0.591	0.147	0.147	-	-	0.147	0.738	19.9

* Voir les notes pays relatives au Tableau annexe 3.A.6.

Note : Conversion de la monnaie nationale en USD : les taux de conversion sont les taux moyens du marché (2017) publiés dans les Statistiques monétaires mensuelles de l'OCDE (stats.oecd.org). Voir également l'annexe B.

1. Prix et taxes au 4e trimestre 2017.
2. Le prix hors taxe correspond au prix hors TVA et accise.
3. Les accises sont exprimées en monnaie locale/USD par litre. Elles incluent toutes les taxes autres que la TVA perçues sur le produit. Dans le cadre de ce tableau, les paiements en faveur d'organismes spécifiques qui emploient tous les montants recouvrés pour accomplir des missions déterminées (constitution de stocks d'urgence, par exemple) ne sont pas considérés comme des « impôts » et sont donc inclus dans le prix hors taxe. Lorsque différents taux s'appliquent au même produit en fonction de sa teneur en soufre ou en biocarburant par exemple, le taux indiqué est celui applicable au carburant le plus couramment utilisé dans le pays.
4. TPS pour l'Australie et la Nouvelle-Zélande, taxes sur les ventes au détail/TPS-TVH pondérées en fonction du volume pour le Canada, taxes sur les ventes pour les États-Unis et taxe sur la consommation pour le Japon. TVA pour tous les autres pays.

Source : Agence internationale de l'énergie, *Energy Prices and Taxes*, et délégués nationaux.

StatLink http://dx.doi.org/10.1787/888933890293

Notes pays relatives au Tableau annexe 3.A.6

Autriche. Le droit d'accise de 0.482 EUR par litre est applicable à l'essence sans plomb dont la teneur en biocarburant est de 4.6 % au minimum et la teneur en soufre inférieure ou égale à 10 mg/kg. Dans les autres cas, le droit d'accise s'établit à 0.515 EUR par litre.

Canada. Les taux d'accise tiennent compte des taxes fédérales et provinciales (le droit d'accise fédéral s'établit à 0.1 CAD par litre). Le taux de la TPS fédérale est de 5 %. Le taux de la TPS pondéré englobant les taux de la TPS provinciaux s'établissait à 10.58 % et le taux pondéré en fonction du volume de la TPS/taxe sur les ventes au détail était de 11.97 %. Les taxes municipales et la tarification de la pollution par le carbone ne sont pas incluses dans les droits d'accise.

Chili. Le Système de modulation des taxes pour la protection des contribuables (*Sistema de Protección de Precios de los Combustibles*, « SIPCO ») instauré en 2011 porte sur la composante variable de l'accise, qu'il ajuste chaque semaine pour qu'elle se comporte soit comme une taxe soit comme un crédit d'impôt, l'objectif étant de stabiliser le prix à la consommation. Cette composante variable s'ajoute à la composante fixe de l'accise. L'accise n'est pas incluse dans l'assiette de la TVA.

Danemark. Le montant de l'accise est celui appliqué au carburant dont la teneur en biocarburant s'établit à 4.8 % au minimum. Il englobe le droit d'accise, l'écotaxe et la taxe sur les oxydes d'azote.

Finlande. Le montant de l'accise indiqué pour le supercarburant sans plomb englobe les taxes sur l'énergie et le CO_2. Une redevance pour la constitution de stocks stratégiques égale à 0.0068 EUR par litre est incluse dans le prix hors taxe.

France. Un taux compris entre 0.407 EUR et 0.6682 EUR par litre est fixé pour chaque région. Un droit supplémentaire de 0.0073 EUR par litre au maximum peut être appliqué par les conseils régionaux ou l'Assemblée de Corse pour financer des infrastructures durables, ferroviaires ou fluviales.

Allemagne. Le montant de l'accise indiqué est celui applicable à l'essence sans plomb dont la teneur en soufre est inférieure ou égale à 10 mg/kg. Dans les autres cas, le droit d'accise s'établit à 0.6698 EUR par litre.

Hongrie. Le montant de l'accise dépend du cours du pétrole brut sur le marché mondial. Lorsque ce cours dépasse 50 USD le baril, l'accise s'établit à 122.674 HUF par litre (120 HUF par litre au titre du droit d'accise et 2.674 HUF par litre au titre de la redevance pour la constitution de stocks stratégiques). Lorsque le cours mondial du pétrole brut est inférieur ou égal à 50 USD, le montant de l'accise s'établit à 127.674 HUF par litre (125 HUF par litre au titre du droit d'accise et 2.674 HUF par litre au titre de la redevance pour la constitution de stocks stratégiques).

Islande. Ce pays n'étant membre ni de l'AIE ni de l'UE, les données relatives aux prix ont été obtenues auprès de l'Association des constructeurs européens d'automobiles. L'accise de 75.55 ISK par litre inclut l'accise générale sur le carburant (26.8 ISK par litre), l'accise spéciale sur le carburant (43.25 ISK par litre) et la taxe carbone (5.5 ISK par litre).

Irlande. Le « prix hors taxe » inclut une taxe de 0.02 EUR par litre versée à la National Oil Reserves Agency (NORA).

Israël. Les données statistiques concernant Israël sont fournies par et sous la responsabilité des autorités israéliennes compétentes. L'utilisation de ces données par l'OCDE est sans préjudice du statut des hauteurs du Golan, de Jérusalem-Est et des colonies de peuplement israéliennes en Cisjordanie aux termes du droit international.

Japon. Le montant indiqué englobe la taxe sur l'essence, la taxe locale sur l'essence et la taxe sur le pétrole et le charbon.

Lituanie. Le prix hors taxe trimestriel correspond à la moyenne arithmétique des prix hebdomadaires de l'Euro-super 95 (données publiées le *Weekly Oil Bulletin*, DG Énergie, Commission européenne).

Luxembourg. Le montant de l'accise indiqué est celui applicable à l'essence sans plomb dont la teneur en soufre est inférieure ou égale à 10 mg/kg. Dans les autres cas, le droit d'accise s'établit à 0.464 EUR par litre.

Mexique. Il n'existe pas d'accise *ad quantum*. Une taxe spéciale *(Impuesto Especial de Productos y Servicios)*, correspondant à un pourcentage du prix de gros du produit, est appliquée. Elle est incluse dans le prix hors taxe.

Pays-Bas. Le droit indiqué (0.786 EUR par litre) inclut un droit d'accise de 0.778 EUR par litre et une taxe de 0.008 EUR par litre destinée à financer la constitution de stocks.

Nouvelle-Zélande. Le montant de l'accise indiqué inclut la taxe pour le Fonds national pour les transports terrestres *(National Land Transport Fund)*, la redevance sur les carburants *(Petroleum or Engine Fuel Monitoring Levy)* et la taxe locale sur les carburants et combustibles *(Local Authority Fuel Tax)*.

Norvège. Le montant de l'accise indiqué englobe le droit d'accise et la taxe carbone.

Pologne. Le montant de l'accise indiqué englobe le droit d'accise et la taxe sur les carburants.

République slovaque. Le montant de l'accise s'établit à 0.554 EUR par litre pour l'essence dont la teneur en biocarburant est inférieure au minimum, qui est de 5.9 %.

Slovénie. L'accise de 564.06 EUR pour 1 000 litres inclut : le droit d'accise (507.80 EUR), une surtaxe sur l'essence de 7.36 EUR au titre de l'efficacité de l'utilisation finale de l'énergie ; une surtaxe sur l'essence de 9.11 EUR pour la promotion de la production d'électricité à partir de sources d'énergie renouvelables et de la cogénération de haute efficience ; une taxe carbone de 39.79 EUR.

Espagne. Le montant de l'accise (0.462 EUR par litre) englobe le droit d'accise (0.424 EUR par litre) et le montant moyen de la taxe appliquée par les autorités régionales (0.038 EUR par litre).

Suède. Le montant effectif de l'accise s'établit à 6.500 SEK par litre (3.880 SEK de taxe sur l'essence + 2.620 SEK de taxe carbone). Cependant, le chiffre indiqué dans le tableau (6.175 SEK) correspond à 95 % de ce montant parce qu'il tient compte de la teneur de l'essence en éthanol (5 %), exonéré de taxe.

États-Unis. Moyenne des taxes appliquées par l'État fédéral et par les États – il n'est pas appliqué de TVA.

Union européenne. La directive 2003/96/CE fixe les taux d'accise minima applicables aux produits énergétiques et à l'électricité.

Tableau annexe 3.A.7. Impôts sur le carburant diesel (par litre), 2017

Pays	Monnaie	Prix hors taxe[2]		Accise[3]		Taux de TVA[4]	Montant de la TVA	Total de la taxe	Prix total	Total de la taxe en % du prix total
		Monnaie nationale	USD	Monnaie nationale	USD	%	USD	USD	USD	
Australie	AUD	0.744	0.570	0.403	0.309	10.00	0.088	0.397	0.967	41.0
Autriche*	EUR	0.390	0.440	0.410	0.462	20.00	0.180	0.643	1.082	59.4
Belgique	EUR	0.600	0.676	0.530	0.598	21.00	0.268	0.865	1.541	56.1
Canada*	CAD	0.861	0.663	0.194	0.149	11.97	0.097	0.247	0.945	27.1
Chili*	CLP	373.910	0.576	75.780	0.117	19.00	0.109	0.226	0.802	28.2
République tchèque	CZK	13.430	0.575	10.950	0.468	21.00	0.219	0.687	1.262	54.5
Danemark	DKK	4.480	0.678	3.132	0.474	25.00	0.288	0.763	1.441	52.9
Estonie	EUR	0.623	0.702	0.493	0.556	20.00	0.252	0.807	1.510	53.5
Finlande*	EUR	0.607	0.684	0.447	0.504	24.00	0.285	0.884	1.475	53.6
France*	EUR	0.507	0.572	0.531	0.599	20.00	0.234	0.833	1.404	59.3
Allemagne*	EUR	0.541	0.610	0.470	0.530	19.00	0.217	0.746	1.356	55.0
Grèce	EUR	0.618	0.697	0.410	0.462	24.00	0.267	0.729	1.426	51.1
Hongrie*	HUF	176.020	0.641	112.588	0.410	27.00	0.284	0.694	1.336	52.0
Islande*	ISK	96.110	0.900	66.400	0.621	24.00	0.365	0.987	1.886	52..3
Irlande	EUR	0.553	0.623	0.479	0.540	23.00	0.268	0.808	1.431	56.4
Israël*	ILS	2.290	0.636	2.890	0.803	17.00	0.245	1.047	1.684	62.2
Italie	EUR	0.533	0.601	0.617	0.696	22.00	0.285	0.981	1.582	62.0
Japon	JPY	75.300	0.671	34.900	0.311	8.00	0.079	0.390	1.061	36.7
Corée	KRW	665.500	0.589	528.750	0.468	10.00	0.106	0.573	1.162	49.3
Lettonie	EUR	0.538	0.607	0.341	0.384	21.00	0.208	0.593	1.199	49.4
Lituanie	EUR	0.517	0.581	0.330	0.371	21.00	0.200	0.571	1.152	49.6
Luxembourg*	EUR	0.540	0.609	0.335	0.378	17.00	0.168	0.545	1.154	47.3
Mexique*	MXN	14.720	0.778	0.000	0.000	16.00	0.124	0.124	0.902	13.8
Pays-Bas	EUR	0.543	0.612	0.498	0.561	21.00	0.246	0.802	1.415	56.9
Nouvelle-Zélande	NZD	1.077	0.766	0.006	0.004	15.00	0.116	0.120	0.886	13.5
Norvège	NOK	5.750	0.695	5.000	0.604	25.00	0.325	0.929	1.624	57.2
Pologne*	PLN	2.207	0.584	1.459	0.386	23.00	0.223	0.609	1.193	51.1

Pays	Monnaie	Prix hors taxe[2]		Accise[3]		Taux de TVA[4]	Montant de la TVA	Total de la taxe	Prix total	Total de la taxe en % du prix total
		Monnaie nationale	USD	Monnaie nationale	USD	%	USD	USD	USD	
Portugal*	EUR	0.565	0.637	0.466	0.525	23.00	0.267	0.793	1.430	55.4
République slovaque*	EUR	0.612	0.690	0.368	0.415	20.00	0.221	0.636	1.326	48.0
Slovénie*	EUR	0.497	0.560	0.491	0.554	22.00	0.245	0.799	1.359	58.8
Espagne*	EUR	0.563	0.635	0.367	0.414	21.00	0.220	0.634	1.269	50.0
Suède*	SEK	6.111	0.715	5.727	0.670	25.00	0.346	1.016	1.731	58.7
Suisse*	CHF	0.751	0.762	0.759	0.771	8.00	0.123	0.893	1.656	53.9
Turquie	TRY	2.433	0.667	1.795	0.492	18.00	0.209	0.701	1.368	51.2
Royaume-Uni	GBP	0.439	0.565	0.580	0.746	20.00	0.262	1.009	1.574	64.1
États-Unis*	USD	0.605	0.605	0.153	0.153	-	-	0.153	0.758	20.2

* Voir les notes pays relatives au Tableau annexe 3.A.7.

Note : Conversion de la monnaie nationale en USD : les taux de conversion sont les taux moyens du marché (2017) publiés dans les Statistiques monétaires mensuelles de l'OCDE (stats.oecd.org). Voir également l'annexe B.

1. Prix et taxes au 4e trimestre 2017.
2. Le prix hors taxe correspond au prix hors TVA et accise.
3. Les accises sont exprimées en monnaie locale/USD par litre. Elles incluent toutes les taxes autres que la TVA perçues sur le produit. Dans ce tableau, les paiements en faveur d'organismes spécifiques qui emploient toutes les sommes recouvrées pour accomplir des missions déterminées (certaines redevances au titre de la constitution de stocks d'urgence, par exemple) ne sont pas considérés comme des « impôts » et sont donc inclus dans le prix hors taxe. Lorsque différents taux s'appliquent au même produit en fonction de sa teneur en soufre ou en biocarburant par exemple, le taux indiqué est celui applicable au carburant le plus couramment utilisé dans le pays.
4. TPS pour l'Australie et la Nouvelle-Zélande, taxes sur les ventes au détail/TPS-TVH pondérées en fonction du volume pour le Canada, taxes sur les ventes pour les États-Unis et taxe sur la consommation pour le Japon. TVA pour tous les autres pays.

Source : Agence internationale de l'énergie, *Energy Prices and Taxes*, et délégués nationaux.

StatLink http://dx.doi.org/10.1787/888933890312

Notes pays relatives au Tableau annexe 3.A.7

Autriche. L'accise de 0.397 EUR par litre s'applique au carburant diesel dont la teneur en biocarburant est de 6.6 % au minimum et la teneur en soufre inférieure ou égale à 10 mg/kg. Dans les autres cas, le droit d'accise s'établit à 0.425 EUR par litre.

Canada. Les taux d'accise tiennent compte des taxes fédérales et provinciales (le taux fédéral s'établit à 0.04 CAD par litre). Le taux de la TPS fédérale est de 5 %. Le taux de la TPS pondéré par le volume, qui englobe les taux de la TPS provinciale, s'établissait à 10.58 % et le taux pondéré par le volume de la TPS/taxe sur les ventes au détail était de 11.97 %. Les taxes municipales et la tarification de la pollution par le carbone ne sont pas incluses dans les droits d'accise.

Chili. Le Mécanisme de stabilisation des prix du carburant *(Mechanisme de Estabilisacion de Precios de los Combustibles* ou MEPCO) instauré en juillet 2014 porte sur la composante variable de l'accise, qu'il ajuste chaque semaine pour qu'elle se comporte soit une taxe soit comme une taxe négative, l'objectif étant de stabiliser le prix à la consommation face aux fluctuations du prix sur le marché mondial. L'accise n'est pas incluse dans l'assiette de la TVA.

Finlande. L'accise de 0.447 EUR par litre est prélevée sur le diesel paraffinique et inclut la taxe sur le contenu énergétique et la taxe carbone. L'accise prélevée sur le diesel non paraffinique s'établit à 0.527 EUR par litre. Une redevance de 0.0035 EUR par litre destinée à financer la constitution de stocks de précaution est incluse dans le prix hors taxe.

France. Un taux compris entre 0.5307 EUR et 0.5631 EUR par litre est fixé pour chaque région. Un droit supplémentaire de 0.0135 EUR par litre au maximum peut être appliqué par les conseils régionaux ou l'Assemblée de Corse pour financer des infrastructures durables, ferroviaires ou fluviales.

Allemagne. Le montant de l'accise indiqué est celui applicable à l'essence sans plomb dont la teneur en soufre est inférieure ou égale à 10 mg/kg. Dans les autres cas, le droit d'accise s'établit à 0.48517 EUR par litre.

Hongrie. Le montant de l'accise dépend du cours du pétrole brut sur le marché mondial. Lorsque ce cours dépasse 50 USD le baril, l'accise s'établit à 112.588 HUF par litre (110.35 HUF par litre au titre du droit d'accise et 2.505 HUF par litre au titre de la redevance pour la constitution de stocks stratégiques). Lorsque le cours mondial du pétrole brut est inférieur ou égal à 50 USD, le montant de l'accise s'établit à 122 588 HUF par litre (120.35 HUF par litre au titre du droit d'accise et 2.505 HUF par litre au titre de la redevance pour la constitution de stocks stratégiques).

Islande. Ce pays n'étant membre ni de l'AIE ni de l'UE, les données ont été obtenues auprès de l'Association des constructeurs européens d'automobiles. L'accise de 66.40 ISK par litre inclut le droit d'accise sur le diesel (60.1 ISK par litre) et la taxe carbone (6.3 ISK).

Irlande. Le « prix hors taxe » inclut une taxe de 0.02 EUR par litre versée à la National Oil Reserves Agency (NORA).

Israël. Les données statistiques concernant Israël sont fournies par et sous la responsabilité des autorités israéliennes compétentes. L'utilisation de ces données par l'OCDE est sans préjudice du statut des hauteurs du Golan, de Jérusalem Est et des colonies de peuplement israéliennes en Cisjordanie aux termes du droit international.

Lituanie. Un taux d'accise réduit (0.021 EUR par litre) est appliqué au carburant diesel utilisé dans l'agriculture. Une hausse du taux d'accise a pris effet le 1er janvier 2018 : l'accise appliquée au carburant diesel utilisé dans l'agriculture a été fixée à 0.056 EUR par litre et le taux normal appliqué au carburant diesel à 0.347 EUR par litre. Le prix hors taxe trimestriel correspond à la moyenne arithmétique des prix hebdomadaires du gazole (données publiées le *Weekly Oil Bulletin*, DG Énergie, Commission européenne).

Luxembourg. Le montant de l'accise indiqué est celui applicable à l'essence sans plomb dont la teneur en soufre est inférieure ou égale à 10 mg/kg. Dans les autres cas, le droit d'accise s'établit à 0.338 EUR par litre.

Mexique. En 2015, les droits d'accise sur l'essence et le diesel étaient formés de trois composantes : (1) une taxe d'accise sur le carbone, fixée proportionnellement à la teneur en carbone du carburant et perçue sous la forme d'un montant forfaitaire par litre ; elle avait principalement pour but d'envoyer un signal de prix du carbone afin de favoriser le respect des engagements souscrits en matière de changement climatique ; (2) un droit d'accise dont les recettes étaient affectées au budget des autorités des États, en fonction de leur consommation ; elle revêtait elle aussi la forme d'un montant forfaitaire par litre ; (3) le droit d'accise principal, dont le montant variait mensuellement en fonction d'un ensemble de critères ; il correspondait au prix réglementé du carburant amputé du coût d'importation ou de production, des coûts de distribution, des dépenses logistiques, des éléments connexes et de la marge bénéficiaire des exploitants de stations-service. Cette accise générale pouvait même se comporter comme une taxe négative (en d'autres termes une subvention) si le prix national du carburant était bas et le prix international de référence élevé, comme ce fut le cas durant les trois premières années de la décennie. Les réformes des droits d'accise adoptées en 2016 ont totalement transformé cette troisième composante. L'accise générale sur l'essence et le diesel est désormais elle aussi une taxe forfaitaire par litre. Durant la période de transition précédant la libéralisation totale des prix prévue pour 2018, la partie forfaitaire de l'accise sera complétée par une autre composante (positive ou négative) qui empêchera les prix de détail du carburant de sortir d'une fourchette de plus ou moins 3 % de leur niveau de 2015. Cette composante supplémentaire ne peut en aucun cas atteindre le même montant que le droit d'accise, l'objectif étant d'empêcher la réapparition de subventions aux énergies fossiles.

Pays-Bas. Le droit indiqué (0.498 EUR par litre) inclut un droit d'accise de 0.490 EUR par litre et une taxe de 0.008 EUR par litre destinée à financer la constitution de stocks.

Pologne. Le montant de l'accise indiqué englobe le droit d'accise et la taxe sur les carburants.

Portugal. Un taux de TVA réduit, égal à 13 %, est appliqué au carburant diesel utilisé dans l'agriculture.

République slovaque. Le montant de l'accise s'établit à 0.394 EUR par litre pour le diesel dont la teneur en biocarburant est inférieure au minimum, qui est de 6.9 %.

Slovénie. L'accise de 491 EUR pour 1 000 litres inclut : le droit d'accise (426.05 EUR), une surtaxe sur le diesel utilisé comme carburant de 8 EUR au titre de l'efficacité de l'utilisation finale ; une surtaxe sur le diesel utilisé comme carburant égale à 9.90 EUR pour la promotion de la production d'électricité à partir de sources d'énergie renouvelables et de la cogénération de haute efficience.

Espagne. Le montant de l'accise (0.368 EUR par litre) englobe le droit d'accise (0.331 EUR par litre) et le montant moyen de la taxe appliquée par les autorités régionales (0.037 EUR par litre).

Suède. L'accise de 5.727 SEK par litre s'applique au carburant diesel de classe 1 (teneur en composés aromatiques inférieure à 5 % vol. ; teneur en soufre inférieure ou égale à 10 wppm). Des taux plus élevés s'appliquent aux carburants de classe 2 (6.015 SEK par litre) et de classe 3 (6.164 SEK par litre).

États-Unis. Moyenne des taxes appliquées par l'État fédéral et par les États – il n'est pas appliqué de TVA.

Union européenne. La directive 2003/96/CE fixe les taux d'accise minima applicables aux produits énergétiques et à l'électricité.

Tableau annexe 3.A.8. Impôts sur le fioul à usage domestique (2017)

Pays	Monnaie	Prix hors taxe[2]		Accise[3]		Taux de TVA[4]	Montant de la TVA	Total de la taxe	Prix total	Total de la taxe en % du prix total
		Monnaie nationale	USD	Monnaie nationale	USD	%	USD	USD	USD	
Australie*	AUD	Voir note				10.00				
Autriche*	EUR	0.484	0.546	0.109	0.123	20.00	0.134	0.257	0.802	32.0
Belgique	EUR	0.477	0.538	0.019	0.021	21.00	0.117	0.138	0.676	20.4
Canada*	CAD	0.939	0.733	0.000	0.000	9.83	0.071	0.071	0.795	8.9
Chili*	CLP	508.000	0.783	0.000	0.000	19.00	0.149	0.149	0.932	16.0
République tchèque*	CZK	12.058	0.516	0.660	0.028	21.00	0.114	0.142	0.658	21.6
Danemark*	DKK	4.734	0.717	2.448	0.371	25.00	0.272	0.643	1.360	47.3
Estonie	EUR	0.492	0.555	0.493	0.556	20.00	0.222	0.778	1.333	58.4
Finlande*	EUR	0.508	0.573	0.229	0.258	24.00	0.199	0.458	1.030	44.4
France	EUR	0.526	0.593	0.119	0.134	20.00	0.145	0.280	0.873	32.0
Allemagne*	EUR	0.440	0.496	0.061	0.069	19.00	0.107	0.177	0.673	26.2
Grèce*	EUR	0.427	0.481	0.280	0.316	24.00	0.183	0.499	0.980	50.9
Hongrie*	HUF	177.588	0.647	112.588	0.410	27.00	0.285	0.696	1.343	51.8
Islande*	ISK	Note pays								
Irlande*	EUR	0.467	0.526	0.102	0.115	13.50	0.087	0.202	0.728	27.7
Israël*	ILS	2.110	0.586	2.890	0.803	17.00	0.236	1.039	1.625	63.9
Italie	EUR	0.570	0.643	0.403	0.454	22.00	0.241	0.696	1.338	52.0
Japon*	JPY	72.149	0.643	2.800	0.025	8.00	0.053	0.078	0.722	10.9
Corée*	KRW	714.722	0.632	72.450	0.064	10.00	0.070	0.134	0.766	17.5
Lettonie	EUR	0.541	0.610	0.057	0.064	21.00	0.142	0.206	0.816	25.2
Lituanie	EUR	0.445	0.500	0.021	0.024	21.00	0.110	0.134	0.634	21.1
Luxembourg*	EUR	0.487	0.549	0.010	0.011	14.00	0.078	0.090	0.639	14.0
Mexique*	MXN	Note pays								
Pays-Bas	EUR	0.357	0.402	0.498	0.561	21.00	0.201	0.758	1.161	65.5
Nouvelle-Zélande*	NZD	Note pays								
Norvège	NOK	4.648	0.562	2.803	0.339	25.00	0.225	0.564	1.126	50.1
Pologne	PLN	2.202	0.583	0.232	0.061	23.00	0.148	0.210	0.792	26.4

Portugal	EUR	0.530	0.598	0.347	0.391	13.00	0.129	0.520	1.117	46.5
République slovaque*	EUR	Note pays								
Slovénie	EUR	0.452	0.510	0.222	0.250	22.00	0.167	0.417	0.927	45.0
Espagne*	EUR	0.463	0.522	0.089	0.100	21.00	0.131	0.231	0.753	30.7
Suède*	SEK	4.910	0.574	4.092	0.479	25.00	0.263	0.742	1.316	56.4
Suisse	CHF	0.567	0.576	0.226	0.229	8.00	0.064	0.294	0.869	33.8
Turquie*	TRY	2.398	0.657	1.137	0.312	18.00	0.174	0.486	1.143	42.5
Royaume-Uni	GBP	0.393	0.506	0.111	0.143	20.00	0.130	0.273	0.778	35.0
États-Unis*	USD	0.719	0.719	0.035	0.035	0.00	0.000	0.035	0.754	4.6

* Voir les notes pays relatives au Tableau annexe 3.A.8.

Note: Conversion de la monnaie nationale en USD : les taux de conversion sont les taux moyens du marché (2017) publiés dans les Statistiques monétaires mensuelles de l'OCDE (stats.oecd.org). Voir également l'annexe B.

1. Prix et taxes au 4e trimestre 2017.

2. Le prix hors taxe correspond au prix hors TVA et accise.

3. Les accises sont exprimées en monnaie locale/USD par litre. Elles incluent toutes les taxes autres que la TVA perçues sur le produit. Dans ce tableau, les paiements en faveur d'organismes spécifiques qui emploient toutes les sommes recouvrées pour accomplir des missions déterminées (certaines redevances au titre de la constitution de stocks d'urgence, par exemple) ne sont pas considérés comme des « impôts » et sont donc inclus dans le prix hors taxe. Lorsque différents taux s'appliquent au même produit en fonction de sa teneur en soufre ou en biocarburant par exemple, le taux indiqué est celui applicable au carburant le plus couramment utilisé dans le pays.

4. TPS pour l'Australie et la Nouvelle-Zélande, taxes sur les ventes au détail/TPS-TVH pondérées en fonction du volume pour le Canada, taxes sur les ventes pour les États-Unis et taxe sur la consommation pour le Japon. TVA pour tous les autres pays.

Source : Agence internationale de l'énergie, *Energy Prices and Taxes*, et délégués nationaux.

StatLink http://dx.doi.org/10.1787/888933890331

Notes pays relatives au Tableau annexe 3.A.8

Australie. Aucune donnée n'est disponible.

Autriche. Le droit de 0.098 EUR par litre s'applique au fioul léger dont la teneur en soufre est inférieure ou égale à 10 mg/kg. Dans les autres cas, le droit d'accise s'établit à 0.128 EUR par litre.

Canada. Le fioul est du fioul domestique. Le fioul domestique n'est frappé par aucune taxe fédérale ou provinciale sur le fioul. Le taux de la TPS fédérale est de 5 %. La plupart des provinces ne prélèvent pas leur taxe sur les ventes au détail ou leur TPS provinciale sur le fioul domestique. Le taux pondéré en fonction du volume de la TPS/taxe sur les ventes au détail s'établissait à 9.83 %. Les taxes municipales et la tarification de la pollution par le carbone ne sont pas incluses dans les droits d'accise.

Chili. Le kérosène domestique relève du Fonds de stabilisation des prix du pétrole (*Fundo de Estabilisacion de Preicos del Petroleo*, « FEPP »), qui applique chaque semaine une taxe ou un crédit d'impôt/subvention exprimé en USD par mètre cube. Cette taxe n'entre pas dans l'assiette de la TVA au stade de l'importation, de la production, du raffinage, de la distribution ou de la vente au consommateur ; la taxe négative est déductible de l'assiette imposable lors de la première vente ou de l'importation.

République tchèque. Le fioul marqué selon la directive 95/60/CE donne lieu au remboursement d'une accise de 10 290 CZK pour 1 000 litres dès lors qu'il est démontré qu'il a servi au chauffage. Le montant indiqué dans le tableau comprend ce remboursement.

Danemark. Le montant indiqué (2.406 DKK par litre) englobe le droit d'accise (1.955 DKK par litre), l'écotaxe (0.455 DKK par litre) et la taxe sur les oxydes d'azote (0.0009 DKK par litre).

Finlande. Le montant de l'accise indiqué (0.1874 EUR par litre) englobe la taxe sur l'énergie/le CO_2 (0.1839 EUR par litre) et la redevance destinée à financer la constitution de stocks stratégiques (0.00353 EUR par litre).

Allemagne. Le montant de l'accise indiqué s'applique au fioul dûment marqué dont la teneur en soufre est inférieure ou égale à 50 mg/kg. Dans les autres cas, le droit d'accise s'établit à 0.0764 EUR par litre.

Grèce. L'accise de 0.280 EUR par litre qui frappe le fioul destiné au chauffage s'applique en hiver (15 octobre-30 avril). Le reste de l'année, son montant s'établit à 0.410 EUR par litre.

Hongrie. Le montant de l'accise dépend du cours du pétrole brut sur le marché mondial. Lorsque ce cours dépasse 50 USD le baril, l'accise s'établit à 112.588 HUF par litre (110.35 HUF par litre au titre du droit d'accise et 2.505 HUF par litre au titre de la redevance pour la constitution de stocks stratégiques). Lorsque le cours mondial du pétrole brut est inférieur ou égal à 50 USD, le montant de l'accise s'établit à 122.588 HUF par litre (120.35 HUF par litre au titre du droit d'accise et 2.505 HUF par litre au titre de la redevance pour la constitution de stocks stratégiques).

Islande. Aucune donnée n'est disponible.

Irlande. Le « prix hors taxe » inclut une taxe de 0.02 EUR par litre versée à la National Oil Reserves Agency (NORA). Le taux d'accise de 0.102 EUR par litre s'applique au fioul marqué. Le kérosène marqué est également très utilisé pour le chauffage (y compris par les ménages) ; il est frappé d'un droit de 0.05073 EUR par litre.

Israël. Les données statistiques concernant Israël sont fournies par et sous la responsabilité des autorités israéliennes compétentes. L'utilisation de ces données par l'OCDE est sans préjudice du statut des hauteurs du Golan, de Jérusalem Est et des colonies de peuplement israéliennes en Cisjordanie aux termes du droit international.

Japon. Kérosène domestique.

Corée. Kérosène domestique.

Lettonie. Le taux d'accise de 0.021 EUR par litre prélevé sur le fioul marqué destiné au chauffage s'applique si le fioul contient au minimum 5 % de biodiesel par volume total de produit.

Lituanie. Le prix hors taxe trimestriel correspond à la moyenne arithmétique des prix hebdomadaires du gazole (données publiées le *Weekly Oil Bulletin*, DG Énergie, Commission européenne).

Luxembourg. Un taux de TVA réduit, égal à 14 %, s'applique au fioul utilisé pour le chauffage.

Mexique. Aucune donnée n'est disponible.

Pays-Bas. Le droit indiqué (0.498 EUR par litre) inclut un droit d'accise de 0.490 EUR par litre et une taxe de 0.008 EUR par litre destinée à financer la constitution de stocks.

Nouvelle-Zélande. Aucune donnée n'est fournie parce que ce produit n'est pas consommé en quantité suffisante.

Norvège. Le montant indiqué (2.803 NOK par litre) inclut une taxe de base (1.603 NOK par litre) et une taxe carbone (1.20 NOK par litre).

République slovaque. Aucune donnée n'est fournie parce que ce produit n'est pas consommé en quantité suffisante.

Slovénie. L'accise de 222 EUR par hectolitre inclut : le droit d'accise (157.50 EUR), une surtaxe sur le fioul destiné au chauffage de 8 EUR au titre de l'efficacité de l'utilisation finale ; une surtaxe sur le fioul destiné au chauffage égale à 9.90 EUR pour la promotion de la production d'électricité à partir de sources d'énergie renouvelables et de la cogénération de haute efficience ; une taxe carbone égale à 46.71 EUR.

Espagne. Le montant de l'accise (0.088 EUR par litre) englobe le droit d'accise (0.085 EUR par litre) et le montant moyen de la taxe appliquée par les autorités régionales (0.003 EUR par litre).

Suède. Les données relatives aux prix ne sont pas disponibles dans les statistiques de l'AIE. Elles ont été établies à partir d'informations économiques consultables à l'adresse suivante : ec.europa.eu/energy/observatory/reports. Le droit d'accise inclut la taxe sur l'énergie (0.855 SEK par litre) et la taxe carbone (3.237 SEK par litre).

Turquie. Kérosène domestique.

États-Unis. Moyenne des taxes appliquées par l'État fédéral et par les États – il n'est pas appliqué de TVA

Union européenne. La directive 2003/96/CE fixe les taux d'accise minima applicables aux produits énergétiques et à l'électricité.

Tableau annexe 3.A.9. Accises (5121) en pourcentage du PIB et du total des recettes fiscales

	Recettes fiscales en pourcentage du PIB					Recettes fiscales en pourcentage du PIB				
	1975	2005	2010	2015	2016	1975	2005	2010	2015	2016
Australie	3.0	2.3	1.9	1.4	1.3	11.8	7.6	7.5	4.9	4.7
Autriche	2.9	2.6	2.3	2.2	2.2	7.9	6.3	5.7	5.2	5.3
Belgique	2.6	2.3	2.1	2.1	2.2	6.6	5.3	5.0	4.7	5.1
Canada	2.0	1.6	1.4	1.3	1.3	6.3	4.9	4.5	3.9	3.9
Chili	..	1.6	1.4	1.5	1.5	..	7.8	7.1	7.4	7.5
République tchèque	..	3.4	3.5	3.3	3.3	..	9.8	10.8	10.0	9.7
Danemark	5.1	4.9	4.1	3.9	4.0	13.8	10.3	9.1	8.5	8.6
Estonie	..	3.6	4.2	4.2	4.6	..	12.2	12.6	12.6	13.6
Finlande	4.2	3.6	3.4	3.7	3.8	11.5	8.6	8.2	8.3	8.6
France	2.3	2.4	2.3	2.6	2.6	6.5	5.7	5.4	5.7	5.8
Allemagne	3.0	2.8	2.5	2.1	2.1	8.8	8.4	7.0	5.8	5.5
Grèce	2.5	2.6	3.3	3.9	4.1	13.6	8.2	10.5	10.7	10.5
Hongrie	..	3.5	3.4	3.3	3.2	..	9.7	9.2	8.4	8.3
Islande	0.9	3.6	2.9	2.5	2.5	3.0	9.2	8.6	7.0	4.9
Irlande	7.2	3.2	2.9	2.1	2.1	26.0	10.8	10.7	9.0	9.0
Israël1	..	1.5	1.8	1.5	1.5	..	4.5	5.8	4.8	4.8
Italie	2.5	2.2	2.3	2.8	2.9	10.2	5.6	5.4	6.5	6.8
Japon	2.3	1.8	1.7	1.6	1.5	11.3	6.9	6.5	5.1	5.0
Corée	3.3	2.7	2.5	2.0	2.1	22.0	12.0	10.6	8.1	8.1
Lettonie	..	3.5	3.6	3.3	3.5	..	12.6	12.7	11.4	11.5
Lituanie	..	2.9	3.2	3.1	3.2	..	10.0	11.4	10.8	10.7
Luxembourg	2.3	4.5	3.5	2.6	2.7	7.3	11.8	9.3	7.1	7.0
Mexique	..	0.6	0.6	2.0	2.1	..	5.1	5.0	12.2	12.6
Pays-Bas	2.4	3.1	2.9	2.6	2.7	6.3	8.7	8.1	7.1	7.0
Nouvelle-Zélande	2.8	1.4	0.9	0.9	0.8	9.4	3.9	2.9	2.8	2.6
Norvège	4.0	3.2	2.9	2.5	2.5	10.3	7.4	7.0	6.6	6.6
Pologne	..	4.3	4.3	3.9	4.1	..	13.0	13.7	12.1	12.2
Portugal	2.5	3.7	3.1	2.9	3.1	13.0	11.9	10.4	8.4	9.1
République slovaque	..	3.6	2.9	2.7	2.7	..	11.4	10.2	8.3	8.3
Slovénie	..	3.4	4.3	4.2	4.1	..	9.0	11.6	11.5	11.3
Espagne	0.4	2.5	2.2	2.4	2.3	2.2	7.0	7.0	7.0	6.8
Suède	3.4	2.8	2.6	2.2	2.2	8.8	6.1	6.0	5.1	4.9
Suisse	1.7	1.4	1.4	1.2	1.2	7.7	5.4	5.1	4.5	4.4
Turquie	2.0	4.9	4.9	4.5	4.6	17.6	21.2	19.9	18.1	18.2
Royaume-Uni	4.3	2.8	2.9	2.5	2.4	12.7	8.7	8.9	7.8	7.4
États-Unis	1.9	1.0	1.0	0.9	0.8	7.6	3.9	4.1	3.3	3.3
Moyenne non pondérée2										
Moyenne OCDE	2.9	2.8	2.7	2.6	2.6	10.5	8.6	8.4	7.8	7.8

Notes

1. Israël: Les données statistiques concernant Israël sont fournies par et sous la responsabilité des autorités israéliennes compétentes. L'utilisation de ces données par l'OCDE est sans préjudice du statut des hauteurs du Golan, de Jérusalem Est et des colonies de peuplement israéliennes en Cisjordanie aux termes du droit international.

2. Moyennes non pondérées. La moyenne 2016 pour l'OCDE exclut les revenus exceptionnels des contributions de stabilité en Islande.

Source: *Statistiques des recettes publiques 2018.*

StatLink http://dx.doi.org/10.1787/888933890350

Chapitre 4. Fiscalité des véhicules

Ce chapitre décrit la fiscalité des véhicules dans ses grandes lignes ainsi que l'usage qui en a été fait ces dernières décennies pour influer sur le comportement des consommateurs, en particulier dans le cadre des politiques environnementales. Sont notamment présentés les impôts liés à la vente et à l'immatriculation des véhicules, ainsi que les impôts périodiques sur l'utilisation des véhicules à moteur et leurs composants, l'analyse s'accompagnant d'une comparaison statistique des barèmes.

4.1. Introduction

Dans la plupart des pays de l'OCDE, les véhicules ont commencé à être taxés au cours de la première moitié du XXe siècle jusqu'à devenir, dans bien des cas, une importante source de recettes pour les pouvoirs publics. Tous les pays membres disposent d'un arsenal d'instruments fiscaux qui leur garantissent un volume non négligeable de recettes provenant des usagers de la route, qu'il s'agisse de particuliers ou d'entreprises. La fiscalité des véhicules au sens large illustre bien l'utilisation possible de toute la panoplie des impôts sur la consommation, tels que la TVA ou d'autres impôts spécifiques et *ad valorem* (voir les définitions dans le chapitre 3). Elle a été progressivement adaptée de manière à influer sur le comportement des consommateurs et à réduire les externalités négatives liées aux transports, en particulier les effets externes négatifs sur l'environnement.

Les taxes et autres impositions applicables aux véhicules comprennent :

- les impôts (TVA et impôts sur les ventes au détail) liés à l'achat et à l'immatriculation des véhicules automobiles, dus au moment de l'acquisition et/ou de la première utilisation du véhicule (voir Tableau 4.A.1) ;
- les impôts périodiques dus au titre de la possession ou de l'utilisation des véhicules (voir Tableau 4.A.2) ;
- les taxes sur les carburants (voir tableaux annexes 3.A.6 et 3.A.7 dans le chapitre 3) ;
- toute autre taxe et imposition liée directement ou indirectement à la possession ou à l'utilisation des véhicules, telles que les taxes sur les assurances, les droits de péage, les redevances basées sur la distance parcourue, les redevances de congestion, la taxation des véhicules de société, etc.

La vente et l'utilisation des véhicules à moteur génèrent des recettes considérables de TVA ou d'impôts sur les ventes au détail. Ces prélèvements concernent l'importation et la vente de véhicules (auquel cas ils s'appliquent au prix de vente total ou, dans le cas des véhicules d'occasion, à la différence entre le prix d'achat et le prix de vente). En général, la TVA ou l'impôt sur les ventes au détail s'appliquent aussi aux coûts généraux d'entretien et de fonctionnement du véhicule. L'assiette imposable est le plus souvent la valeur finale, toutes autres taxes incluses (par exemple, la TVA sur les carburants est prélevée sur la base du prix majoré de l'accise – voir tableaux annexes 3.A.6 et 3.A.7 dans le chapitre 3).

La fiscalité sur les véhicules est sensible à diverses influences, au-delà de la nécessité évidente de générer des revenus. Qu'il s'agisse du contexte géographique, industriel et social ou encore des politiques liées aux questions énergétiques, aux transports, à l'urbanisme ou à l'environnement, toutes ces considérations pèsent sur le niveau et la structure de l'imposition. Un grand nombre de ces impôts et taxes ont vu le jour alors que l'automobile était considérée comme un objet de luxe. La généralisation de l'usage des automobiles au cours des dernières décennies a diminué la progressivité de la fiscalité sur l'automobile (à l'heure actuelle, nombre de ménages à faible revenu possèdent au moins une voiture). Les dispositifs en place sont aujourd'hui de plus en plus conçus pour influer sur le comportement des consommateurs ou des entreprises. La prise en compte des préoccupations en matière d'énergie et d'environnement a conduit à remodeler cette fiscalité en fonction de l'efficacité énergétique des véhicules, ou de leurs émissions de CO_2 et autres émissions polluantes. Des taxes sur l'utilisation du réseau routier ont également été créées pour financer les externalités du secteur des transports et levers des recettes supplémentaires.

Dans la plupart des pays, le montant total des recettes fiscales liées aux véhicules est composé de prélèvements ponctuels (intervenant au moment de l'achat ou de l'importation) et réguliers (lorsqu'ils visent les propriétaires de véhicules ou leur utilisation) auxquels s'ajoute un panachage d'impôts *ad valorem* (sur le prix) et spécifiques (fondés sur les volumes d'émissions polluantes, le poids du véhicule, la puissance du moteur, le nombre d'essieux, l'âge, la consommation spécifique moyenne de carburant, l'équipement, la suspension, la cylindrée, le nombre de sièges, le type de carburant consommé, la propulsion électrique ou la distance parcourue).

Les impôts liés à la vente/immatriculation et à l'utilisation de véhicules à moteur (voir Tableau 4.A.1 et Tableau 4.A.2) ne peuvent être considérés de manière isolée des autres bases et taux d'imposition. Un certain nombre d'autres éléments devraient également être pris en compte dans leur analyse, tels que les taxes sur la prime d'assurance, certains péages (pour ponts et autoroutes), les taxes sur les carburants (voir chapitre 3) ou l'énergie ainsi qu'un certain nombre d'éléments liés aux impôts directs tels que le traitement fiscal des véhicules d'entreprise pour les individus (Harding, 2014[1]).

4.2. La fiscalité sur les véhicules, outil de réduction des externalités liées aux transports

Il est de plus en plus recouru à l'impôt pour influencer le comportement des consommateurs et encourager les achats de véhicules moins polluants ou présentant une meilleure efficacité énergétique. En 2018, dans plus des trois quarts des pays membres de l'OCDE (précisément, 29 pays sur 36) des critères environnementaux ou liés à l'efficacité énergétique entrent en ligne de compte dans le calcul du niveau d'imposition applicable à l'achat ou à l'utilisation des véhicules (voir Tableau 4.A.1 et Tableau 4.A.2). Parmi ces pays, 15 déterminent le niveau d'imposition en fonction des émissions polluantes (par exemple, CO, CO_2, NO_x ou particules par kilomètre) et 24 pratiquent des allégements ou exonérations d'impôt à l'égard des véhicules électriques ou hybrides. Un certain nombre d'États membres de l'UE s'appuient sur les normes d'émissions polluantes définies dans les directives européennes (directive 2007/46/CE et textes subséquents) pour établir leur système d'impôt sur les véhicules bien qu'il n'existe pas encore de règle européenne en la matière.

Dès lors que le montant de la taxe à l'achat d'un véhicule automobile varie en fonction de sa consommation spécifique moyenne de carburant ou de ses rejets d'émissions polluantes, l'acquéreur est immédiatement incité à opter pour un véhicule moins polluant, ou consommant moins de carburant, voire conjuguant ces deux qualités. Moduler le montant des redevances annuelles peut également induire le même effet incitateur, quoique de façon moins directe. Une approche consiste à estimer quelle sera l'utilisation d'un véhicule durant sa vie utile afin d'établir un taux d'imposition en tenant compte des tonnes de CO_2 qu'il émettra pendant cette durée de vie. Les recherches conduites en la matière indiquent que les taux d'imposition appliqués par tonne de CO_2 varient grandement d'un pays à l'autre (pour une étude approfondie de ce sujet, voir (OCDE, 2009[2]).

Des taxes d'immatriculation élevées peuvent par ailleurs faire reculer le nombre des achats de véhicules neufs. Si, de prime abord, cela peut sembler favorable à l'environnement par une diminution du parc automobile, cette situation peut aussi amener certains consommateurs à reporter leur décision d'achat, ou à se rabattre sur des voitures d'occasion, augmentant le nombre de véhicules plus anciens et donc plus polluants en circulation.

De nombreux systèmes fiscaux mentionnés ci-dessous définissent les bases et les taux d'imposition en retenant l'hypothèse d'un respect des normes relatives aux émissions de CO_2 ou autres polluants.

À l'échelon local, d'autres impôts et redevances ont été mis en place ou envisagés dans l'objectif de réduire la pollution atmosphérique et les autres coûts sociaux consécutifs à l'utilisation des véhicules en général, et plus précisément dans les zones urbaines. (Van Dender, à paraître). Le trafic routier local est à l'origine d'émissions de CO_2 et d'autres polluants atmosphériques, notamment des particules fines, qui provoquent des dommages à la santé dont le coût économique peut être évalué. Les coûts des externalités environnementales du trafic automobile ont été estimés jusqu'à 0.01 EUR (véhicules à essence) et 0.037 EUR (véhicules diesel) par véhicule et par kilomètre parcouru. La congestion du trafic routier crée elle aussi des coûts externes marginaux, estimés entre 0.30 et 2.42 EUR par véhicule-kilomètre, lorsque le volume du trafic excède la capacité routière. Les autres externalités liées au transport routier recouvrent les accidents de la route (coûts estimés à 0.03 EUR par véhicule-kilomètre), les nuisances sonores (jusqu'à 0.36 EUR par kilomètre pour les poids lourds en zone urbaine), et la dégradation de la voirie (de 0.05 EUR/km pour les voitures à 0.52 EUR/km pour les poids lourds). À condition d'être ciblée avec soin, la fiscalité permet d'internaliser de manière efficiente ces coûts externes et en assurer la réduction selon un bon rapport efficacité-coût (Braathen et al., 2017[3]). Si les taxes sur les carburants sont adaptées pour rendre compte des coûts externes liés aux émissions de CO_2 (voir chapitre 3), les redevances basées sur la distance parcourue et, dans une certaine mesure, les droits de stationnement, peuvent couvrir efficacement d'autres coûts spécifiques, notamment ceux liés à la congestion, à la dégradation de la voirie, ainsi que d'autres coûts relatifs aux infrastructures. Les redevances basées sur la distance parcourue qui prennent en compte les caractéristiques des véhicules peuvent elles aussi contribuer à la réduction de la pollution atmosphérique (Van Dender, à paraître).

En règle générale, en complément aux mesures fiscales, les pouvoirs publics imposent généralement aux constructeurs automobiles des normes techniques visant à réduire la pollution des véhicules. Ainsi, depuis 1970, l'Union européenne (UE) régit les émissions polluantes et promulgue régulièrement de nouvelles dispositions durcissant les valeurs limites. Les normes en vigueur fixent le niveau maximal autorisé des émissions de monoxyde de carbone (CO), de composés organiques volatils, d'oxydes d'azote (NO_x) et de particules. Il s'agit des normes Euro 6 (qui déterminent les limites maximales d'émission applicables à l'immatriculation et à la vente de voitures et fourgonnettes neuves à compter du 1er septembre 2015) et des normes Euro VI, qui visent les véhicules lourds. Les émissions de dioxyde de carbone (CO_2) étant également dans la ligne de mire de la Commission européenne depuis 2007, l'UE a mis en place un vaste cadre juridique pour réduire les émissions de CO_2 des véhicules légers neufs dans le cadre des efforts engagés pour atteindre les objectifs définis en matière d'émission de gaz à effet de serre. Le règlement de l'UE n° 333/2014 définit une norme fixant la limite d'émission de CO_2 à 95 g/km, selon une mise en place progressive, qui devra être respectée par 95 % des véhicules en 2020, pour atteindre 100 % en 2021. L'objectif ainsi fixé pour 2021 représente une diminution de 40 % par rapport aux émissions moyennes du parc automobile de 2007, qui s'élevaient à 158.7 g/km. Des normes contraignantes sont également en cours d'élaboration à l'égard des véhicules lourds (bus, camions, etc.) dans le cadre d'une stratégie globale de réduction des émissions de CO_2.

4.3. Impôts liés à l'achat et à l'immatriculation des véhicules à moteur

Les impôts liés à l'achat et à l'immatriculation des véhicules à moteur peuvent comprendre la TVA, les taxes à l'achat, les droits d'accise et d'autres droits et redevances associés à l'immatriculation d'un véhicule. Pouvant varier considérablement d'un pays à l'autre (voir Tableau 4.A.1), ils reposent sur un vaste ensemble de critères ou combinaisons de critères. Il en existe cinq principaux sur la base desquels l'impôt est calculé :

- le prix ou la valeur du véhicule ;
- la puissance du moteur ou la cylindrée ;
- l'impact environnemental, notamment les émissions de polluants, de CO_2 et la catégorie de carburant utilisé ;
- certaines considérations sociales, tel qu'un traitement préférentiel accordé aux véhicules d'intervention d'urgence, ambulances, véhicules pour personnes handicapées, véhicules de transport public, etc.
- l'usage qui est fait du véhicule, ainsi les véhicules utilitaires peuvent être soumis à des critères particuliers, comme le nombre d'essieux, le volume de cargaison, le nombre de sièges, etc.

Un certain nombre d'autres critères spécifiques peuvent également être pris en compte, comme le poids du véhicule, la présence d'équipements de sécurité ou d'un système d'air conditionné. Aux États-Unis, les pneumatiques font l'objet d'une taxe particulière et, dans plusieurs pays, l'imposition est modulée selon l'âge du véhicule.

L'imposition résultante varie donc grandement d'un pays à l'autre, mais aussi, à l'intérieur même des pays, selon l'État, la province, la ville ou la région qui l'applique. Par exemple, au Japon, le taux de la TVA est de 8 % et celui de la taxe à l'achat de 3 %, alors que le Danemark applique un taux de TVA de 25 % et une taxe d'immatriculation de 150 %.

Les véhicules à moteur ne font pas l'objet d'un volume significatif d'achats transfrontaliers motivés par la disparité des fiscalités, dans la mesure où ils ne peuvent être immatriculés que dans le pays principal d'utilisation. De même, la TVA à l'importation d'un véhicule (ou à son « acquisition » si la transaction a lieu au sein de l'UE) est généralement due dans le pays d'immatriculation. Même sur le marché commun de l'Union européenne les impôts et taux d'imposition applicables aux véhicules automobiles ne sont ni harmonisés, ni même convergents.

La fiscalité peut néanmoins influer sur le fonctionnement du marché des véhicules à moteur, principalement au travers des taxes liées à l'immatriculation. En général, le montant de la taxe versé dans le pays de première immatriculation n'est pas restitué lorsque le véhicule est transféré dans un autre pays (par exemple, si le propriétaire déménage à l'étranger). Lorsque la taxe d'immatriculation doit (une nouvelle fois) être payée dans le pays de destination, il y a double imposition. Par ailleurs, des disparités fiscales trop importantes accentuent la fragmentation du marché automobile. Les voitures techniquement adaptées à la structure fiscale d'un pays donné (par exemple, fourchettes de puissance du moteur, politique fiscale à l'égard du diesel) sont des substituts imparfaits qui peuvent être surclassés par les modèles commercialisés dans un autre pays, doté de règles fiscales différentes. Les prix avant impôt semblent eux aussi dépendre de considérations fiscales. Dans certains cas, une disparité fiscale trop importante incite les consommateurs à réaliser leurs achats dans un pays appliquant des taxes d'immatriculation très élevées, mais dans lequel les fabricants, par compensation, pratiquent des prix plus faibles avant impôt, pour ensuite les importer et les immatriculer dans leur pays de résidence. Une telle pratique peut remettre en question les avantages que les consommateurs et le secteur sont censés retirer d'un marché concurrentiel.

4.4. Impôts périodiques dus au titre de la possession ou de l'utilisation des véhicules à moteur

Les impôts liés à l'utilisation des véhicules à moteur englobent les redevances pour droit d'usage des routes publiques, qui prennent généralement la forme d'une taxe annuelle (voir Tableau 4.A.2), auxquelles ajoutent les droits d'accise perçus sur les carburants (voir chapitre 3), ainsi que les redevances autoroutières, péages routiers et autres impôts sur les carburants des véhicules à moteur. Les impôts périodiques sur la possession d'un véhicule à moteur revêtent plusieurs formes. Leur montant est calculé sur la base d'éléments très semblables à ceux retenus aux fins des impôts sur la vente et l'immatriculation : la nature de l'utilisation (professionnelle ou non), le type du véhicule concerné, le type de carburant utilisé, la cylindrée, l'âge, les niveaux d'émissions polluantes et la consommation de carburant.

Références

Braathen, A. et al. (2017), *Environmental Fiscal Reform PROGRESS, PROSPECTS AND PITFALLS*, http://www.oecd.org/tax/tax-policy/tax-and-environment.htm. [3]

Harding, M. (2014), "Personal Tax Treatment of Company Cars and Commuting Expenses : Estimating the Fiscal and Environmental Costs", *OECD Taxation Working Papers*, No. 20, Éditions OCDE, Paris, https://dx.doi.org/10.1787/5jz14cg1s7vl-en. [1]

OCDE (2009), *Incentives for CO2 Emission Reductions in Current Motor Vehicle Taxes*, Groupe de travail sur les politiques d'environnement nationales, http://www.oecd.org/greengrowth/greening-transport/co2-taxation-motor-vehicles.htm. [2]

Annexe 4.A. Données sur l'imposition des véhicules

Tableau 4.A.1. Impôts liés à la vente et à l'immatriculation des véhicules à moteur[1]

Pays	Impôts	Critères	Allégements/exonérations
Allemagne	**TVA :** 19 %	Valeur	
Australie	**TPS :** 10 % **Taxe sur les voitures de luxe :** dans la majorité des cas, 33 % de la différence entre la valeur du véhicule et le seuil d'application de la taxe. Ce seuil est de 66 311 AUD après impôt (TPS incluse) en règle générale, ou de 75 526 AUD après impôt (TPS incluse) pour les véhicules dont la consommation de carburant est inférieure à 7 litres pour 100 kilomètres (données 2018-19). **Droit d'immatriculation** – varie selon les États/territoires – la base de calcul peut être : la tare, la valeur ou le type du véhicule concerné. **Droit de timbre** – varie selon les États/territoires – calculé sur la base de la tare (véhicules lourds) ou de la valeur (véhicules légers) du véhicule concerné	Valeur Consommation de carburant Poids (droit d'immatriculation ou droit de timbre uniquement)	La taxe sur les voitures de luxe prévoit certaines exonérations, dont : – véhicules d'intervention d'urgence (ambulances, etc.) ; – véhicules vendus plus de deux ans après leur fabrication ou importation ; – véhicules aménagés pour assurer le transport d'une personne en chaise roulante (hormis en cas d'exonération de TPS) ; – véhicules utilitaires servant principalement à l'acheminement de marchandises au titre d'activités d'entreprise ; – véhicules importés par un musée aux fins d'exposition. Les prestataires de services touristiques et les producteurs du secteur primaire peuvent bénéficier d'un remboursement de la taxe jusqu'à 3 000 AUD pour certains véhicules. TPS : en sont exonérés les vétérans et les personnes handicapées, sous certaines conditions.
Autriche	**TVA :** 20 % **Taxe d'immatriculation des véhicules neufs :** sa base est le prix de vente, mais le taux appliqué dépend du niveau d'émissions de CO_2, calculé comme suit : grammes de CO_2 émis par kilomètre moins 90 grammes, le tout divisé par 5. Ce taux ne peut excéder 32 % (ce qui correspond à des émissions de 250 g/km). Si les émissions de CO_2 dépassent 250 g/km, chaque g/km supplémentaire entraine une majoration de 20 EUR. Une déduction, plafonnée à 300 EUR (pour tous les véhicules sans exception), s'applique au total ainsi obtenu. **Droit d'immatriculation (impôt) :** taux uniforme : véhicules immatriculés par l'administration centrale ou les autorités locales : 119.80 EUR par véhicule à moteur (+ 45 EUR maximum de frais de dossier au bureau des immatriculations + environ 20 EUR au titre de frais divers.)	Valeur Émissions de CO_2	Taxe d'immatriculation des véhicules neufs : sont exonérés les véhicules de démonstration, les véhicules d'auto-écoles, les véhicules de location, les véhicules affectés au transport de clientèle ou à des services de taxi, les véhicules à moteur destinés à la location de courte durée, les véhicules à moteur utilisés pour transporter des personnes malades et assurer des services de secours, les véhicules utilisés pour transporter des corps, les véhicules de lutte contre les incendies et les véhicules auxiliaires de transport spécialisé. Droit d'immatriculation : exonération pour les véhicules à moteur immatriculés par l'administration centrale ou les autorités locales.

Belgique	**TVA :** 21 % **Taxe de mise en circulation** *Flandre :* pour les voitures particulières (hors financement par crédit-bail), le calcul du taux d'imposition tient compte de l'âge du véhicule, de ses caractéristiques environnementales (notamment les émissions de CO_2), du type de carburant, de la puissance du moteur, et de la norme EURO. Dans le cas des véhicules sous contrat de crédit-bail, la taxe reste calculée en fonction de la puissance du moteur. *Wallonie :* le taux d'imposition dépend de la puissance du moteur et est fixé suivant un barème dégressif fondé sur l'âge du véhicule. Dans le cas des motocycles, le montant dû est calculé sur la base de la puissance exprimée en kilowatt (kW). Pour les voitures électriques, la taxe était fixée à 61.50 EUR pour l'année fiscale 2018. Si la puissance diffère selon qu'elle est exprimée en cheval-vapeur (C.V.) ou en kilowatt, la valeur la plus élevée est retenue. *Région de Bruxelles-Capitale :* le montant de la taxe, qui dépend de la puissance et de la cylindrée du moteur, est fixé suivant un barème progressif fondé sur l'âge du véhicule (allant de 61.50 EUR à 4.957 EUR pour les véhicules essence et diesel et de 61.50 EUR à 4.659 EUR pour les véhicules GPL).	Âge Puissance du moteur Cylindrée Caractéristiques environnementales (dont émissions de CO_2) Type de carburant	*Flandre :* sont exonérés les véhicules tout-électrique, à hydrogène, hybrides rechargeables (jusqu'en 2021) et fonctionnant au GNV/GNL (jusqu'en 2021). Une taxe uniforme de 61.50 EUR s'applique aux véhicules de plus de 15 ans. Des allégements sont accordés pour les véhicules d'occasion (de 10 % à 90 % du montant de la taxe, ou allégement forfaitaire, selon l'âge du véhicule) ainsi que pour les véhicules partiellement ou entièrement alimentés au gaz de pétrole liquéfié. Les trois régions appliquent des exonérations pour certains véhicules utilisés par les pouvoirs publics, par des personnes handicapées ou des invalides de guerre.
Canada	**TPS :** 5 % **Taxe de vente harmonisée (TVH) :** 13 %, 14 % ou 15 % dans les provinces participantes. Les provinces ci-après ont combiné leur taxe provinciale à la taxe fédérale sur les produits et les services et appliquent le taux indiqué entre parenthèses : Nouveau-Brunswick, Terre-Neuve-et-Labrador, Île-du-Prince-Édouard, Nouvelle-Écosse (15 %) ; Ontario (13 %) ; le Québec applique une TPS au taux de 5 % et la taxe de vente du Québec à 9.975 %. Dans les provinces qui n'appliquent pas de TVH, les ventes sont assujetties à une taxe provinciale. **Taxe d'accise sur les climatiseurs d'automobiles :** 100 CAD par unité. **Taxe d'accise sur les véhicules énergivores :** les véhicules dont la cote de consommation moyenne pondérée est d'au moins 13 litres aux 100 kilomètres (55 % en ville et 45 % sur autoroute) sont assujettis à une taxe d'accise selon le barème suivant : au moins 13 mais moins de 14 litres aux 100 kilomètres : 1 000 CAD ; au moins 14 mais moins de 15 litres aux 100 kilomètres, 2 000 CAD ; au moins 15 mais moins de 16 litres aux 100 kilomètres, 3 000 CAD ; et 16 litres ou plus aux 100 kilomètres : 4 000 CAD.	Valeur Consommation de carburant Climatiseur	Remboursement de la TPS/TVH – Véhicules spécialement équipés : en bénéficient les propriétaires de véhicules à moteur spécialement équipés pour personnes handicapées. Le remboursement se limite à la TPS/TVH versée sur la partie du prix d'acquisition imputable aux dispositifs spéciaux. Remboursement de la taxe d'accise sur les véhicules énergivores – fourgonnettes adaptées : en bénéficient les propriétaires de fourgonnettes munies d'un appareil conçu exclusivement pour faciliter le chargement d'un fauteuil roulant sans qu'il soit nécessaire de le plier.

Chili	**TVA :** 19 % (les voitures d'occasion en sont exonérées à quelques exceptions près). **Droits d'immatriculation** payables au service du registre civil : première immatriculation nouvelle plaque d'immatriculation, transfert et immatriculation de véhicules. **Taxe de transfert** des véhicules à moteur d'occasion (perçue par les municipalités) : 1.5 % de la valeur du véhicule.	Valeur Redevance forfaitaire	
Corée	**TVA** : 10 % **Taxe d'accise spéciale :** comprise entre 0 % et 5 % du prix du constructeur selon la cylindree. **Impôt en faveur de l éducation** : 30 % du montant de la taxe d'accise. **Taxe d'acquisition** : entre 2 % et 7 % du prix de détail hors TVA.	Valeur Cylindrée Propulsion électrique	**Sont exonérées de la taxe d'accise spéciale et de l'impôt en faveur de l'éducation :** les voitures utilisées par les personnes handicapées ; les ambulances utilisées par les hôpitaux ; les véhicules de transport public de voyageurs ; les véhicules utilisés par les sociétés de location de voitures. **Sont exonérées de la taxe d'acquisition :** les voitures utilisées par les personnes handicapées ; les voitures dont les propriétaires sont parents d'au moins trois enfants à charge ; les voitures de petites dimensions utilisées à des fins non commerciales. **Les véhicules hybrides ou électriques bénéficient d'un allégement** de la taxe d'accise spéciale (cette réduction étant limitée, respectivement, à 1 000 000 KRW ou à 2 000 000 KRW).
Danemark	**TVA :** 25 % **La taxe d immatriculation des véhicules** doit être acquittée lors de la première immatriculation du véhicule. Le taux d'imposition varie selon la valeur du véhicule (le taux le plus bas s'appliquant aux véhicules utilitaires) entre 105 % et 150 % (du solde au-delà de 82 DKK) dans le cas des voitures particulières et entre 0 % et 50 % (du solde au-delà de 800 DKK) dans le cas des véhicules utilitaires.	Valeur Utilisation Équipement de sécurité Équipement anti-pollution	Remise applicable aux véhicules sobres en carburant : la taxe d'immatriculation est diminuée de 4 000 DKK pour tout kilomètre que le véhicule peut parcourir au-delà de 16 km avec 1 litre d'essence et au-delà de 18 km avec 1 litre de diesel. À l'inverse, une majoration de 1 000 DKK est appliquée pour chaque kilomètre en-deçà de 16 km (essence) ou 18 km (diesel) que la voiture peut parcourir avec un litre de carburant. Équipement de sécurité : pour tout véhicule à moteur doté d'importants equipements de sécurité routière, la valeur servant de base au calcul du droit d'immatriculation est diminuée d'un montant pouvant atteindre 13 370 DKK. Cet abattement est compris entre 200 DKK et 600 DKK dans le cas des véhicules à moteur dotés d'équipements de sécurité d'importance mineure.
Espagne	**TVA** : 21 % **La taxe d immatriculation** des véhicules est liée au volume des émissions de CO_2 et son taux est compris entre 0 % (jusqu'à 120 grammes de CO_2 émis par km) et 14.75 % (200 g/km et plus).	Valeur Émissions de CO_2	Des exonérations de la taxe d'immatriculation concernent : les taxis, les véhicules d'auto-école, les véhicules de location ; les véhicules acquis et utilisés par des personnes handicapées ; les véhicules diplomatiques ; les véhicules transférés dans le cadre du changement de résidence de leur propriétaire.
Estonie	**TVA :** 20 % **Droit d'immatriculat on des véhicules** (prélevé par l'administration	Valeur Type de véhicule	

	centrale) : 130 EUR (335 EUR pour les véhicules importés temporairement).		
États-Unis	**Une taxe sur les véhicules énergivores** est appliquée à la vente, utilisation ou location par le fabricant ou l'importateur de modèles de véhicules qui ne répondent pas à certains critères de consommation de carburant. Tous les véhicules importés, qu'ils soient destinés à une utilisation professionnelle ou privée, sont soumis à cet impôt. Le terme de véhicule (qui inclut les limousines) désigne ici tout véhicule équipé de quatre roues dont le poids à vide n'excède pas 6 000 livres (environ 2.72 tonnes), qui fonctionna à l'essence ou au diesel, et qui est destiné à être utilisé principalement sur la voie publique, le réseau routier et autoroutier. En 2017, cet impôt s'appliquait aux véhicules à moteur qui parcouraient moins de 22.5 miles par gallon (consommation d'environ 10.45 litres/100km). Son montant s'échelonnait entre 1 000 USD, pour les véhicules dont la distance parcourue était située entre 21.5 et 22.5 miles par gallon, et 7 700 USD pour les véhicules affichant une distance parcourue inférieure à 12.5 miles par gallon (consommation d'environ 18.82 litres/100km). Une taxe égale à 12 % du prix de vente est acquittée lors de la première vente au détail du châssis ou de la carrosserie d'un camion, d'une remorque, d'une semi-remorque, ou d'un tracteur dont l'usage principal est le transport routier en attelage avec une remorque ou une semi-remorque. Il s'agit de la taxe sur la vente au détail de camions, remorques et tracteurs. Un impôt s'applique en outre à certains pneumatiques vendus par un fabricant, producteur ou importateur, à hauteur de 0.0945 USD (0.04725 USD dans le cas des pneumatiques à structure diagonale ou simples larges non destinés aux essieux directeurs) par tranche de 10 livres (environ 4.6 kg) de la charge utile nominale maximale au-delà de 3 500 livres (environ 1 590 kg). Il s'agit de l'impôt sur les pneumatiques.	Consommation de carburant Valeur Poids Pneumatiques	Largement appliquée, la taxe sur les véhicules énergivores concerne également les véhicules vendus aux pouvoirs publics (à l'échelon fédéral, des États ou local) ainsi qu'aux organismes éducatifs sans but lucratif. En sont exonérés les véhicules utilisés par la police et autres autorités répressives ; les véhicules destinés à la lutte contre les incendies ; les ambulances ; les limousines dont le poids dépasse 6 000 livres (environ 2.7 tonnes) ou conçues pour transporter plus de 10 personnes. Sont exonérés de l'impôt sur les pneumatiques ceux destinés aux autobus locaux et scolaires, ou à l'usage exclusif du Département de la défense ou de l'organisation des garde-côtes.
Finlande	**TVA :** 24 % **La taxe d'immatriculation des véhicules** est liée au volume des émissions de CO_2. Son taux est compris entre 3.3 % du prix de vente pour les voitures rejetant au plus zéro gramme par kilomètre et 50 % pour les voitures rejetant 360 g/km ou plus. Les camionnettes de livraison dont le poids maximal en charge est supérieur à 2 500 kg font l'objet d'une déduction. Dans le cas des motocycles, le taux appliqué dépend de la cylindrée : compris entre 9.8 % et 24.4 %, il est calculé sur la base du prix de vente.	Valeur Émissions de CO_2 Utilisation Cylindrée Type	Exonération pour les personnes handicapées, les taxis, les autocaravanes, les voitures utilisées à des fins vétérinaires, les véhicules de secours et les véhicules funéraires.
France	**TVA :** 20 % **Le certificat d'immatriculation** est soumis au paiement d'une taxe régionale dont le montant dépend de la puissance du moteur. Il est compris entre 27 EUR et 46 EUR par cheval-vapeur, selon la région. Ce montant est	Valeur Puissance du moteur Poids Utilisation	**Exonération accordée aux véhicules neufs affectés à la démonstration** pesant moins de 3.5 tonnes, aux véhicules appartenant à l'État et à certains motocycles. **Allégement pour les voitures fonctionnant au moyen de l'énergie**

	réduit de moitié pour certains véhicules, selon leur type (camions de plus de 3.5 tonnes, motocycles) ou leur âge (plus de 10 ans). **Taxe additionnelle** à la taxe sur les certificats d'immatriculation des véhicules : la composante de la taxe liée aux émissions de CO_2 est comprise entre 0 EUR (émissions inférieures à 120 g de CO_2 par kilomètre) et 10 500 EUR (émissions supérieures à 185 g de CO_2 par kilomètre). La composante de la taxe liée à la puissance du moteur exprimée en chevaux-vapeur (véhicules n'ayant pas fait l'objet d'une procédure de réception communautaire) s'échelonne entre 3 000 EUR (6 C.V.) et 10 500 EUR (16 C.V.) Ne sont pas soumis à cette taxe les véhicules appartenant à des personnes titulaires de la carte d'invalidité. **Taxe additionnelle à la taxe sur les certificats d'immatriculation des véhicules due lors des immatriculations postérieures à la première immatriculation en France** : la taxe est calculée en fonction de la puissance fiscale exprimée en chevaux-vapeur. Son montant est compris entre 100 EUR (10 C V.) et 1 000 EUR (15 C.V.). Ne sont pas soumis à cette taxe les véhicules appartenant à des personnes titulaires de la carte d'invalidité. **Taxe additionnelle à la taxe sur les certificats d'immatriculation due lors des immatriculations de véhicules d'une puissance fiscale égale ou supérieure à 36 CV** Son montant est égal à 500 euros par cheval-fiscal à partir du trente-sixième, sans pouvoir excéder 8 000 euros. Les véhicules de collection sont exonérés. **Une taxe additionnelle est appliquée aux poids lourds** en fonction de leur poids total autorisé en charge, ou PTAC (son montant est compris entre 38 EUR si le PTAC est inférieur à 3.5 tonnes et 305 EUR si le PTAC est supérieur à 11 tonnes, ou si le véhicule en question est un tracteur routier ou un véhicule de transport public de voyageurs) ; **La taxe sur les véhicules de sociétés** est liée aux émissions de CO_2. Le tarif applicable va de 1 EUR par gramme de CO_2 émis, pour les véhicules qui rejettent au maximum 20 grammes par kilomètre, et 29 EUR par gramme de CO_2 émis, pour les véhicules qui rejettent plus de 250 grammes par kilomètre.	Âge Émissions de CO_2 Type de carburant Propulsion électrique Bonus-malus	**électrique ou de gaz :** réduction de 50 à 100 % de la taxe sur les certificats d'immatriculation. **Allégement pour les voitures fonctionnant à l'éthanol :** réduction de 50 % de la taxe sur les certificats d'immatriculation pour les voitures fonctionnant au moyen du super-éthanol E85. **Système de bonus-malus :** l'achat d'une voiture neuve émettant 125 grammes de CO_2 ou moins par kilomètre donne lieu à l'octroi d'une prime atteignant au maximum 5 000 EUR (< 60 g/km). Une taxe additionnelle est due lors de l'achat d'une voiture émettant plus de 155 grammes de CO_2 par kilomètre. Son montant maximal est de 2 600 EUR (au-delà de 245 g/km).
Grèce	**TVA :** 24 % **Taxe d'immatriculation :** différents taux sont appliqués : - 3.8 % à 64 % de la valeur imposable, selon le prix de vente au détail hors taxes et les émissions de CO_2 des voitures particulières couvertes par la norme actuelle relative aux émissions polluantes ; - 5.7 % à 96 % de la valeur imposable, selon le prix de vente au détail hors	**Voitures :** valeur (prix de vente au détail hors taxes), émissions de CO_2, normes « EURO » **Poids lourds :** poids, normes d'émissions,	**Allégements ou exonérations de la taxe d'immatriculation :** - les voitures hybrides bénéficient d'une réduction de 50 % de la taxe ; - les catégories suivantes sont totalement exonérées : voitures électriques ; voitures utilisées par les autorités publiques ; voitures utilisées par les personnes handicapées ; voitures dont les propriétaires sont parents d'au moins trois enfants à charge ; ambulances utilisées par les hôpitaux

	taxes et les émissions de CO_2 des voitures particulières couvertes par la précédente norme relative aux émissions polluantes ; 11.4 % à 192 % de la valeur imposable, selon le prix de vente au détail hors taxes et les émissions de CO_2 des voitures particulières couvertes par d'autres normes d'émission ; 48 % à 384 % de la valeur imposable, selon le prix de vente au détail hors taxes et les émissions de CO_2 pour les véhicules utilisant des technologies traditionnelles ; 5 % à 13 % de la valeur imposable, pour les camionnettes, poids lourds, etc. (moins de 3.5 tonnes ou plus), selon la norme d'émissions applicable ; % et 25 % de la valeur imposable, selon la cylindrée, pour les motocycles. **Le montant de la taxe d'immatriculation des autobus** dépend du nombre de sièges, entre autres critères.	structure de la carrosserie. **Motocycles :**cylindrée.	publics ; voitures dont les propriétaires ont installé leur résidence principale en Grèce ; voitures dont il a été fait don à la police, aux sapeurs-pompiers ou aux garde-côtes grecs.
Hongrie	**TVA :** 27 % Taxe d'immatriculation : entre 45 000 HUF et 400 000 HUF pour les voitures particulières neuves, selon le type de moteur (diesel ou essence) et la cylindrée ; entre 20 000 HUF et 230 000 HUF pour les motocycles, selon la cylindrée. Plus la performance environnementale du moteur est faible, plus le taux appliqué augmente (de 400 %, 600 %, 800 % ou 1 200 %), mais il diminue suivant un barème fondé sur l'âge du véhicule (jusqu'à 90 %). Une exonération partielle est prévue pour les voitures hybrides et totale pour les voitures électriques. Transfert de véhicules à moteur : le tarif appliqué dépend de la puissance du moteur du véhicule (en kW). Il est compris entre 300 HUF/kW et 850 HUF /kW selon l'âge du véhicule (le tarif diminue avec l'âge).	Type de moteur Cylindrée Puissance du moteur Émissions polluantes Type de carburant Âge Propulsion électrique	La taxe d'immatriculation est réduite pour les voitures équipées d'une installation motrice hybride ou d'un moteur fonctionnant au gaz (76 000 HUF) et elle est nulle dans le cas des voitures équipées d'un moteur électrique.
Irlande	**TVA :** 23 % **Taxe d'immatriculation :** fondée sur les émissions de CO_2 pour les voitures particulières équipées de 9 sièges au maximum et certains véhicules utilitaires de plus de 4 sièges. Son taux s'échelonne entre 14 % de la valeur du véhicule, si les émissions de CO_2 sont inférieures ou égales à 80 g/km, et 36 % lorsqu'elles dépassent 225 g/km. Un taux forfaitaire est appliqué aux véhicules conçus et fabriqués pour transporter des marchandises ayant une masse maximale en charge admissible de 3.5 tonnes et équipés au plus de 3 sièges, ainsi qu'aux autocaravanes (13.30 % de la valeur). La taxe appliquée aux motocycles est de 2 EUR par cm^3 jusqu'à 350 cm^3 et de 1 EUR par cm^3 au-delà de ce seuil. Pour les grands véhicules conçus et construits pour le transport de marchandises (masse maximale en charge supérieure à 3.5 tonnes), les	Valeur Émissions de CO_2 Type Âge Masse maximale en charge Structure de la carrosserie	**Allégement pour les véhicules électriques hybrides :** calculé selon l'âge du véhicule, au maximum 1 500 EUR pour un véhicule neuf. **Allégement pour les véhicules hybrides rechargeables :** calculé selon l'âge du véhicule, au maximum 2 500 EUR pour un véhicule neuf. **Allégement pour les nouveaux véhicules électriques produits en série :** limité à 5 000 EUR. **Remise/remboursement pour les véhicules spécialement aménagés pour des personnes en situation de handicap grave et permanent :** au maximum 10 000 EUR, 16 000 EUR ou 22 000 si les aménagements concernent le poste de conduite ; 16 000 EUR ou 22 000 EUR s'ils concernent un passager. Le montant accordé dépend de la nature des aménagements effectués dans le véhicule. Des allégements sont accordés à certaines organisations caritatives, dans la limite de 16 000 EUR, lorsque le véhicule est adapté pour le transport de moins de cinq passagers

	autobus, les tracteurs et les véhicules « anciens » (âge supérieur à 30 ans), la taxe est de 200 EUR. Pour les véhicules à usage spécial, tels que les ambulances et les camions de pompiers, application d'un taux nul.		handicapés. **Exonérations :**Transfert de la résidence permanente, transfert d'activités d'entreprise permanentes, héritages, dons de certaines organisations, services aériens internationaux, agents diplomatiques et fonctionnaires de l'UE, véhicules utilisés par des organes rattachés à l'UE ou aux Nations unies.
Islande	**TVA :** 24 % **Le droit d'immatriculation** des véhicules s'élève à 5 000 ISK lors de la première immatriculation et à 2 130 ISK les fois suivantes. **Droit d'accise sur les véhicules à moteur** : basé sur les émissions de CO_2, il se situe entre 0 % et 65 %. **Droits d'accise sur les véhicules à moteur autres que les voitures particulières : %** de la valeur. En sont exonérés les véhicules de grandes dimensions destinés au transport de marchandises et à usage spécial, les tracteurs, les remorques agricoles, les grosses motoneiges, les véhicules amphibies, les voitures et motos de compétition, les véhicules destinés au transport de personnes handicapees, les véhicules de secours et les grands autocars. Véhicules de petites dimensions destinés au transport de marchandises et à usage special, les véhicules de plus de 40 ans, les caisses motorisées : 13 % Minibus, motos et autres : 30 %.	Valeur Émissions de CO_2 Propulsion électrique	**Exonération temporaire de la TVA**, dans la limite d'un plafond, à l'importation et à la vente sur le territoire national de véhicules électriques, à hydrogène et hybrides rechargeables, y compris les autobus
Israël[2]	**TVA :** 17 % **Taxe à l'achat :** les véhicules à usage privé et professionnel d'un poids inférieur ou égal à 3.5 tonnes sont frappés d'une taxe équivalant à 83 % de leur valeur ; les véhicules dont la valeur excède 300 000 NIS sont soumis à une taxe additionnelle sur les véhicules de luxe dont le montant est calculé comme suit : 20 %*(prix du véhicule - 300 000)/prix du véhicule ; Taxi < 3.5 tonnes : 8 % ; Taxi > 3.5 tonnes : 0 % ; les véhicules utilitaires de plus de 3.5 tonnes sont imposés à 72 % de leur valeur mais ne sont pas admissibles au versement d'une prime.	Poids Émissions polluantes Propulsion électrique Équipements de sécurité Puissance du moteur	**Allégements selon le niveau d'émissions polluantes :** Les véhicules de plus de 3.5 tonnes peuvent être partiellement exonérés de la taxe à l'achat selon le niveau de pollution qu'ils génèrent. La classification des véhicules comprend 15 catégories, établies par référence à un « score vert » (pondération des émissions de cinq grandes substances polluantes). Le montant maximal de la réduction est de 16 383 NIS. **Taux appliqué aux véhicules hybrides** (niveau 1 ou 2 de pollution) : si capacité des batteries > 3 kWh et « score vert » < 100 : 20 % ; autres cas : 30 %. **Taux appliqué aux véhicules électriques :** 10 % de la valeur selon le taux de taxe douanière et de taxe à l'achat. Les véhicules hybrides ou électroniques ne sont pas soumis à l'impôt sur les véhicules de luxe. Les véhicules de plus de 3.5 tonnes peuvent être partiellement exonérés de la taxe à l'achat (allégement de 2 400 NIS au maximum), suivant leur classement au regard du niveau de sécurité. Ce classement comprend 9 niveaux (de 0 à 8), en fonction du nombre d'équipements de sécurité.

Italie	**TVA** : 22 % **Droit de timbre pour l'immatriculation** au Registre public des automobiles (« PRA ») : 32.00 EUR ; pour l'établissement du certificat d'enregistrement : 32.00 EUR. **Taxe provinciale de transcription (« IPT »)** : pour les voitures d'une puissance inférieure à 53 kW ; et les autobus et tracteurs d'une puissance inférieure à 110 kW : 150.81 EUR ; voitures d'une puissance supérieure à 53 kW : 3.5119 EUR par kW. Les provinces peuvent augmenter le taux jusqu'à 30 %.	Puissance du moteur	**Sont exonérées de la taxe provinciale de transcription :** les cessions de véhicules par des particuliers à des concessionnaires/revendeurs de véhicules d'occasion ; les véhicules destinés à certaines personnes handicapées ; les véhicules utilisés par des associations de bénévoles. **Cette taxe est réduite** de 25 % pour les véhicules de collection et les véhicules spéciaux (camions malaxeurs, camions-citernes pour le transport du lait, etc.).
Japon	**TVA :** 8 % Taxe d'acquisition (Préfecture) : 3 % du prix d'achat (2 % dans le cas des véhicules utilitaires et des véhicules légers).	Valeur	La taxe d'acquisition est réduite pour les véhicules ayant un faible impact sur l'environnement, les autobus et taxis accessibles à tous, les camions équipés d'un dispositif de freinage anticollision, etc., ainsi que les autobus pour voyageurs qui empruntent des voies dédiées en vertu d'une décision préfectorale.
Lettonie	**TVA** : 21 % **Taxe d'immatriculation (perçue par l'État)** : elle couvre l'immatriculation, la délivrance du certificat et les plaques d'immatriculation correspondantes – 43.93 EUR. **Taxe sur les ressources naturelles** : 55 EUR par véhicule.	Valeur	
Lituanie	**TVA :** 21 % **Taxe d'immatriculation** : une taxe forfaitaire de 14.48 EUR est perçue lors de la première immatriculation d'un véhicule neuf (voitures de tourisme, poids lourds) ; une taxe forfaitaire de 12.45 EUR s'applique à la première immatriculation des autres véhicules – par exemple, véhicules d'occasion (voitures de tourisme, poids lourds).	Valeur Âge du véhicule	Allégement pour les personnes handicapées (uniquement les propriétaires de voitures de tourisme, à raison d'une réduction tous les 3 ans) : réduction de 90 % de la taxe d'immatriculation pour les personnes dont le pourcentage d'invalidité est compris entre 75 et 100 % ; réduction de 75 % pour les personnes dont le pourcentage d'invalidité est compris entre 60 et 70 % ; réduction de 50 % pour les personnes dont le pourcentage d'invalidité est compris entre 45 et 55 %.
Luxembourg	**TVA** : 17 % **Taxe d'immatriculation** : elle est calculée pour 100 cm³ comme suit : Montant dû = a x b x c ; où : *a* est la composante « émissions de CO_2 » ; *b* est un coefficient multiplicateur (0.9 dans le cas des voitures roulant au diesel, et 0.6 dans les autres cas) ; et *c* est un coefficient multiplicateur additionnel appliqué en cas d'émissions de CO_2 > 90 g/km (0.5 augmenté de 0.1 pour chaque tranche de 10 g/km).	Valeur Émissions de CO_2 Type de carburant Propulsion électrique	**Système de bonus :** les acquéreurs de voitures hybrides neuves émettant moins de 60 grammes de CO_2 par kilomètre et de véhicules électriques peuvent prétendre à une prime de 5 000 EUR.
Mexique	**TVA :** 16 % **Impôt sur les véhicules neufs** : entre 2 % et 17 % de la valeur du véhicule, auxquels s'ajoute une part fixe déterminée en fonction de la valeur du véhicule.	Valeur Propulsion électrique	Exonération totale de l'impôt sur les véhicules neufs pour les véhicules dont la valeur est inférieure ou égale à 244 565.77 MXN. Exonération de 50 % de l'impôt sur les véhicules neufs pour les véhicules dont la valeur est comprise entre 244 565.78 MXN et 309 783.32 MXN.

	Lorsque le prix du véhicule dépasse le seuil de 723.804.80 MXN (pour 2018), le montant de l'impôt est réduit à hauteur de 7 % de la différence entre le prix de vente et ce seuil. Les fourchettes de ce barème sont revues tous les ans.		Exonération totale de l'impôt des véhicules neufs pour les véhicules hybrides et électriques.
Norvège	**TVA :** 25 % **Taxe d'immatriculation :** le tarif varie selon le poids et les émissions de CO_2 et de NO_x. Si les données relatives aux émissions de CO_2 sont manquantes, le montant dû est calculé sur la base de la cylindrée.	Poids Émissions de CO_2 Émissions de NO_x Type de carburant Catégorie électrique	Une exonération de la taxe d'immatriculation est prévue pour les **véhicules électriques.** Pour les **véhicules hybrides rechargeables** (c'est-à-dire équipés d'un moteur électrique rechargeable par prise extérieure et d'un moteur à combustion), un abattement de la taxe d'immatriculation est prévu : la base d'imposition liée au poids du véhicule est réduite de 23%. A partir du 1er juillet 2018, la réduction de la base d'imposition liée au poids sera variable en fonction de la catégorie électrique. Les **véhicules polycarburants** (pouvant utiliser du carburant composé d'éthanol à 85 % minimum) bénéficient d'un allégement de 10 000 NOK par véhicule.
Nouvelle-Zélande	**TPS :** 15 % **Droit d'immatriculation** (première immatriculation) : le montant varie selon la catégorie de véhicule. Le droit d'immatriculation de base pour une voiture particulière est compris entre 74.00 NZD et 232.00 NZD, selon la cylindrée. Taxe sur l'utilisation du réseau routier : elle concerne tous les véhicules diesel et tous les véhicules d'un poids total en charge égal ou supérieur à 3.5 tonnes. Cette taxe tient compte des distances parcourues (par tranches de 1000 km) et varie selon le poids et de la structure du véhicule.	Type de véhicule Cylindrée Propulsion électrique	Une exonération de la taxe sur l'utilisation du réseau routier est prévue pour les véhicules électriques.
Pays-Bas	**TVA :** 21 % **La taxe d'immatriculation** des voitures particulières est basée sur les émissions de CO_2 et le type de carburant utilisé. En sont exonérés les véhicules qui émettent 0 gramme de CO_2 par kilomètre. Progressive, la taxe d'immatriculation est comprise entre 356 EUR et 458 EUR par gramme émis sur un kilomètre au-delà de 1 g/km. Les voitures particulières qui fonctionnent au diesel sont surtaxées à hauteur de 86.43 EUR par gramme émis sur un kilomètre au-delà de 67 g/km. Dans le cas des motocycles et camionnettes de livraison, le montant de la taxe d'immatriculation est calculé sur la base de la valeur du véhicule.	Émissions de CO_2 Carburant moteur Valeur Propulsion électrique	**Les véhicules à émission zéro (par exemple, les véhicules électriques)** sont exonérés de la taxe d'immatriculation. **Autres exemples de véhicules exonérés :** les camionnettes de livraison dont les propriétaires sont des entrepreneurs et qui sont utilisées à des fins commerciales au moins 10 % du temps. **Un remboursement fiscal est prévu pour certains véhicules** : véhicules de lutte contre les incendies, véhicules utilisés par la police, véhicules funéraires, véhicules utilisés pour le transport de prisonniers, camionnettes utilisées par des personnes handicapées, ambulances (y compris vétérinaires), taxis et véhicules de transport sécurisés.
Pologne	**TVA :** 23 % **Un droit d'accise** est perçu sur les voitures de tourisme avant leur première immatriculation au titre de leur vente, acquisition intracommunautaire ou importation. La base d'imposition est le prix de vente ou la valeur en douane	Valeur Cylindrée Propulsion électrique/à hydrogène	Des exonérations du droit d'accise sont prévues pour : certaines catégories d'ambulances, les véhicules électriques, hybrides et à hydrogène (les véhicules hybrides font l'objet d'une exonération temporaire qui prendra fin le 1er janvier 2021) ; les voitures particulières entrées en Pologne à titre

	(dans le cas d'une importation). Les taux appliqués aux voitures particulières dépendent de la cylindrée du moteur : 18.6 % si la cylindrée est supérieure à 2 000 cm³, et 3.1 % dans tous les autres cas.		permanent ou au terme d'un séjour temporaire dans un pays de l'UE ou de l'AELE (sous certaines conditions).
Portugal	**TVA :** 23 % **Taxe d'immatriculation** (ISV) : son montant tient compte de la cylindrée et du niveau d'émissions de CO_2 (voitures particulières), ou uniquement de la cylindrée (autres véhicules légers et motocycles à deux, trois ou quatre roues). Les fourchettes diffèrent pour les véhicules utilitaires légers et certains types de véhicules de transport combiné (passagers et marchandises).	Valeur Cylindrée du moteur Émissions de CO_2 Émissions de particules Propulsion électrique	Des exonérations s'appliquent aux véhicules détenus par : l'État (administrations centrales, régionales ou locales), les brigades de pompiers, des États étrangers, des missions diplomatiques et consulaires, des organisations internationales, et des institutions européennes ; D'autres exonérations couvrent : les véhicules utilisés par les personnes handicapées, les voitures particulières affectées à la location ou à des services de taxi. Les véhicules non motorisés à assistance électrique ou fonctionnant à l'aide des énergies renouvelables, les ambulances et les poids lourds (au-delà de 3.5 tonnes) sont exclus du champ d'application de la taxe.
République slovaque	**TVA :** 20 % **Redevances administratives :** l'inscription au registre des véhicules est soumise à un droit d'immatriculation payable par le détenteur d'un véhicule à moteur (qu'il s'agisse d'un véhicule neuf, importé ou d'occasion). Le montant dû est calculé selon la formule suivante : M = pkW x VR1-n ; où : *M* est le montant dû, *pkW* est la puissance du moteur, et *VR1-n* est le coefficient de valeur résiduelle ; étant précisé que le montant dû ne peut être inférieur à 33 EUR. Les véhicules sont répartis en 16 classes suivant la puissance de leur moteur (pkW) ; allant de 33 EUR (puissance inférieure ou égale à 80 kW) à 3 900 EUR (puissance supérieure à 254 kW). Le coefficient de valeur résiduelle VR1-n, qui peut prendre 17 valeurs, est compris entre la valeur 1 (première immatriculation) et 0.06 (véhicules âgés de plus de 16 ans). Lors de la première inscription d'une voiture électrique au registre des véhicules, son détenteur doit acquitter une redevance de 33 EUR. Droit à régler pour l'attribution et la délivrance d'un numéro de plaques d'immatriculation : 16.50 EUR par plaque (soit 33 EUR par véhicule).	Valeur Puissance du moteur Valeur résiduelle Type de carburant Propulsion électrique	Personnes handicapées : la redevance administrative est minorée de 50 % (dans la limite de 100 EUR). Véhicules hybrides et véhicules fonctionnant au GNV/GNL : la redevance administrative est minorée de 50 % pour le détenteur. Voitures particulières monospace : la redevance administrative est minorée de 50 % pour les détenteurs qui sont parents d'au moins quatre enfants à charge, à condition que la puissance du moteur ne dépasse pas 110 kW. Autres cas particulier : exonération totale pour les services de l'État, collectivités, organismes publics, agents diplomatiques, tribunaux, ministère public, police, Croix-Rouge slovaque et entreprises publiques (détenues à 100 % par l'État).
République tchèque	**TVA :** 21 % **Droit d'immatriculation :** 300 ou 500 CZK pour les motocycles (selon la cylindrée) ; 800 CZK pour les autres véhicules. Inclut la plaque d'immatriculation. **Droit de permis** pour les véhicules à moteur hors normes.	Valeur Cylindrée	
Royaume-Uni	**TVA** : 20 % **Droit de première immatriculation** : un montant forfaitaire de 55 GBP est dû lors de la première immatriculation d'un véhicule à moteur au Royaume-	Valeur	Sont exonérés de la taxe de première immatriculation : • Les véhicules classés dans la catégorie « exemption pour les personnes handicapées

	Uni.		• Les véhicules de collection précédemment immatriculés auprès des anciennes Autorités Locales (conversions tardives) • véhicules importés précédemment immatriculés dans le cadre des dispositifs *Personal Export Scheme* (exportation de biens destinés à l'usage personnel) et *New Means of Transport Scheme* (moyens de transport neufs) • véhicules des forces en visite • véhicules de la Couronne • Les véhicules immatriculés sous le régime de l'exportation directe • Lesvéhicules immatriculés pour un usage hors route
Slovénie	**TVA** : 22 % **Un impôt sur les véhicules à moteur** vise les voitures particulières, les motocycles et les autocaravanes mises en circulation en Slovénie pour la première fois ; l'importation et l'acquisition auprès d'autres États membres de l'UE donnent également lieu au règlement d'un impôt. La base d'imposition est le prix de vente du véhicule à moteur, hors taxes. Le taux appliqué est déterminé au regard de critères environnementaux (normes EURO d'émission de CO_2) et est compris entre 0.5 % et 28 % dans le cas des voitures essence et entre 1 % et 31 % dans celui des voitures diesel. Les voitures particulières dont la cylindrée est supérieure à 2500 cm³ sont soumise à une taxe additionnelle dont le taux est compris entre 8 % (cylindrée égale ou supérieure à 2 500 cm³) et 16 % (cylindrée égale ou supérieure à 4 000 cm³). Dans le cas des voitures diesel, il est également tenu compte des émissions de particules. S'agissant des motocycles et des autocaravanes, le taux d'imposition dépend de la puissance du moteur : il est compris entre 1.5 % et 5 % pour les motocycles et entre 6 % et 18 % pour les autocaravanes. Les motocycles dont la cylindrée est supérieure à 1 000 cm³ sont soumis à une taxe additionnelle de 5 %. L'impôt sur les véhicules à moteur est levé lors de la première immatriculation du véhicule et non sur une base annuelle. Une taxe environnementale destinée à financer la lutte contre la pollution imputable aux véhicules à moteur d'occasion est due lors de la première mise en circulation, sur le territoire slovène, des voitures particulières, motocycles, autocaravanes et véhicules de transport de marchandises ; l'importation et l'acquisition auprès d'autres États membres de l'UE et de pays tiers sont également taxées. Calculé en fonction de la masse du moteur du véhicule, le montant de la taxe environnementale est revu chaque année par les pouvoirs publics compte tenu des coûts de prise en charge des véhicules à moteur d'occasion désimmatriculés en Slovénie au	Valeur Prix de vente Émissions de CO_2 Émissions de particules Normes d'émission Euro Puissance du moteur Cylindrée Poids	Exonérations prévues pour les véhicules à moteur : véhicules destinés au transport de familles comptant trois enfants ou plus ; véhicules destinés au transport de personnes handicapées ; véhicules destinés : (1) à l'usage officiel des représentants diplomatiques et consulaires accrédités auprès de la Slovénie ; (2) à l'usage officiel des organisations internationales, tel que disposé dans les traités internationaux par lesquels la Slovénie est liée ; (3) à l'usage personnel des fonctionnaires étrangers des missions diplomatiques et consulaires accrédités auprès de la Slovénie, y compris les membres de leur famille ; (4) à l'usage personnel des fonctionnaires étrangers des organisations internationales, y compris les membres de leur famille, tel que disposé dans les traités internationaux par lesquels la Slovénie est liée. Autres exonérations applicables : véhicules d'occasion (voitures de collection) ; véhicules importés temporairement (en cas de changement temporaire de résidence du propriétaire du véhicule, qui ne conserve pas une résidence permanente en Slovénie) ; véhicules de sport non adaptés à la conduite sur route et exclusivement destinés à la conduite sur circuit ; véhicules transférés en raison d'un changement de résidence ; véhicules à moteur de secours d'urgence utilisés pour le transport de victimes et de patients ; location de longue durée en crédit-bail de ces véhicules (toutes les exonérations citées dans cette colonne s'appliquent en cas de crédit-bail). Taxe environnementale : pas d'exonérations.

	cours de l'année précédente. Le règlement de la taxe environnementale était une condition préalable à l'immatriculation. Pour l'année 2015, son montant n'ayant pas été établi, il s'élevait à 0 EUR/kg. Cet impôt était levé lors de la première immatriculation du véhicule et non sur une base annuelle. La taxe environnementale ne s'applique plus depuis le 12 mai 2018.		
Suède	**TVA** : 25 %	Valeur	
Suisse	**TVA** : 7.7 % Impôt sur les véhicules automobiles : son taux s'élève à 4% de la valeur du véhicule, il s'applique aux véhicules utilitaires légers d'un poids unitaire n'excédant pas 1600 kg, et aux voitures de tourisme. Sont soumises à cet impôt : l'importation sur le territoire suisse de véhicules automobiles, ainsi que la livraison et l'utilisation en propre de véhicules automobiles fabriqués sur le territoire suisse. Il n'y a pas de taxe d'immatriculation (mais le paiement de droits d'un montant faible est exigé pour la délivrance les plaques et documents d'immatriculation).	Valeur Propulsion électrique	Les véhicules électriques sont exonérés de l'impôt sur l'achat des véhicules.
Turquie	**TVA** : 18 % La taxe spéciale sur la consommation s'applique une seule fois, à la première acquisition d'un véhicule. Critères : cylindrée du moteur, base d'imposition, puissance (kW) du moteur pour les véhicules électriques ou hybrides.	Valeur Cylindrée Propulsion électrique	Exonérations : véhicules d'agents diplomatiques ; véhicules aménagés pour les personnes handicapées ; avions et hélicoptères acquis par l'Académie d'aviation de Turquie ; véhicules neufs acquis par les services du Premier Ministre ; véhicules utilisés exclusivement pour l'exploration pétrolière ; véhicules acquis par les parents de victimes de conflits armés ; remplacement de véhicules utilitaires. Allégements : un taux minoré s'applique aux véhicules 100 % électriques relevant des rubriques 87.03 et 87.11 de la nomenclature douanière ainsi qu'aux véhicules équipés de moteurs électriques et de moteurs thermiques (véhicules hybrides) relevant de la rubrique 87.03.

Note :

1. Ne sont pas pris en compte dans ce tableau : les droits de douane ; les impositions spécifiques aux véhicules d'occasion (par exemple, régimes de la marge bénéficiaire ou des véhicules de collection) ; les ventes diplomatiques ; les dispositifs d'exportation/importation ou de transfert de véhicules ; et la taxe sur les primes d'assurance.

2. Israël : Les données statistiques concernant Israël sont fournies par et sous la responsabilité des autorités israéliennes compétentes. L'utilisation de ces données par l'OCDE est sans préjudice du statut des hauteurs du Golan, de Jérusalem-Est et des colonies de peuplement israéliennes en Cisjordanie aux termes du droit international.

Tableau 4.A.2. Impôts liés à la possession ou à l'utilisation de véhicules à moteur[1]

Pays	Impôts	Critères	Allégements/exonérations
Allemagne	Impôt sur les véhicules à moteur. Pour les voitures particulières immatriculées pour la première fois après le 1er juillet 2009, l'impôt sur les véhicules à moteur est principalement basé sur les émissions de CO_2. Il comprend une composante de base (liée à la cylindrée) et une composante liée aux émissions de CO_2. Le tarif de la composante de base s'élève à 2 EUR (essence) ou 9.50 EUR (diesel) pour 100 cm³. La composante liée aux émissions de CO_2 est fixée à 2 EUR par gramme de CO_2 émis sur un kilomètre Les voitures immatriculées avant le 1er juillet 2009 sont imposées en fonction de leurs émissions polluantes (Normes EURO) et de la cylindrée.	Émissions polluantes Cylindrée Émissions de CO_2 Propulsion électrique	Les voitures émettant moins de 95 grammes de CO_2 par kilomètre sont exonérées de la composante « CO_2 » et sont uniquement soumises à la composante de base. Les voitures tout-électrique sont exonérées pendant dix ans suivant la date de la première immatriculation si celle-ci a eu lieu entre le 18 mai 2011 et le 31 décembre 2020.
Australie	Redevance d'immatriculation annuelle Les États et les territoires prélèvent des redevances au titre de l'immatriculation annuelle, de l'assurance responsabilité civile obligatoire et de la délivrance du permis de conduire. Leur coût est généralement plus élevé dans le cas des véhicules utilitaires que dans celui des voitures particulières. Dans la plupart des États, le montant des redevances sur les camions varie selon le type de véhicule et sa masse brute. Celui de la redevance due au titre du renouvellement du permis dépend de la durée de validité, comprise entre un et cinq ans.	Usage professionnel/privé Poids total en charge	
Autriche	Impôt sur les véhicules à moteur : Pour les véhicules à moteur dont le poids admissible en charge est supérieur à 3.5 tonnes, l'impôt est calculé en fonction du poids du véhicule (entre 1.55 EUR et 1.90 EUR par mois et par tonne). Pour ceux dont le poids admissible en charge est inférieur ou égal à 3.5 tonnes, l'impôt sur l'assurance automobile est calculé en fonction de la puissance du moteur exprimée en kilowatts (voitures) ou en cylindrée (motos). Le tarif applicable aux voitures suit un barème progressif allant de 0.62 EUR à 0.75 EUR par mois et par kW. Dans le cas des motos, le montant de l'impôt est de 0.025 EUR par mois et par centimètre cube.	Poids Puissance du moteur Cylindrée	Véhicules utilisés par les missions diplomatiques et les bureaux consulaires ; les forces armées ; la police ; les brigades de pompiers ; les services d'ambulance ; les services de secours en montagne ; les véhicules à propulsion électrique ; les engins de chantier automoteurs ; les véhicules à l'essai ; les véhicules affectés exclusivement à des services de taxi ; les cyclomoteurs et les motocycles d'une cylindrée maximale de 100 cm³ ; les véhicules exclusivement à usage agricole et forestier ; et les véhicules destinés au transport de personnes handicapées.
Belgique	Au niveau fédéral : les voitures de société font l'objet d'une taxe basée sur les émissions de CO_2. La possibilité de déduire certains coûts liés à l'utilisation du véhicule (50 % à 120 %), hors frais de carburant, dépend également de ces émissions. Taxe de circulation (annuelle) : Wallonie et Région de Bruxelles-Capitale : variant selon la puissance fiscale (C.V.) et la cylindrée, le taux d'imposition suit un barème progressif compris	Puissance du moteur Cylindrée Carburant employé Caractéristiques environnementales	Dans toutes les régions, des exonérations sont prévues pour les voitures utilisées par les services publics, les véhicules destinés aux personnes handicapées et invalides de guerre, les véhicules agricoles, les véhicules de secours, les véhicules à l'essai, les bateaux et canots, les véhicules affectés à des services de taxi, les cyclomoteurs et motocycles d'une cylindrée maximale de 250 cm³. Flandre : à compter de l'année budgétaire 2016, un allégement de 100 EUR

	entre 80.52 EUR (4 C.V.) et 2060.92 EUR (20 C.V.). Au-delà de 20 C.V. (cylindrée supérieure à 41 cm³), un montant additionnel de 112.33 EUR par C.V. est appliqué. Les véhicules de plus de 30 ans (25 ans dans la Région de Bruxelles-Capitale) sont soumis à un impôt annuel de 36.53 EUR. Flandre : variant selon la puissance fiscale (C.V.) et la cylindrée, le taux d'imposition suit un barème progressif compris entre 80.52 EUR (4 C.V.) et 2060.92 EUR (20 C.V.). Au-delà de 20 C.V. (cylindrée supérieure à 41 cm³), un montant additionnel de 112.33 EUR par C.V. est appliqué. Les véhicules de plus de 25 ans sont soumis à un impôt annuel de 36.53 EUR. À compter de l'année budgétaire 2016, l'impôt sera modulé en fonction du niveau d'émissions de CO_2, des normes EURO et du type de carburant (sauf pour les voitures en crédit-bail). Toutes régions : une « taxe de circulation supplémentaire annuelle » concerne les voitures partiellement ou entièrement alimentées au gaz de pétrole liquéfié. Son montant, calculé suivant un barème progressif basé sur la puissance du moteur, est compris entre 89.16 EUR et 208.20 EUR. Redevance kilométrique : appliquée sur l'ensemble du territoire belge, cette redevance au kilomètre parcouru concerne les véhicules à moteur ou ensembles de véhicules articulés prévus ou utilisés pour le transport par route de marchandises, et dont le poids maximal autorisé dépasse 3.5 tonnes.		s'applique aux voitures roulant au gaz de pétrole liquéfié. Les voitures tout-électrique, à hydrogène, hybrides rechargeables (jusqu'en 2021), GNV/GNL (jusqu'en 2021) bénéficient d'une exonération totale.
Canada	Redevances annuelles : toutes les provinces imposent des redevances annuelles sur la détention de véhicules à moteur. Leur montant dépend généralement du type du véhicule concerné et, le plus souvent, de son poids.	Type Poids	
Chili	Impôt annuel sur les véhicules à moteur : levé (par les municipalités) au titre de l'utilisation d'un véhicule à moteur sur la voie publique, il dépend de la valeur commerciale du véhicule. Véhicules légers : montant basé sur la valeur commerciale du véhicule. Véhicules de transport de personnes : montant forfaitaire. Véhicules de transport de marchandises : montant basé sur la charge utile.	Valeur commerciale Montant forfaitaire Charge utile (camions)	
Corée	Taxe automobile, assise sur la cylindrée : de 80 KRW à 200 KRW par cm³ pour les véhicules non utilitaires ; et de 18 KRW à 24 KRW par cm³ pour les véhicules utilitaires.	Cylindrée	Exonération totale pour les personnes handicapées.
Danemark	Taxe semestrielle sur les véhicules de tourisme : basé sur la consommation de carburant, son montant est compris entre 310 DKK (>20 km/l) et 10 830 DKK (<4.5 km/l) pour les voitures à essence, et entre 130 DKK (>32.1 km/l) et 16 100 DKK (<5.1 km/l) pour les voitures diesel.	Consommation de carburant Poids (camions)	

	Taxe annuelle sur les camions : Véhicules immatriculés pour la première fois avant le 25 avril 2007 : le montant de la taxe sur l'usage à titre personnel est de 1 060 DKK par an si le poids total admissible est inférieur ou égal à 2 tonnes et de 5 920 DKK par an si le poids total admissible est compris entre 2 et 4 tonnes. Taxe sur l'usage à titre personnel : S'agissant des véhicules immatriculés le 25 avril 2007 ou après, le montant de la taxe sur l'usage à titre personnel est de 5 920 DKK par an si le poids total admissible est inférieur ou égal à 3 tonnes et de 17 590 DKK par an si le poids total admissible est compris entre 3 et 4 tonnes. Le montant de la taxe est réduit de moitié pour les véhicules utilisés à la fois à des fins personnelles et professionnelles tandis que ceux exclusivement utilisés à des fins commerciales sont exonérés en totalité.		
Espagne	L'impôt sur les véhicules à moteur (levé par les municipalités) est basé sur : la puissance du moteur (voitures particulières), la capacité voyageurs (autobus), la charge utile (camions) ou la cylindrée (motocycles).	Type de véhicule Puissance du moteur Cylindrée	Sont exonérés : les véhicules officiels appartenant aux services diplomatiques, les ambulances, les véhicules aménagés pour les personnes handicapées, les véhicules de transport public équipés de plus de neuf sièges, les tracteurs et autres véhicules à usage agricole ; les véhicules de collection.
Estonie	Taxe sur les poids lourds : de 0 à 232.60 EUR (par trimestre) selon la fourchette de poids (12 tonnes - 40 tonnes ou plus), le nombre d'essieux (2, 3, 4, 2+1, 2+2, 2+3, 3+2, 3+3), le type de suspension (pneumatique ou autre).	Poids Nombre d'essieux Type de suspension	Sont exonérés les poids lourds de l'armée, des forces de l'ordre, des services de secours, des autorités locales, des ONG, ainsi que les véhicules affectés à des opérations de sauvetage.
États-Unis	La taxe sur les poids lourds concerne les camions d'un poids égal ou supérieur à 55 000 livres (environ 25 tonnes). Jusqu'à 75 000 livres (environ 34 tonnes, sauf pour les camions grumiers) le montant de cette taxe est de 100 USD par an, auxquels s'ajoutent 22 USD par tranche supplémentaire de 1 000 livres à partir de 55 000 livres. Au-delà de 75 000 livres, la taxe est fixée à 550 USD. Pour les camions grumiers, le montant dû est de 75 USD par an, plus 16.50 USD par tranche de 1 000 livres au-delà de 55 000 livres. Au-delà de 75 000 livres, la taxe est fixée à 412.50 USD. Un crédit d'impôt peut être demandé au cours de l'exercice suivant si le véhicule a parcouru 5 000 miles ou moins (7 500 miles ou moins dans le cas des véhicules agricoles). Les États et autorités locales peuvent imposer des redevances périodiques d'immatriculation, d'exploitation, de stationnement et d'inspection, ainsi que des taxes sur la propriété.	Poids (camions)	
Finlande	L'impôt annuel sur la détention d'une voiture particulière ou d'une camionnette de livraison est basé sur les émissions de CO_2. En l'absence	Émissions de CO_2 Poids	

	de données d'émission dans le registre des véhicules et conducteurs, son montant est calculé sur la base de la masse totale du véhicule. Il varie de 106.21 EUR (véhicules rejetant moins de 400 grammes de CO_2 par kilomètre) à 654.44 EUR (400 g/km ou plus). Les voitures particulières et camionnettes qui roulent au diesel sont imposés au titre de la puissance motrice sur la base de la masse totale du véhicule. L'impôt sur la puissance motrice couvre également d'autres voitures et camionnettes qui fonctionnent avec des carburants moins taxés. Les camions sont soumis à une taxe annuelle basée sur le poids brut maximal, le nombre d'essieux et l'usage des remorques.	Nombre d'essieux (camions)	
France	Taxe sur les véhicules de sociétés (voitures particulières) : jusqu'à 7 C.V. : 1 130 EUR ; plus de 7 C.V. : 2 440 EUR. Taxe annuelle sur les émissions de CO_2 : Une taxe annuelle est levée sur les propriétaires de véhicules émettant plus de 190g de CO_2 pour 100 kilomètres. Son montant est de 190 EUR.	Puissance du moteur Propulsion électrique Type de carburant	Exonérations : voitures de plus de 10 ans ; voitures destinées au transport public, à la location longue durée ou à la vente ; voitures fonctionnant à l'électricité ou au gaz (celles combinant énergie électrique et motorisation à essence ou au gazole bénéficient d'une exonération réduite de moitié). Une exonération de 50 % est prévue pour les véhicules pouvant fonctionner à la fois à l'essence et au GPL.
Grèce	Taxe annuelle de circulation : le montant dû pour les voitures particulières immatriculées pour la première fois en Grèce avant le 31 octobre 2010 (ou à l'étranger avant 2002) et les motocycles, quelle que soit leur date d'immatriculation, dépend de la cylindrée et est compris entre 22 EUR et 1 380 EUR. Il est également tenu compte du nombre d'années de circulation du véhicule. Pour les voitures particulières et les taxis immatriculés pour la première fois en Grèce après le 1er novembre 2010, la taxe est basée sur les émissions de CO_2 et son montant est compris entre 0 EUR et 3.72 EUR par gramme de CO_2. Pour les camions, le montant de la taxe dépend du poids brut et, pour les autobus, du nombre de sièges.	Cylindrée Émissions de CO_2 Propulsion électrique Poids brut (camions) Nombre de sièges (autobus)	Principaux véhicules exonérés : voitures utilisées par les pouvoirs publics, municipalités incluses, les ambulances etc. ; voitures utilisées par des personnes handicapées et des membres des services diplomatiques étrangers ; voitures électriques ou hybrides immatriculées le 31 octobre 2010 ou avant cette date et dont la cylindrée est inférieure à 1 549 cm^3 ; voitures particulières immatriculées après le 1er novembre 2011 et dont le niveau d'émission de CO_2 est inférieur à 90 g/km ; motocycles d'une cylindrée inférieure ou égale à 300 cm^3 et utilisées en remplacement de vieux modèles (le remplacement doit être intervenu au plus tard le 31 décembre 2009). Les motocycles d'une cylindrée supérieure à 300 cm^3 et utilisés en remplacement de vieux modèles sont exonérés pendant seulement cinq ans suivant la date de la première immatriculation du nouveau motocycle. Les voitures et motocycles titulaires d'un permis de circulation en cours de validité peuvent être importés, pendant une période limitée n'excédant pas six mois par an, suivant la procédure douanière d'importation temporaire.
Hongrie	L'impôt sur les véhicules à moteur est basé sur la puissance du moteur (en kW) dans le cas des voitures particulières et des motocycles. Il est calculé en fonction du poids à vide pour ce qui est des autobus, des semi-remorques et des autocaravanes. S'agissant des camions, son assiette est le poids net augmenté de 50 % du poids de la cargaison. Le taux imposé est compris entre 140 HUF et 345 HUF par kW pour les voitures particulières et	Cylindrée du moteur Poids (camions) Type d'essieux (véhicules lourds) Propulsion électrique	Sont exonérés : - les véhicules détenus par des organismes publics ou des organisations religieuses ; - les véhicules détenus par des organismes sociaux et fondations non redevables de l'impôt sur les bénéfices ; - les véhicules de transport public ou de lutte contre les incendies ;

	les motocycles selon l'âge du véhicule (plus il est vieux, plus le montant dû est faible[1] ; il s'élève à 850 HUF par tranche de 100 kg de la base imposable dans le cas des camions, des autobus et des semi-remorques équipés d'essieux qui préservent la chaussée. Pour les autres camions et remorques, le tarif imposé est de 1 380 HUF par tranche de 100 kg.		- les véhicules détenus par des personnes atteintes d'un handicap grave ou par des personnes qui assurent le transport régulier de personnes atteintes d'un tel handicap, âgées de moins de 13 ans. L'exonération concerne un seul véhicule, dont la puissance du moteur ne doit pas dépasser 100 kW. - les voitures particulières non polluantes.
Irlande	La taxe de circulation appliquée aux voitures particulières est basée sur les émissions de CO_2. Son montant est compris entre 120 EUR (pour 0 gramme de CO_2 émis par kilomètre) et 2 350 EUR (au-dessus de 225 g/km). La taxe sur les véhicules utilitaires est basée sur le poids net : son montant est compris entre 333 EUR (< 3000 kg) et 5 195 EUR (> 20 000 kg).	Émissions de CO_2 Poids (véhicules utilitaires) Propulsion électrique	Les véhicules à propulsion électrique : montant forfaitaire de 120 EUR (véhicules particuliers) ou 92 EUR (véhicules utilitaires d'un poids inférieur ou égal à 1 500 kg.
Islande	Une redevance d'élimination de 350 ISK est levée tous les six mois sur la totalité des véhicules pendant quinze ans à compter de la date de la première immatriculation en Islande, sauf si le véhicule a 25 ans révolus au début de l'année du paiement. Il s'agit d'une taxe environnementale censée financer l'élimination du véhicule à la fin de sa vie utile. À la mise au rebut du véhicule, le propriétaire reçoit une prime de 20 000 ISK. Les véhicules diesel de plus de 10 tonnes sont soumis à une taxe spéciale dont le montant est calculé sur la base du poids du véhicule et du nombre de kilomètres parcourus. Les propriétaires de véhicules diesel de moins de 10 tonnes ne sont pas redevables d'une telle taxe. Les voitures particulieres sont soumises à une taxe semestrielle de circulation basee sur le niveau d'émission de dioxyde de carbone déclaré par le constructeur pour une combinaison de cycles de circulation urbaine et routière. En l'absence de données sur les émissions, le montant dû dépend du poids du véhicule. Le montant de la taxe routière semestrielle est de 130 ISK par gramme de CO2 émis au-delà de 121 grammes, en supplément du montant forfaitaire minimal égal à 5 925 ISK.	Poids Distance Émissions de CO_2	
Israël[2]	Une redevance annuelle est due au titre de la détention des voitures particulières et utilitaires d'un poids inférieur ou égal à 3.5 tonnes. Les véhicules sont classés en sept groupes (généralement sur la base du prix). Le montant de la redevance annuelle, qui dépend de l'année de construction et du groupe auquel appartient le véhicule, est compris entre 718 NIS et 4 535 NIS. Le barème est différent pour les véhicules utilitaires de plus de 3.5 tonnes fonctionnant au diesel.	Prix Âge Catégorie	Véhicules détenus par des personnes handicapées, des agents diplomatiques, des organes du Système des Nations Unies ou certaines œuvres caritatives.
Italie	Taxe annuelle sur la détention : entre 2.58 EUR par kW et 4.95 EUR par kW selon la cylindrée et le niveau d'émissions polluantes. Le tarif national peut être modifié par les autorités régionales. Une surtaxe sur l'usage des voitures et véhicules destinés au transport de	Puissance du moteur Émissions polluantes Propulsion électrique	Sont exonérés les véhicules de collection de plus de 30 ans reconnus comme présentant une valeur historique ou de collection ; les autres véhicules de plus de 30 ans sont soumis à une taxe forfaitaire. Dans nombre de régions, les véhicules à propulsion électrique, GPL et GNV

	personnes ou de marchandises s'applique lorsque la puissance du moteur dépasse 185 kW, à hauteur de 20.00 EUR par kW supplémentaire. Elle est réduite de 40 %, 70 % et 85 % pour les véhicules construits depuis plus de cinq, dix et quinze ans respectivement.		bénéficient d'une exonération de la taxe sur la détention véhicules comme suit : à 100 % au cours des cinq premières années (à compter de la date de la première immatriculation) ; et à 75 % les années suivantes. Les véhicules destinés aux personnes handicapées sont exonérés en totalité.
Japon	Une taxe sur le tonnage des véhicules à moteur basée sur le poids est levée à l'échelle nationale : pour les véhicules de transport de personnes, son montant s'échelonne entre 4 100 JPY et 6 300 JPY par demi-tonne (*barème spécial pour les véhicules commerciaux : entre 2 600 JPY et 2 800 JPY) ; pour les camions, entre 3 300 JPY et 6 300 JPY par demi-tonne (*entre 2 600 JPY et 2 800 JPY). Une taxe automobile basée sur la cylindrée est levée par les préfectures sur les véhicules de transport de personnes son montant s'échelonne entre 29 500 JPY et 111 000 JPY (*barème spécial pour les véhicules commerciaux : entre 7 500 JPY et 40 700 JPY) ; sur les camions (charge maximale de 4-5 tonnes) : 25 500 JPY (*18 500 JPY), sur les autobus (capacité de 41 à 50 voyageurs) : 49 000 JPY (*17 500 JPY). Une taxe sur les véhicules légers et les motocycles, calculée suivant la cylindrée et certaines normes, est levée à l'échelle locale.	Poids Cylindrée Incidences sur l'environnement	Des allégements de la taxe sur le tonnage des véhicules à moteur sont prévues, notamment pour les véhicules ayant un faible impact sur l'environnement, les autobus et taxis accessibles à tous et les camions équipés d'un dispositif de freinage anticollision. Un remboursement de la taxe sur le tonnage des véhicules à moteur est prévu pour les véhicules d'occasion dûment mis au rebut ou détruits par certaines catastrophes naturelles avant la date d'expiration de la période de validité du certificat d'inspection. Des allégements de la taxe automobile et de la taxe sur les véhicules légers sont prévus pour les véhicules ayant un faible impact sur l'environnement.
Lettonie	La taxe annuelle sur les voitures particulières est calculée en fonction des émissions de CO_2 pour les véhicules immatriculés pour la première fois après le 31 décembre 2008 et enregistrés en Lettonie après le 31 décembre 2016. Pour les voitures immatriculées après 2005, son montant est basé sur le poids brut, la cylindrée et la puissance maximale. Pour les voitures particulières immatriculées avant 2005, la taxe est calculée uniquement suivant le poids brut. La taxe annuelle sur les motocycles est basée sur la puissance du moteur. Dans le cas des poids lourds, la calcul tient compte du poids brut, du nombre d'essieux et, si le poids brut est supérieur à 12 tonnes, du type de suspension.	Émissions de CO_2 Poids (voitures particulières et poids lourds) Puissance du moteur (voitures particulières et motocycles) Puissance maximale du moteur Nombre d'essieux et type de suspension (poids lourds) Propulsion électrique	Les principales exonérations concernent : - les voitures, motocycles, tricycles ou quadricycles, dont le propriétaire, détenteur ou conducteur est une personne handicapée ; - les véhicules dont le propriétaire, détenteur ou conducteur est représentant diplomatique/consulaire ou représentant d'une organisation internationale ou jouit de privilèges ou immunités diplomatiques ou consulaires ; - les véhicules de secours d'urgence ; - les véhicules immatriculés ou en cours d'immatriculation en tant que véhicule de collection ; - les véhicules à propulsion électrique.
Lituanie	Vignette sur les autobus et les poids lourds. Le montant dû annuellement s'échelonne entre 289 EUR (autobus) et 1158 EUR (poids lourds d'un PTAC supérieur à 12 tonnes).	Type de véhicule, catégorie, classe et groupe, classe par émissions, poids en charge.	Exonérations : véhicules utilisés par les pouvoirs publics ; véhicules spécialement aménagés pour les personnes handicapées (transport et conduite) ; véhicules des établissements de santé (ambulances, unités mobiles de soins intensifs) ; autobus des réseaux de lignes régulières (transports urbains et périurbains).
Luxembourg	Taxe automobile : il s'agit d'une taxe annuelle de circulation calculée selon les émissions de CO_2. Son montant est égal au niveau d'émissions de CO_2	Émissions de CO_2. Propulsion électrique	Exonérations : véhicules destinés aux personnes handicapées ; véhicules de collection ; voitures utilisées par les pouvoirs publics ; voitures à

	(en g/km) multiplié par un coefficient de 0.9 dans le cas des voitures diesel, et de 0.6 dans les autres cas, le tout multiplié par un facteur exponentiel (au minimum 0.5 pour un niveau d'émissions inférieur à 90 g/km, il augmente de 0.1 par tranche de 10 g/km supplémentaire). Une taxe sur les poids lourds (également appelée « Eurovignette ») est levée au titre de l'utilisation des routes sur les véhicules (camions) dont le poids brut est égal ou supérieur à 12 tonnes. Son montant dépend également des normes EURO applicables.		propulsion électrique.
Mexique	À l'échelon fédéral, l'impôt sur la detention de véhicules a été supprimé à compter de 2012. Les États peuvent appliquer une taxe sur la détention et/ou l'immatriculation périodique. La redevance d'immatriculation avoisine 1 365 MXN dans la plupart des États et la taxe sur la détention est généralement comprise entre 2.6 % et 25 % de la valeur du véhicule, selon la catégorie à laquelle celui-ci appartient et le nombre de passagers qu'il peut transporter.	Valeur Type de véhicule Nombre de passagers Propulsion électrique	Certains États appliquent aux véhicules hybrides et électriques affectés au transport public de voyageurs une exonération qui peut atteindre 100 % quelle que soit la valeur du véhicule concerné.
Norvège	La taxe sur les assurances automobiles a remplacé la taxe annuelle sur les véhicules à moteur à compter de 2018. Montant journalier : 9.15 NOK pour les voitures diesel non équipées d'un filtre à particules par le constructeur et 7.85 NOK dans les autres cas ; 5.46 NOK pour les motos ; 1.27 NOK pour les cyclomoteurs, tracteurs, etc. électriques, etc.	Type de véhicule Propulsion électrique Filtre à particules	Les véhicules électriques sont exonérés de la taxe sur les assurances automobiles.
Nouvelle-Zélande	Droits périodiques d'immatriculation des véhicules. La plupart des véhicules sont soumis au paiement de droits périodiques d'immatriculation qui autorisent leur circulation sur la voie publique pour une durée allant jusqu'à 12 mois. Le montant est calculé suivant le type de véhicule. Pour une voiture particulière, le montant du droit de référence est de 52.11 NZD pour douze mois.	Type de véhicule	
Pays-Bas	L'impôt sur les véhicules à moteur est basé sur le poids et le type de carburant employé. À cela s'ajoute une surtaxe provinciale. La taxe sur les poids lourds (également appelée « Eurovignette ») est levée sur les véhicules (camions) d'un poids brut égal ou supérieur à 12 tonnes au titre de l'utilisation des routes nationales. Son montant est basé sur les normes EURO (catégorie diesel).	Sont exonérés de l'impôt sur les véhicules à moteur : Carburant employé Poids Barème régional (province) Émissions de CO_2 Taxe sur les poids lourds : Nombre d'essieux	Les véhicules qui n'émettent pas de CO_2 bénéficient d'une exonération totale ; pour les véhicules à faible niveau d'émission (moins de 50 g/km), exonération est de 50 %. Autres véhicules bénéficiant d'exonérations : Ambulances (vétérinaires) ; véhicules utilisés par les brigades de pompiers ; véhicules utilisés par la police/l'armée ; véhicules funéraires ; véhicules affectés au nettoyage, à l'entretien ou à la construction des routes ; taxis et véhicules de plus de 40 ans. Autres régimes spéciaux : les camionnettes de livraison utilisées à des fins professionnelles au moins 10 % du temps pour les minibus aménagés pour les personnes handicapées (transport et conduite) bénéficient

		Émissions polluantes	d'allégements.
Pologne	Une taxe annuelle sur les véhicules à moteur est levée par les municipalités. Sont concernés : les poids lourds d'un PTAC supérieur à 3.5 tonnes, les tracteurs routiers et lourds, les remorques et semi-remorques et les autobus.	Poids Type de véhicule Nombre de passagers (autobus)	Véhicules détenus par les représentations diplomatiques, les bureaux consulaires et autres missions étrangères ; véhicules de transport de la force de réserve ; véhicules spéciaux ou à usage spécial ; véhicules de collection.
Portugal	La taxe annuelle levée par l'État et les municipalités sur la détention d'un véhicule a été réformée au 1er juillet 2007 s'agissant des véhicules de transport de personnes et des voitures à usage mixte d'un poids brut inférieur ou égal à 2.5 tonnes. Son montant est basé sur la puissance du moteur et les émissions de CO_2 si le véhicule a été immatriculé après la réforme, mais si l'immatriculation a été effectuée entre 1981 et l'adoption de la réforme, il dépend de la puissance du moteur (ou tension), de la date d'immatriculation et du type de carburant utilisé. Un droit d'accise est perçu sur les camions de plus de 2.5 tonnes affectés au transport public et privé de marchandises.	Puissance du moteur Émissions de CO_2 Propulsion électrique Poids Nombre d'essieux Type de véhicule et de carburant Type de suspension	Sont exonérés les véhicules détenus par l'État (administrations centrales, régionales ou locales), les brigades de pompiers, des États étrangers, des missions diplomatiques et consulaires, des organisations internationales, des agences spécialisées européennes et des personnes handicapées ; véhicules saisis par l'État dans le cadre d'une procédure pénale. Sont également exonérés les ambulances, les véhicules de transport de voyageurs affectés à la location ou à des services de taxi, les tracteurs, les véhicules funéraires, les véhicules non motorisés à assistance électrique ou fonctionnant à l'aide des énergies renouvelables.
République slovaque	L'impôt sur les véhicules à moteur s'applique uniquement aux véhicules immatriculés en République slovaque et utilisés dans le cadre d'activités commerciales au cours de l'exercice fiscal considéré. Son montant dépend du type du véhicule (voitures particulières) ; de son poids, de sa cylindrée, du nombre d'essieux (utilitaires et autobus) ; et du type de moteur.	Usage Type de véhicule (voitures particulières) Poids Cylindrée (utilitaires et autobus) Nombre d'essieux Type de moteur	Exonérations : véhicules utilisées par des agents diplomatiques et consulaires ; véhicules d'urgence (premiers secours) ; véhicules utilisés pour assurer des services publics (autobus) ; véhicules utilisés uniquement pour des activités agricoles ou forestières. Un allègement (50 %) est appliqué aux différents types de véhicules hybrides ; aux véhicules fonctionnant au GNV/GNL ; aux véhicules à hydrogène ainsi qu'aux véhicules ayant été utilisés au moins 60 fois dans le cadre d'un transport combiné. Cette réduction s'applique pendant une période 108 mois à compter de la date de la première immatriculation du véhicule (à hauteur de 25 % les 36 premiers mois, de 20 % les 36 mois suivants et de 15 % les 36 mois restants).
République tchèque	Une taxe de circulation frappe tous les véhicules routiers automobiles et leurs remorques immatriculés et utilisés en République tchèque dont les détenteurs sont soumis à : - l'impôt sur les bénéfices des sociétés (à l'exception des véhicules servant à des activités d'intérêt général exonérées de cet impôt) ; - l'impôt sur le revenu des personnes physiques au titre d'activités indépendantes rémunérées ou d'un lien direct avec de telles activités. Les véhicules d'un poids total admissible de plus 3.5 tonnes, immatriculés en République tchèque et exclusivement affectés au transport de marchandises sont soumis à la taxe de circulation. Dans le cas des voitures particulières, la base imposable est la cylindrée du	Cylindrée (voitures particulières) Type de propulsion Type de carburant Charge à l'essieu nombre d'essieux (semi-remorques) Poids maximal admissible et nombre d'essieux (autres véhicules)	Sont exonérés : les véhicules de moins de quatre roues (motocycles) ; les véhicules des missions diplomatiques et bureaux consulaires (en cas d'accord réciproque) ; les véhicules affectés au transport de voyageurs sur des lignes intérieures, les véhicules des forces armées et de la protection civile ; les véhicules affectés à la réserve opérationnelle ou d'urgence ; les véhicules de la police nationale ; les véhicules de lutte contre les incendies ; les ambulances ; les véhicules d'exploitation minière et de secours en montagne ; les véhicules d'intervention de sécurité des sociétés gestionnaires d'infrastructures électriques et gazières ; les véhicules de voirie ; les véhicules à usage spécial (par exemple, marquage de la chaussée) et les véhicules détenus par les autorités routières et les

	moteur exprimée en centimètres cubes, sauf pour les voitures électriques. Dans le cas des semi-remorques et autres véhicules à moteur, la base imposable est la charge à l'essieu (en tonnes) et le nombre d'essieux des semi-remorques. Dans les autres cas, la base imposable est le poids maximal admissible en tonnes et le nombre d'essieux. Le montant annuel de la taxe est compris entre 1 200 CZK et 4 200 CZK pour les voitures particulières, et entre 1 800 CZK et 44 100 CZK pour les autres véhicules.		personnes agréées par celles-ci et exclusivement dédiés au maintien des communications terrestres, à l'exception des voitures particulières, des véhicules électriques, des véhicules hybrides, des véhicules roulant au GPL ou au GNV et des véhicules équipés d'un moteur conçu pour être alimenté à l'E85. Les véhicules exclusivement affectés au transport combiné ferroviaire ou fluvial bénéficient d'un allégement (de 25 % à 100 %). Le taux d'imposition est réduit pendant une période 108 mois à compter de la date de la première immatriculation du véhicule (à hauteur de 48 % les 36 premiers mois, de 40 % les 36 mois suivants et de 25 % les 36 mois restants).
Royaume-Uni	Le droit d'accise sur les véhicules (VED) qui s'applique aux camions est calculé en fonction du nombre d'essieux, du poids et du type de véhicule. Pour les voitures immatriculées entre le 01/03/2001 et le 30/03/2017 sur la base d'un certificat d'approbation type indiquant le niveau d'émission de dioxyde de carbone (CO_2), le montant dû est calculé en fonction de la quantité de CO_2 rejetée et du type de carburant consommé suivant un barème composé de 13 tranches, allant de A à M, la tranche A correspondant aux véhicules les moins polluants, et la tranche M à ceux qui émettent le plus de CO_2 (pour plus de précisions, consulter www.direct.gov.uk/Motoring). Pour les voitures immatriculées à compter du 01/04/2017 sur la base d'un certificat d'approbation type indiquant le niveau d'émission de dioxyde de carbone (CO_2), le montant dû au titre de la première licence est calculé en fonction de la quantité de CO_2 rejetée et du type de carburant consommé. Concernant la seconde licence, les voitures dont le prix de vente excède 40 000 GBP sont soumises à une majoration du droit d'accise sur les véhicules tandis que le taux normal s'applique aux voitures dont le prix de vente est inférieur à ce seuil. Les voitures particulières qui ne relèvent pas de ce dispositif sont soumises à un système de seuil : le montant du droit annuel est de 145 GBP si la cylindrée est inférieure ou égale à 1 549 cm³, et de 230 GBP si la cylindrée est supérieure à 1 549 cm³.	Type de véhicule Émissions de CO_2 Type de carburant Propulsion électrique	Sont exonérés les véhicules destinés aux personnes handicapées, les véhicules de collection âgés de 40 ans ou plus, les véhicules à usage limité, les engins agricoles, les tondeuses, les véhicules à vapeur, les véhicules à propulsion électrique et les cycles à assistance électrique, ainsi que les véhicules détenus par des entités publiques (ambulances, camions de pompiers, voitures de police, etc.).
Slovénie	Les propriétaires de véhicules à moteur et de remorques s'acquittent d'un impôt de circulation une fois par an, au moment du renouvellement du certificat d'immatriculation. Contre versement d'un droit annuel, tout véhicule immatriculé est autorisé à circuler sur la voie publique pendant une période de 12 mois. Le montant de cet impôt dépend de la catégorie à laquelle appartient le véhicule et est proportionnel à la durée de la période	Cylindrée Puissance du moteur Poids Émissions polluantes Propulsion électrique Type de suspension	Sont exonérés : les véhicules fonctionnant exclusivement à l'électricité, les tracteurs et remorques, les motocycles, les tricycles d'une cylindrée inférieure ou égale à 50 cm³ et les quadricycles légers, les remorques légères d'un PTAC inférieur ou égal à 750 kg, les véhicules à moteur de l'armée slovène, de la protection civile, des services de secours en montagne, du « laboratoire

	d'immatriculation pour une année donnée.	Nombre de sièges	écologique », les véhicules des unités mobiles, de la police et des sapeurs-pompiers, les ambulances, les véhicules à moteur et les remorques immatriculés au nom de missions diplomatiques et consulaires, les véhicules de certaines organisations internationales et les véhicules affectés au transport de personnes handicapées. Allégement accordé aux camions à faible niveau d'émissions : Camions de la catégorie N1 : allégement au titre de la norme EURO 5 (-25 %), EURO 6 et au-delà (-35 %) ; à l'inverse, majoration au titre de EURO 3 (+10 %), EURO 2 (+20 %), EURO 1 (+30 %) et EURO 0 ou en-deçà (+40 %). Camions des catégories N2, N3 et autobus (M2, M3) : allégement au titre de EURO 5 (-25 %), EURO 6 et au-delà (-35 %) ; à l'inverse, majoration au titre de EURO 3 (+10 %), EURO 2 (+20 %), EURO 1 (+30 %) et EURO 0 ou en-deçà (+40 %) Allégement pour les autobus et camions à suspension pneumatique (-15 %). Allégement pour les véhicules de collection (-80 %) et les véhicules acquis pour le transport de familles d'au moins quatre enfants (-50 %).
Suède	La taxe annuelle de circulation est calculée suivant les émissions de CO_2 pour les voitures mises en circulation à compter de 2006, pour les véhicules plus anciens au moins conformes aux normes d'émission EURO 4, ainsi que pour les autocaravanes, véhicules légers et autobus légers mis en circulation à compter de 2011. Cette taxe est composée d'un tarif de base de 360 SEK auquel s'ajoutent 22 SEK par gramme de CO_2 émis par le véhicule au-delà de 111 g/km. Si le véhicule peut fonctionner au diesel, le montant obtenu est multiplié par 2.37. Dans le cas des véhicules à carburants alternatifs, la taxe est de 360 SEK, plus 11 SEK par gramme de CO_2 émis au-delà de 111 g/km.	Poids Émissions de CO_2 Type de carburant Propulsion électrique	Les voitures non polluantes sont exonérées de la taxe annuelle de circulation pendant les cinq premières années suivant leur mise en circulation. Cette exonération s'applique aux voitures, autocaravanes, véhicules utilitaires légers et autobus légers qui émettent proportionnellement peu de CO_2 par rapport à leur poids. Leurs émissions ne doivent pas dépasser la valeur obtenue à l'aide de la formule (95 + 0.0457 x (poids du véhicule en kg – 1 372)). Pour les véhicules à carburants alternatifs, la formule utilisée est (150 + 0.0457 x (poids du véhicule en kg – 1 372)). Les voitures électriques ne doivent pas consommer plus de 37 kWh pour 100 km.
Suisse	Au niveau des cantons : La taxe annuelle sur les véhicules à moteur est calculée en fonction du poids ou de la cylindrée du véhicule. Au niveau fédéral : En règle générale, une redevance doit être payée pour l'utilisation des routes suisses (de première et deuxième classe). Elle est perçue sous la forme d'une vignette dont le prix est 40 CHF. Les véhicules à moteur et les remorques dont le poids total ne dépasse pas 3.5 tonnes sont en principe soumis à la vignette. Ce groupe comprend avant tout les voitures de tourisme, les motocycles, les voitures de livraison, les remorques, etc. Pour les véhicules à moteur et les remorques dont le poids total excède 3.5 tonnes (véhicules lourds), la vignette est obligatoire dès lors qu'ils ne sont pas soumis à la redevance sur le trafic des poids lourds. Relèvent par exemple de cette catégorie les véhicules de travail lourds	Poids Cylindrée Distance parcourue Émissions polluantes Propulsion électrique	Les véhicules électriques et agricoles bénéficient généralement d'une réduction de la taxe sur les véhicules à moteur.

	(camions-grues). La redevance sur le trafic des poids lourds liée aux prestations (RPLP) est calculée en fonction du poids total, des émissions polluantes et de la distance parcourue en Suisse. Elle est perçue sur tous les véhicules à moteur et remorques dont le poids total admissible est supérieur à 3.5 tonnes, qui sont destinés au transport de marchandises, qui sont immatriculés en Suisse ou à l'étranger et qui empruntent le réseau routier public suisse. Les véhicules ci-après qui sont utilisés sur le réseau routier public suisse sont soumis à une redevance forfaitaire sur le trafic des poids lourds (RPLF) perçue sous la forme d'une somme fixe : voitures de tourisme lourdes, voitures automobiles lourdes servant d'habitation (camping-cars) et caravanes, véhicules destinés au transport de personnes (autocars), tracteurs et chariots à moteur, véhicules à moteur de forains et de cirques, autres véhicules à moteur destinés au transport de marchandises dont la vitesse maximale ne dépasse pas 45 km/h.		
Turquie	L'impôt sur les véhicules à moteur est calculé en fonction du poids, du type du véhicule et de la cylindrée. Le propriétaire enregistré s'en acquitte sous la forme de deux versements annuels d'un montant identique.	Poids Type de véhicule Cylindrée Propulsion électrique	Sont exonérées les voitures particulières à propulsion électrique.

Notes :

1. Taxe sur les primes d'assurance non incluse.

2. Israël : Les données statistiques concernant Israël sont fournies par et sous la responsabilité des autorités israéliennes compétentes. L'utilisation de ces données par l'OCDE est sans préjudice du statut des hauteurs du Golan, de Jérusalem-Est et des colonies de peuplement israéliennes en Cisjordanie aux termes du droit international.

Source : Délégations nationales ; état des lieux au 1er janvier 2018.

Annexe A. Pays dotés d'une TVA

Pratiquement tous les pays prélèvent des impôts généraux sur la consommation, c'est-à-dire des impôts sur la vente de la plupart des biens et services aux consommateurs. Dans la grande majorité de ces pays, cet impôt est une TVA[1], c'est-à-dire une taxe collectée à tous les stades de production et de distribution des biens et des services, l'effet d'accumulation de la taxe étant empêchée par le mécanisme du droit à déduction, par les entreprises, de la taxe qu'elles ont acquitté sur leurs intrants de celui qu'elles facturent sur leurs ventes de biens et services. Une minorité de pays appliquent des taxes de vente au détail, qui désignent des impôts perçus à un stade unique sur les biens et services fournis aux consommateurs finals. Tous les pays de l'OCDE prélèvent une TVA, à l'exception des États-Unis où des taxes sur les ventes au détail sont perçues au niveau infranational (voir le chapitre 1).

Au 1er janvier 2018, 168 pays et territoires dans le monde avaient mis en œuvre un régime de TVA :

Countries and territories operating a VAT					
No.	Country	Implementation	Rates 2018 (%)		
			Standard[2]	Reduced[3]	Increased
1	Albania	1995	20	0, 6	
2	Algeria	1992	19	0, 9	
3	Andorra	2013	4.5	0, 1, 2.5	9.5
4	Antigua and Barbuda	2007	15	0, 12.5	
5	Argentina	1974	21	2.5, 5, 10.5	27
6	Armenia	1993	20		
7	Australia	2000	10	0	
8	Austria	1973	20	10, 13	
9	Azerbaijan	1992	18	0	
10	Bahamas	2015	7.5		
11	Bangladesh	1991	15	2, 4.5, 5, 6, 10	10 - 500
12	Barbados	1997	17.5	0, 7.5	
13	Belarus	1991	20	0, 10	25
14	Belgium	1971	21	0, 6, 12	
15	Belize	2006	12.5	0	
16	Benin	1991	18	0	
17	Bolivia	1986	13	0	
18	Bosnia Herzegovina	2006	17		
19	Botswana	2002	12	0	
20	Brazil	1964	17, 18	4, 7, 12	25
21	Bulgaria	1994	20	9	
22	Burkina Faso	1993	18	0	
23	Burundi	2009	18	0, 10	
24	Cambodia	1999	10		
25	Cameroon	1999	19.25	0	
26	Canada	1991	GST/HST: 5, 13, 15[4]		
27	Cape Verde	2004	15	0	
28	Central African Republic	2001	19	5	
29	Chad	2000	18	0	
30	Chile	1975	19		
31	China (People's Republic)	1994	16	6, 10	
32	Colombia	1983	19	0, 5	
33	Commonwealth of Dominica	2006	15	0, 10	
34	Congo (Democratic Republic)	2012	16		
35	Congo (Republic)	1997	18	0, 5	
36	Cook Islands	1997	15	0	
37	Costa Rica	1982	13	5, 10	
38	Côte d'Ivoire	1960	18	0, 9	
39	Croatia	1998	25	5, 13	
40	Cyprus5	1992	19	0, 5, 9	
41	Czech Republic	1993	21	10, 15	
42	Denmark	1967	25	0	
43	Djibouti	2009	10	0	
44	Dominican Republic	1983	18	0, 16	-

Countries and territories operating a VAT					
No.	Country	Implementation	Rates 2018 (%)		
			Standard[2]	Reduced[3]	Increased
45	Ecuador	1970	12	0	
46	Egypt	1991	14	0, 5	15, 30
47	El Salvador	1992	13	0	
48	Equatorial Guinea	2005	15	0, 6	
49	Estonia	1991	20	0, 9	
50	Eswatini (formerly Swaziland)	2012	14	0	
51	Ethiopia	2003	15	0	
52	Faroe Islands	1993	25	0	
53	Fiji	1992	9	0	
54	Finland	1994	24	0, 10, 14	
55	Former Yugoslav Republic of Macedonia	2000	18	5	
56	France	1968	20	2.1, 5.5, 10[6]	
57	Gabon	1995	18	0, 5, 10	
58	Gambia	2013	15	0	
59	Georgia	1993	18	0	
60	Germany	1968	19	7	
61	Ghana	1998	12.5	0, 3	
62	Greece	1987	24	6, 13[7]	
63	Grenada	2010	15	0, 10	20
64	Guatemala	1992	12	0	
65	Guinea	1996	18		
66	Guinea-Bissau	2001	17	10	20
67	Guyana	2007	14	0	
68	Haiti	1982	10		
69	Honduras	1964	15	0	18
70	Hungary	1988	27	5, 18	
71	Iceland	1990	24	0, 11	
72	India	2017	12, 18	0, 5	28
73	Indonesia	1985	10	0	10 – 125
74	Iran	2008	98		12+3, 20 (5 or 10)
75	Ireland	1972	23	0, 4.8, 9, 13.5	
76	Isle of Man	1973	20	0, 5	
77	Israel9	1976	17	0	
78	Italy	1973	22	0, 4, 5, 10	
79	Jamaica	1991	16.5	2, 10	21.5, 25
80	Japan	1989	8		
81	Jersey	2008	5	0	
82	Jordan	2001	16	0, 4, 10	20
83	Kazakhstan	1992	12	0	
84	Kenya	1990	16	0	
85	Kiribati	2014	12.5	0	
86	Korea (South)	1977	10		
87	Kosovo	2001	18	8	
88	Kyrgyzstan	1999	12	0	
89	Lao (People's Democratic Republic)	2010	10	0	
90	Latvia	1995	21	5, 12	

Countries and territories operating a VAT					
No.	Country	Implementation	Rates 2018 (%)		
			Standard[2]	Reduced[3]	Increased
91	Lebanon	2002	11	0	
92	Lesotho	2003	14	0, 5	15
93	Liechtenstein	1995	7.7	2.5, 3.7	
94	Lithuania	1994	21	5, 9	
95	Luxembourg	1970	17	3, 8, 14	
96	Madagascar	1994	20	0, 8	
97	Malawi	2002	16.5	0	
98	Maldives	2011	6	0	12
99	Mali	1991	18	5	
100	Malta	1999	18	0, 5, 7	
101	Mauritania	1995	16		18
102	Mauritius	1998	15		
103	Mexico	1980	16	0	
104	Moldova	1998	20	0, 8	
105	Monaco	1968	20	2.1, 5.5, 10	
106	Mongolia	1998	10	0	
107	Montenegro	2003	21	0, 7	
108	Morocco	1986	20	0, 7, 10, 14	
109	Mozambique	1999	17	0, 5	
110	Namibia	2000	15	0	
111	Nepal	1997	13	0	
112	Netherlands	1969	21	6	
113	New Zealand	1986	15	0	
114	Nicaragua	1975	15	0, 7	
115	Niger	1986	19	0, 5	
116	Nigeria	1994	5	0	
117	Niue	2009	12.5	0	
118	Norway	1970	25	0, 12, 15	
119	Pakistan	1990	17	0, 2	18 - 25
120	Panama	1977	7		10, 15
121	Papua New Guinea	1999	10	0	
122	Paraguay	1993	10	0, 2, 5	
123	Peru	1991	16 + 2[10]		
124	Philippines	1988	12	0	
125	Poland	1993	23	0, 5, 8	
126	Portugal	1986	23	6, 13[11]	
127	Romania	1993	19	5, 9	
128	Russia	1991	18	10	
129	Rwanda	2001	18	0	
130	Saint Kitts and Nevis	2010	17	0, 10	
131	Saint Lucia	2012	12.5	0, 10	
132	Saint Vincent and the Grenadines	2007	15	0, 10	
133	Samoa	1994	15	0	
134	Saudi Arabia	2018	5	0	
135	Senegal	1980	18	0, 10	
136	Serbia	2005	20	10	
137	Seychelles	2012	15	0	
138	Sierra Leone	2009	15	0	

Countries and territories operating a VAT					
No.	Country	Implementation	Rates 2018 (%)		
			Standard[2]	Reduced[3]	Increased
139	Singapore	1994	7	0	
140	Slovak Republic	1993	20	10	
141	Slovenia	1999	22	9.5	
142	South Africa	1991	14	0	
143	Spain	1986	21	4, 1012	
144	Sri Lanka	1998	15	0	
145	Sudan	2000	17	0	30
146	Sweden	1969	25	0, 6, 12	
147	Switzerland	1995	7.7	2.5, 3.7	
148	Chinese Taipei	1986	5	0	
149	Tajikistan	1992	18	5	
150	Tanzania	1998	18	0	
151	Thailand	1992	713		
152	Togo	1995	18	10	
153	Tonga	2005	15		
154	Trinidad and Tobago	1990	12.5	0	
155	Tunisia	1988	19	0, 7, 13	
156	Turkey	1984	18	1, 8	
157	Turkmenistan	1992	15	0	
158	Uganda	1996	18	0	
159	Ukraine	1992	20	0, 7	
160	United Arab Emirates	2018	5	0	
161	United Kingdom	1973	20	0, 5	
162	Uruguay	1972	22	0, 10	
163	Uzbekistan	1992	20	0	
164	Vanuatu	1998	12.5	0	
165	Venezuela	1993	12	8	27
166	Vietnam	1999	10	0, 5	
167	Zambia14	1995	16	0	
168	Zimbabwe	2004	15	0	
169	170	[2019]	5		
	Barhain[15]	[2020]	5		

Notes:

1. L'acronyme « TVA » désigne tout impôt national qui réunit les caractéristiques fondamentales d'une taxe sur la valeur ajoutée telles qu'elles sont décrites dans le chapitre 1, quels que soient sa dénomination ou son acronyme, « taxe sur les biens et services » (TPS) par exemple.
2. Le taux normal est celui qui s'applique de manière générale, sauf lorsque la legislation impose un taux de TVA différent (taux réduit ou taux majoré) à des biens et services spécifiques.
3. Les taux réduits comprennent le taux zéro (c-à-d les exonérations avec droit à déduction de la TVA d'amont) applicable aux prestations et livraisons nationales Ce taux n'inclut pas les taux zéro applicables aux exportations et opérations assimilées telles que le transport international ou les fournitures aux ambassades, organisations internationales et autres missions diplomatiques.
4. **Canada:** une Taxe de Vente Harmonisée (TVH) s'applique en supplément du taux de Taxe sur les Produits et Services 'TPS) dans certaines provinces. (Voir Tableau annexe 2.A.1).
5. **Note de la Turquie** : Les informations figurant dans ce document qui font référence à « Chypre » concernent la partie méridionale de l'Île. Il n'y a pas d'autorité unique représentant à la fois les Chypriotes turcs et grecs sur l'Île. La Turquie reconnaît la République Turque de Chypre Nord (RTCN). Jusqu'à ce qu'une solution durable et équitable soit trouvée dans le cadre des Nations Unies, la Turquie maintiendra sa position sur la « question chypriote ».

Note de tous les États Membres de l'Union européenne de l'OCDE et de la Commission européenne : La République de Chypre est reconnue par tous les membres des Nations Unies sauf la Turquie. Les informations figurant dans ce document concernent la zone sous le contrôle effectif du gouvernement de la République de Chypre.

6. **France:** des taux spécifiques s'appliquent dans certaines régions ou territoires (0.9, 2.1, 10, 13 & 1.05, 1.75, 2.1, 8.5) (voir Tableau annexe 2.A.1).

7. **Grèce** : des taux spécifiques (4, 9, 17) s'appliquent dans certaines îles (voir Tableau annexe 2.A.1).

8. **Iran** : En plus de la TVA (6%) une taxe additionnelle de 3% s'applique de la même manière que la TVA.

9. **Israël :** Les données statistiques concernant Israël sont fournies par et sous la responsabilité des autorités israéliennes compétentes. L'utilisation de ces données par l'OCDE est sans préjudice du statut des hauteurs du Golan, de Jérusalem Est et des colonies de peuplement israéliennes en Cisjordanie aux termes du droit international.

10. **Pérou** : En plus du taux normal d'IGV de 16%, un taux additionnel de 2% de taxe de vente (IPM) s'applique au niveau municipal.

11. **Portugal** : Aux Açores, le taux normal de TVA est de 18% et les taux réduits de 4% et 9%. A Madère, le taux normal est de 22% et les taux réduits de 5% et 12% (voir Tableau annexe 2.A.1).

12. **Espagne:** Des taux de 0.0%, 3.0%; 7.0%, 9.50%; 13.50% et 20% s'appliquent dans les Iles Canaries (voir Tableau annexe 2.A.1).

13. **Thaïlande**: Le taux normal de TVA devrait passer à 10% au 1er octobre 2018.

14. **Zambie:** le pays a annoncé son intention de supprimer son régime de TVA en 2019 et de le remplacer par une taxe de vente au détail.

15. **Barhain:** le pays a annoncé son intention d'appliquer un regime de TVA au 1er Janvier 2019.

Source: F. Annacondia, International - Overview of General Turnover Taxes and Tax Rates, International VAT Monitor (2018), Journals IBFD, cited with permission of IBFD, see http://online.ibfd.org/kbase/,

Annexe B. Taux de change

Country	Currency	PPP rate[1]	Market rate[2]
Australia	AUD	1.47	1.31
Austria	EUR	0.80	0.89
Belgium	EUR	0.80	0.89
Canada	CAD	1.25	1.30
Chile	CLP	404.19	648.68
Czech Republic	CZK	13.11	23.39
Denmark	DKK	7.24	6.60
Estonia	EUR	0.55	0.89
Finland	EUR	0.90	0.89
France	EUR	0.80	0.89
Germany	EUR	0.78	0.89
Greece	EUR	0.60	0.89
Hungary	HUF	138.89	274.48
Iceland	ISK	140.82	106.82
Ireland	EUR	0.81	0.89
Israel3	ILS	3.79	3.60
Italy	EUR	0.72	0.89
Japan	JPY	99.59	112.18
Korea	KRW	877.05	1130.64
Latvia	EUR	0.50	0.89
Lithuania	EUR	0.46	0.89
Luxembourg	EUR	0.89	0.89
Mexico	MXN	9.23	18.87
Netherlands	EUR	0.82	0.89
New Zealand	NZD	1.47	1.41
Norway	NOK	10.17	8.27
Poland	PLN	1.80	3.78
Portugal	EUR	0.59	0.89
Slovak Republic	EUR	0.49	0.89
Slovenia	EUR	0.60	0.89
Spain	EUR	0.66	0.89
Sweden	SEK	9.10	8.55
Switzerland	CHF	1.22	0.99
Turkey	TRY	1.45	3.65
United Kingdom	GBP	0.71	0.78
United States	USD	1.00	1.00

Notes:

1. Taux de change à Parité de Pouvoir d'Achat (PPP) pour le PIB 2017. Données au 1er juillet 2018. Pour d'advantage d'informations voyez *www.oecd.org/std/ppp.*

2. Taux moyens de marché 2017. OECD Monthly Monetary Statistics. Pour d'avantage de details, voyez *stats.oecd.org.*

3. Les données statistiques concernant Israël sont fournies par et sous la responsabilité des autorités israéliennes compétentes. L'utilisation de ces données par l'OCDE est sans préjudice du statut des hauteurs du Golan, de Jérusalem Est et des colonies de peuplement israéliennes en Cisjordanie aux termes du droit international.

Note sur les taux de change : Les comparaisons internationales de seuils et de montants d'impôt exprimés en monnaie nationale nécessitent de les convertir en une monnaie unique. Par convention, la monnaie utilisée dans cette publication est le dollar des États-Unis (USD). Deux taux peuvent généralement être employés pour convertir des monnaies nationales en USD : (1) les taux du marché, qui sont les taux de change observés sur les marchés (le taux utilisé dans cette publication est le taux moyen pour 2017 tel qu'il est publié dans les Statistiques monétaires et financières de l'OCDE) ; (2) les taux de change à parité de pouvoir d'achat (PPA) pour le PIB, qui égalisent le pouvoir d'achat de différents pays en supprimant les écarts de niveaux de prix entre eux ; ils indiquent le nombre d'unités monétaires requis dans chaque pays pour acheter le même panier représentatif de biens et de services de consommation qui coûte 1 USD aux États-Unis. Les taux de change à PPA (pour 2017) sont utilisés pour les tableaux 2.A.5 et 2.A.8 (chapitre 2) car ils permettent une meilleure comparaison de la valeur des seuils d'exonération de la TVA. Les taux de change du marché sont utilisés pour les autres tableaux car ils facilitent la comparaison des prix et du niveau des impôts dans les différents pays.
Source: OCDE.

Annexe C. Marques de cigarettes les plus vendues dans les pays de l'OCDE

Marques de cigarettes les plus vendues dans les pays de l'OCDE[1]

Country	Most sold brand 2016
Australia	Winfield
Austria	**Marlboro**
Belgium	Marlboro
Canada[2]	—
Chile	Pall Mall
Czech Republic	L&M
Denmark	Prince
Estonia	Marlboro
Finland	L&M
France	Marlboro
Germany	Marlboro
Greece	Marlboro
Hungary	Marlboro
Iceland	Winston
Ireland	Silk Cut
Israel	Marlboro
Italy	Marlboro
Japan	Mevius
Korea	Esse
Latvia	Winston
Lithuania	Marlboro
Luxembourg	Marlboro
Mexico	Marlboro
Netherlands	Marlboro
New Zealand	Pall Mall
Norway	Prince
Poland	L&M
Portugal	Marlboro
Slovak Republic	L&M
Slovenia	Marlboro
Spain	Marlboro
Sweden	Marlboro
Switzerland	Marlboro
Turkey	Parliament
United Kingdom	Mayfair
United States[2]	—

Notes :

1. Données au 1er juillet 2018.

2 Pour les Etats-Unis et le Canada, les données sur la marque la plus vendue ne sont pas utilisées dans la mesure où un prix moyen pondéré dans les Etats et la Provinces est utilisé.

Source: Organisation Mondiale de la Santé.

ORGANISATION DE COOPÉRATION ET DE DÉVELOPPEMENT ÉCONOMIQUES

L'OCDE est un forum unique en son genre où les gouvernements oeuvrent ensemble pour relever les défis économiques, sociaux et environnementaux que pose la mondialisation. L'OCDE est aussi à l'avant-garde des efforts entrepris pour comprendre les évolutions du monde actuel et les préoccupations qu'elles font naître. Elle aide les gouvernements à faire face à des situations nouvelles en examinant des thèmes tels que le gouvernement d'entreprise, l'économie de l'information et les défis posés par le vieillissement de la population. L'Organisation offre aux gouvernements un cadre leur permettant de comparer leurs expériences en matière de politiques, de chercher des réponses à des problèmes communs, d'identifier les bonnes pratiques et de travailler à la coordination des politiques nationales et internationales.

Les pays membres de l'OCDE sont : l'Allemagne, l'Australie, l'Autriche, la Belgique, le Canada, le Chili, la Corée, le Danemark, l'Espagne, l'Estonie, les États-Unis, la Finlande, la France, la Grèce, la Hongrie, l'Irlande, l'Islande, Israël, l'Italie, le Japon, la Lettonie, la Lituanie, le Luxembourg, le Mexique, la Norvège, la Nouvelle-Zélande, les Pays-Bas, la Pologne, le Portugal, la République slovaque, la République tchèque, le Royaume-Uni, la Slovénie, la Suède, la Suisse et la Turquie. La Commission européenne participe aux travaux de l'OCDE.

Les Éditions OCDE assurent une large diffusion aux travaux de l'Organisation. Ces derniers comprennent les résultats de l'activité de collecte de statistiques, les travaux de recherche menés sur des questions économiques, sociales et environnementales, ainsi que les conventions, les principes directeurs et les modèles développés par les pays membres.

ÉDITIONS OCDE, 2, rue André-Pascal, 75775 PARIS CEDEX 16
(23 2018 49 2 P) ISBN 978-92-64-30928-9 – 2019

www.ingramcontent.com/pod-product-compliance
Lightning Source LLC
LaVergne TN
LVHW080652011026
849160LV00014B/1393